MARTINHA *VERSUS* LUCRÉCIA

ROBERTO SCHWARZ

Martinha *versus* Lucrécia

Ensaios e entrevistas

Copyright © 2012 by Roberto Schwarz

Grafia atualizada segundo o Acordo Ortográfico da Língua Portuguesa de 1990, que entrou em vigor no Brasil em 2009.

Capa
Mariana Newlands

Imagem de capa
Os Jogos e Enigmas (1956), óleo sobre tela de Maria Leontina, 73 x 92 cm.
Coleção Particular. Reprodução: Rômulo Fialdini

Preparação
Amelinha Nogueira

Revisão
Ana Luiza Couto
Valquíria Della Pozza

Dados Internacionais de Catalogação na Publicação (CIP)
(Câmara Brasileira do Livro, SP, Brasil)

Schwarz, Roberto
   Martinha *versus* Lucrécia : ensaios e entrevistas / Roberto
Schwarz. — 1ª ed. — São Paulo : Companhia das Letras, 2012.

   ISBN 978-85-359-2073-4

   1. Assis, Machado de, 1839-1908 2. Crítica literária 3. Ensaios
brasileiros 4. Romance brasileiro I. Título.

12-02149   CDD-869.9309

Índice para catálogo sistemático:
1. Romance machadiano : Literatura brasileira :
   Ensaio : História e crítica   869.9309

[2012]
Todos os direitos desta edição reservados à
EDITORA SCHWARCZ S.A.
Rua Bandeira Paulista, 702, cj. 32
04532-002 — São Paulo — SP
Telefone: (11) 3707-3500
Fax: (11) 3707-3501
www.companhiadasletras.com.br
www.blogdacompanhia.com.br

Sumário

Leituras em competição	9
Sobre Adorno	44
Verdade tropical: um percurso de nosso tempo	52
Um minimalismo enorme	111
Cetim laranja sobre fundo escuro	143
Prefácio a Francisco de Oliveira, com perguntas	151
Por que "ideias fora do lugar"?	165
Agregados antigos e modernos	173
Gilda de Mello e Souza	184
1. *Autonomia incontrolável das formas*	184
2. *Renovação do teatro em São Paulo*	195
Às voltas com Bento Prado	203
Aos olhos de um velho amigo	207
Saudação a Sérgio Ferro	215
Um jovem arquiteto se explica	223
O neto corrige o avô (Giannotti *vs.* Marx)	232
A viravolta machadiana	247
Na periferia do capitalismo	280

APÊNDICE

O punhal de Martinha — *Machado de Assis* 307

Nota bibliográfica 311

MARTINHA *VERSUS* LUCRÉCIA

Leituras em competição

> *Este livro resulta de quatro conferências que dei na Universidade de Cambridge. [...] Ao falar de Borges precisamente ali e em inglês, tive uma impressão curiosa. Aí estava uma argentina falando numa universidade inglesa sobre outro argentino a quem hoje se considera "universal". [...] A reputação mundial de Borges o purgou de nacionalidade.*
>
> Beatriz Sarlo, *Borges, um escritor na margem*

O renome internacional de Machado de Assis, hoje em alta, até meados do século passado era quase nenhum. Para não fabricar um falso problema, é bom dizer que o mesmo valia para a literatura brasileira no seu todo, prejudicada pela barreira do idioma. Talvez a única exceção fossem os romances de Jorge Amado, que se beneficiavam da máquina de propaganda e traduções do realismo socialista, atrelada à política externa da finada União Soviética. Sem ilusões, comentando uma tentativa oficial de divulgar os escritores brasileiros na França, Mário de Andrade observava que a nossa arte seria mais apreciada no mundo se a moeda nacional fosse forte e tivéssemos aviões de bombardeio.[1] Como não era o caso, íamos criando uma literatura de qualidade até surpreendente, que para uso externo permanecia obscura. De lá para cá, o romance machadiano foi traduzido e os estudos estrangeiros a seu respeito vieram pingando, sobretudo em inglês. Em parte, o empurrão foi dado pela ampliação dos interesses norte-americanos no pós-guerra, a qual se refletiu na programação da pesquisa universitária. Voltada para regiões que a Guerra Fria tornava explosivas, a criação de *area studies* facultava currículos mais adaptados ao presente, para mal e para bem. Assim, na esteira da Revolução Cubana, o português foi declarado língua estratégica para os Estados Unidos, com a suplementação de verbas e os dividendos culturais do caso.[2]

Já na parte propriamente literária, o reconhecimento se deveu a intelectuais com antena para a qualidade e a inovação. Por exemplo, Susan Sontag conta que o editor de seu primeiro romance a cumprimentou pela influência de Machado de Assis, cujas *Memórias póstumas de Brás Cubas* ele mesmo tinha publicado havia poucos anos. Era um engano, pois ela não conhecia nem o livro nem o autor, mas logo os adotou como "influência retroativa".[3] A suposição, que não valia para Sontag, valia entretanto para o

1. Mário de Andrade, "Feito em França" (1939), em *O empalhador de passarinho*. São Paulo: Martins, 1955, p. 34.

2. Sergio Miceli, *A desilusão americana*. São Paulo: Sumaré, 1990, p. 13.

3. Susan Sontag, "Afterlives: the case of Machado de Assis" (1990), em *Where the stress falls*. Nova York: Picador, 2002, p. 38. O romance de Sontag, *The benefactor*, é de 1963. William L. Grossman, o tradutor das *Memórias póstumas* para o inglês (*Epitaph for a small winner*, 1952), viera ao Rio de Janeiro em 1948, a convite do governo, para criar uma *business school*. Ver o depoimento na resenha de Alexander Coleman à nova tradução do romance, em 1997, agora como *Posthumous memoirs of Brás Cubas*: http: www.americas-society.org.

próprio editor: Cecil Hemley era romancista por sua vez, e deixou um excelente testemunho de seu interesse por Machado. A anedota mostra o clima de cumplicidades seletas que se estava formando em torno do escritor.[4] Na mesma linha, há o depoimento de Allen Ginsberg. Visitando Santiago em 1961, ele disse ao escritor chileno Jorge Edwards que considerava Machado um outro Kafka.[5] E veja-se ainda o prefácio de John Barth a uma reedição de seus primeiros livros. O romancista — *National Book Award* de 1972 — lembra que tentava encontrar a sua maneira, com ajuda

4. Ver *Saturday Review*, 19.3.1960, p. 20, onde há uma resenha do romance de Cecil Hemley, *The Experience,* feita pelo mesmo William Grossman. Este assinala a influência de Machado sobre estrutura e estilo do livro. Acompanha a resenha um comentário de Hemley, que transcrevo na íntegra, por tudo que antecipa. "Devo admitir a minha dívida com o grande escritor brasileiro Machado de Assis, cujas obras venho admirando desde que tomei conhecimento delas oito anos atrás. Sempre fui um apaixonado de Laurence Sterne e, de fato, quando jovem, escrevi prosa muito influenciada por ele. É claro que Sterne foi também um dos escritores que abriram os olhos a Machado, de sorte que Machado e eu havíamos sido próximos antes ainda de nos encontrarmos. Contudo, o significado do escritor brasileiro para mim esteve não tanto naqueles elementos técnicos evidentes — tais como os capítulos breves e as interrupções súbitas da narrativa pelo autor — que ele tomara emprestado a Sterne. O que achei particularmente estimulante foi a sua ruptura radical com a tradição realista.
É claro que há muitas maneiras de escrever um romance e não desejo desmerecer romances e romancistas com tendência diferente da minha. Machado mostrou-me um modo de tornar contemporâneo o romance clássico. Não quero dizer que o copiei. Sob alguns aspectos as minhas ideias estão em oposição até direta com as dele. Não sou um niilista. Mas tenho me interessado pelo tratamento cômico de ideias, bem como por maneiras diferentes de lidar com as personagens, para fugir ao psicologismo dos escritores à busca do *Zeitgeist* (espírito de época). Com efeito, a minha visão do universo não confere um lugar demasiado alto à psicologia e à sociologia, de sorte que a espécie de forma que desenvolvi é estreitamente ligada a meu tema. O ser humano preocupa-se com o Ser, quer queira, quer não, e é por natureza uma criatura filosófica. Qualquer romance que não tenha dimensões metafísicas e ontológicas estará necessariamente truncado." Devo a citação a Antonio Candido, a quem agradeço.
5. Comunicação pessoal de Jorge Edwards.

de Boccaccio, Joyce e Faulkner, quando o acaso fez que lesse Machado de Assis. Este lhe ensinou que as cambalhotas narrativas não excluíam o sentimento genuíno nem o realismo, numa combinação *à la* Sterne, que mais adiante se chamaria pós-moderna.[6] Quanto à academia, a pesquisa machadiana desenvolvida nos Estados Unidos acompanhou as correntes de crítica em voga por lá. O patrocínio teórico vinha entre outros do New Criticism, da Desconstrução, das ideias de Bakhtin sobre a carnavalização em literatura, dos Cultural Studies, bem como do gosto pós-moderno pela metaficção e pelo bazar de estilos e convenções. A lista é facilmente prolongável e não para de crescer. Mais afinada com a maioria silenciosa, indiferente às novidades, havia ainda a análise psicológica de corte convencional. A surpresa ficava por conta do próprio Machado de Assis, cuja obra, originária de outro tempo e país, não só não oferecia resistência, como parecia feita de propósito para ilustrar o repertório das teorias recentes. O ponto de contato se encontrava no questionamento do realismo ou da representação, e em certo destaque da forma, *concebida como estrangeira à história*. Há aqui uma questão que vale a pena enfrentar: como entender a afinidade entre um romancista brasileiro do último quartel do século XIX e o conjunto das teorias críticas em evidência agora, nas metrópoles?

O percurso da crítica brasileira no mesmo período foi distinto. Ela não tinha diante de si um grande escritor desconhecido, mas, ao contrário, *o clássico nacional anódino*. Embora fosse coisa assente, a grandeza de Machado não se entroncava na vida e na literatura nacionais. A sutileza intelectual e artística, muito superior à dos compatriotas, mais o afastava do que o aproximava do país. O gosto refinado, a cultura judiciosa, a ironia discreta, sem

---

6. John Barth, "Prefácio", em *The floating opera and The end of the road*. Nova York: Anchor, 1988, p. vi-vii. Os romances são respectivamente de 1956 e 1958.

ranço de província, a perícia literária, tudo isso era objeto de admiração, mas parecia formar um corpo estranho no contexto de precariedades e urgências da jovem nação, marcada pelo passado colonial recente. Eram vitórias sobre o ambiente ingrato, e não expressões dele, a que não davam sequência. Dependendo do ponto de vista, as perfeições podiam ser empecilhos. Um documento curioso dessa dificuldade são as ambivalências de Mário de Andrade a respeito. Este antecipava com orgulho que Machado ainda ocuparia um lugar de destaque na literatura universal, mas nem por isso colocava os seus romances entre os primeiros da literatura brasileira.[7]

Pois bem, a partir de meados do século xx a tônica se inverte, com apoio numa sucessão de descobertas críticas. O distanciamento olímpico do Mestre não desaparece, mas passa a funcionar como um anteparo decoroso, que disfarça a relação incisiva com o presente e a circunstância. O centro da atenção desloca-se para o processamento literário da realidade imediata, pouco notado até então. Em lugar do pesquisador das constantes da alma humana, acima e fora da história, indiferente às particularidades e aos conflitos do país, entrava um dramatizador malicioso da experiência brasileira. Este não se filiava apenas aos luminares da literatura universal, a Sterne, Swift, Pascal, Erasmo etc., como queriam os admiradores cosmopolitas. Com discernimento memorável, ele estudara igualmente a obra de seus predecessores locais, menores e menos do que menores, para aprofundá-la. Mal ou bem, os cro-

---

7. Mário de Andrade, "Machado de Assis" (1939), em *Aspectos da literatura brasileira*. São Paulo: Martins, s/d. Para o roteiro da recepção brasileira, ver Antonio Candido, "Esquema de Machado de Assis" (1968), em *Vários escritos*. Rio de Janeiro: Ouro sobre Azul; São Paulo: Duas Cidades, 2004. Para a recepção norte-americana, ver Daphne Patai, "Machado in English", em Richard Graham (org.), *Machado de Assis, Reflections on a Brazilian Masterwriter*. Austin: University of Texas Press, 1999.

nistas e romancistas cariocas haviam formado uma tradição, cuja trivialidade pitoresca ele soube redimensionar, descobrindo-lhe o nervo moderno e erguendo uma experiência provinciana à altura da grande arte do tempo.[8] Quanto ao propalado desinteresse do escritor pelas questões sociais, um dos principais explicadores do Brasil pôs um ponto final à controvérsia: sistematizou as observações de realidade espalhadas na obra machadiana, chamando a atenção para o seu número e a sua qualidade, e com elas documentou um livro de quinhentas páginas sobre a transição da sociedade estamental à sociedade de classes.[9] Digamos que o trabalho escravo e a plebe colonial, o clientelismo generalizado e o próprio trópico, além da Corte e da figura do Imperador, davam à civilização urbana e a seus anseios europeizantes uma nota especial. Compunham uma sociedade inconfundível, com questões próprias, que o romancista não dissolveu em psicologia universalista — contrariamente aliás ao que supôs o historiador.[10]

Nas etapas seguintes da virada, que ainda está em curso, a composição do romance machadiano foi vista como formalização artística precisamente desse conjunto singular, no qual se traía a ex-colônia. A galeria das personagens, a natureza dos conflitos, a cadência da narrativa e a textura da prosa — elementos de forma — agora manifestavam, como transposições, uma diferença pertencente ao mundo real. Para mais, os traços distintivos eram surpreendidos onde menos em falta e mais civilizada ou adiantada a jovem nação se supunha. Explorados pela inventiva do romancista, os aspectos de demora civilizatória ganhavam

---

8. Antonio Candido, *Formação da literatura brasileira* (1959). Rio de Janeiro: Ouro sobre Azul, 2006, pp. 436-7.

9. Raymundo Faoro, *Machado de Assis: a pirâmide e o trapézio*. São Paulo: Companhia Editora Nacional, 1974.

10. Id., ibid., p. 504: "O que lhe faltava, e isso o enquadra na linha dos moralistas, era a compreensão da realidade social, como totalidade, nascida nas relações exteriores e impregnada na vida interior".

conectividade e expunham a teia de suas implicações, algumas das quais muito modernas, além de incômodas. As peculiaridades prendiam-se a) ao padrão patriarcal; b) a nosso *mix* de liberalismo, escravidão e clientelismo, com os seus paradoxos estridentes; c) à engrenagem também *sui generis* das classes sociais, inseparável do destino brasileiro dos africanos; d) às etapas da evolução desse todo; e e) à sua inserção no presente do mundo, que foi e é um problema (ou uma saída) para o país, e aliás para o mundo. De tal sorte que as questões estéticas ditas abstratas, de congruência formal e dinâmica interna, bem como de originalidade, se estavam tornando inseparáveis do seu lastro histórico específico, obrigando à reflexão sobre o viés próprio da formação social ela mesma. Assim, embora notória por desacatar os preceitos elementares da verossimilhança realista, a arte machadiana fazia de ordenamentos nacionais a disciplina estrutural de sua ficção.[11] Sem prejuízo da diferença entre os críticos, a natureza complementar dos trabalhos que levaram a essa mudança de leitura se impõe, sugerindo uma gravitação de conjunto. Passo a passo, o romancista foi transformado de fenômeno solitário e inexplicável em continuador crítico e coroamento da tradição literária local; em anotador e anatomista exímio de feições singulares de seu mundo, ao qual se dizia que não prestava atenção; e em idealizador de formas sob medida, capazes de dar figura inteligente aos

---

11. O conjunto desses passos encontra-se em Silviano Santiago, "Retórica da verossimilhança", em *Uma literatura nos trópicos*. São Paulo: Perspectiva, 1978; Roberto Schwarz, *Ao vencedor as batatas*. São Paulo: Duas Cidades, 1977, e Id., *Um mestre na periferia do capitalismo*. São Paulo: Duas Cidades, 1990; Alfredo Bosi, "A máscara e a fenda", em Alfredo Bosi et al., *Machado de Assis*. São Paulo: Ática, 1982, e Id., *Brás Cubas em três versões*. São Paulo: Companhia das Letras, 2006; John Gledson, *The deceptive realism of Machado de Assis*. Liverpool: Francis Cairns, 1984, e Id., *Machado de Assis: ficção e história*. Rio de Janeiro: Paz e Terra, 1986; José Miguel Wisnik, "Machado Maxixe: o caso Pestana", *Sem receita*. São Paulo: Publifolha, 2004.

descompassos históricos da sociedade brasileira. Em suma, há um nexo a explorar entre a originalidade artística da obra e a diferença histórica da nação.

Recentemente, por ocasião de novas traduções das *Memórias póstumas* e do *Dom Casmurro*, a *New York Review of Books* publicou uma resenha abrangente e consagradora do romance machadiano, assinada por Michael Wood.[12] Note-se que o autor não é especialista em Machado, nem brasilianista, mas um crítico e comparatista às voltas com a latitude do presente. O lugar da publicação e o rol dos autores sobre os quais o crítico tem escrito — Beckett, Conrad, Stendhal, Calvino, Barthes, García Márquez — parecem indicar que depois de cem anos o romancista brasileiro entrou para o cânon da literatura viva. Aliás, Machado nos Estados Unidos começa a ser ensinado também fora dos departamentos de literatura brasileira, na área de literatura comparada, em cursos sobre os clássicos do romance moderno.

A certa altura de seu ensaio, que leva em conta a crítica brasileira, Wood propõe uma dissociação sutil. As relações com a vida local podem existir, tais como apontadas, sem entretanto esclarecer a "maestria e modernidade" do escritor. Ou, noutro passo: seria preciso interessar-se pela realidade brasileira para apreciar a qualidade da ficção machadiana? Ou ainda, a peculiaridade de uma relação de classe, mesmo que fascinante para o historiador, não será "um tópico demasiado monótono para dar conta de uma obra-prima?". E, finalmente, faltaria saber "por que os romances são mais do que documentos históricos". Não há resposta fácil para essas questões, que não recusam as ligações entre literatura e contexto, mas situam a qualidade num plano à parte. As perguntas têm a realidade a seu favor, pois é fato que a reputa-

12. Michael Wood, "Master among the ruins", *The New York Review of Books*, 18 de julho de 2002.

ção internacional de Machado se formou sem apoio na reflexão histórica. Tomando recuo, digamos que elas, as perguntas, resumem a seu modo a situação atual do debate, em que se perfilaram uma leitura nacional e outra internacional (ou várias não nacionais), muito diversas entre si.

A divergência tem base em linhas de força da cena intelectual contemporânea e não há por que esquivá-la. Para prevenir o primarismo, que sempre ronda essas diferenças, não custa lembrar que várias contribuições para a linha nacional vieram de estrangeiros, e que boa parte da crítica brasileira acompanhou a pauta dos centros internacionais. Contudo, se a cor do passaporte e o local de residência dos críticos não são determinantes, é certo que as matrizes de reflexão a que a divergência se prende têm realidade no mapa e dimensão política, além de competirem entre si, como partes do sistema literário mundial.[13]

Uma das matrizes é a luta inconclusa da ex-colônia pela formação de uma nacionalidade moderna, por assim dizer normal, sob o signo do trabalho livre e dos direitos civis. Do ângulo da história, seria a dialética entre a jovem nação e o seu fundo herdado de segregações e coações, em dissonância explícita (ou em harmonia secreta, diriam os anti-imperialistas) com o tempo. Como ponto de partida há o enigma estético-social representado pelo surgimento de uma obra de primeira linha em meio ao despreparo, à falta de meios, ao anacronismo e ao desconjuntamento gerais. Como é possível que nessas condições de inferioridade se tenha produzido algo de equiparável às grandes obras dos países

---

13. Acompanho aqui as grandes linhas do livro de Pascale Casanova, *La République Mondiale des Lettres*. Paris: Seuil, 1999. Numa boa discussão a respeito, Christopher Prendergast salienta o interesse dos esquemas de Casanova, sem ocultar que as análises propriamente literárias deixam a desejar. Ver "Introdução", em Christopher Prendergast (org.), *Debating World Literature*. Londres: Verso, 2004.

do centro? Trata-se de um *acontecimento* que sugere, por analogia, que a passagem da irrelevância à relevância, da sociedade anômala à sociedade conforme, da condição de periferia à condição de centro não só é possível, como por momentos de fato ocorre. Assim, a obra bem-sucedida vai ser interrogada sob o signo da luta contra o subdesenvolvimento. A reflexão busca identificar nela os pontos de liga entre a invenção artística, as tendências internacionais dominantes e as constelações sociais e culturais do atraso, *com as sinergias correspondentes.* Estas últimas, inseparáveis tanto do ingrediente nacional como do extranacional, são a prova viva de possibilidades reais, devidas a conjunções únicas — algo de agudo interesse, cuja análise promete conhecimentos novos, autoconsciência intensificada, além de graus de liberdade imprevistos em relação aos determinismos correntes. Entretecidas com o desejo coletivo de alavancar um salto histórico, as observações estéticas adquirem conotação peculiar. Combinadas a observações e categorias econômicas e políticas, bem como a aspirações práticas, elas fazem figura de recomendação oblíqua ao país. Tomam a contramão da teoria da arte nos países centrais, a qual vê nos aspectos referenciais ou nacionais da literatura uma velharia e um erro.

Dito isso, é claro que a integridade própria à grande obra é sempre um enigma que cabe à crítica elucidar, seja onde for. No quadro de uma sociedade inferiorizada, entretanto, a explicação adquire relevância *nacional,* como parte de um discurso crítico *sui generis.* Trata-se de um programa tácito, cujo significado esclarecido ou meramente veleitário está em aberto. À sua luz, lugares-comuns da história da arte incorporam novos significados. A dialética entre acumulações artísticas localizadas e viravolta com potência estrutural, entre empréstimo estrangeiro e eclosão da originalidade nativa, entre vanguardismo artístico e incorporação de realidades sociais relegadas, entre acentuação de tendências, explosão das coordenadas e elevação do patamar, assim como a criação genial de nexos e saídas onde só parecia existir descontinuidade cultural e descalabro na relação de classes, tudo isso compõe um desenho imprevisto, que foge aos esquemas do evolucionismo e do progresso lineares.[14] Com risco evidente de regressão, o anseio retardatário de integração nacional ajudaria o país a se revolucionar, ou a se reformar, ou a vencer a distância que o separa dos países-modelo, ou a se refundar culturalmente (e em todo caso, se tudo falhasse, permitiria refletir a respeito). Sejam quais forem os resultados para o futuro, a discussão dessas defasagens históricas e dessas soluções artísticas, próprias a nossa integração social precária, responde à ordem presente do mundo, de cujo "desenvolvimento desigual e combinado" fixa aspectos substantivos.

Na outra matriz, com sede nos países do centro, uma guarda avançada de leitores — os intermediários poliglotas e peritos a que se refere Casanova — empenha-se na identificação de obras-primas remotas e avulsas, em seguida incorporadas ao repertório dos clássicos internacionais.[15] É nesse espírito cosmopolita que Susan Sontag conclui a sua apresentação das *Memórias póstumas*, desejando aos leitores que o livro de um longínquo romancista latino-americano os torne menos provincianos.

Como parte dessa segunda matriz, o trabalho acadêmico dos países centrais coloca-se ele também as tarefas de reconhecimen-

14. "Mas tanto Marx quanto os teóricos do subdesenvolvimento não eram evolucionistas." Francisco de Oliveira, *Crítica à razão dualista / O ornitorrinco*. São Paulo: Boitempo, 2003, p. 121. Para o estudo em grande escala dessa ordem de movimentos na literatura nacional, ver Antonio Candido, *Formação da literatura brasileira*. A possibilidade de retomar esses mesmos esquemas noutras esferas da cultura nacional e de entroncá-los na dialética geral do mundo moderno está esboçada no conjunto da obra de Paulo Arantes. Ver, especialmente, Otilia e Paulo Arantes, *Sentido da formação*. São Paulo: Paz e Terra, 1997.
15. Casanova, op. cit., pp. 37-40.

to e apropriação. As teorias literárias com vigência nas principais universidades do mundo, hoje sobredeterminadas pelas americanas, buscam estender o seu campo de aplicação, como se fossem firmas. O interesse intelectual não desaparece, mas combina-se ao estabelecimento de franquias. Nessa perspectiva, uma obra de terras distantes, como a de Machado de Assis, na qual se possam estudar com proveito — suponhamos — os procedimentos retóricos do narrador, as ambiguidades em que se especializam os desconstrucionistas, a salada estilística do pós-modernismo etc., estará consagrada como universal e moderna. A natureza sumária desse selo de qualidade, que corta o afluxo das conotações históricas, ou seja, das energias do contexto, salta aos olhos. É claro que não se trata de desconhecer o bom trabalho feito no interior de cada uma dessas linhas críticas, que só pode ser discutido caso a caso, mas de assinalar o efeito automático e conformista das assimetrias internacionais de poder. Por outro lado, a cesta de teorias literárias em voga nas pós-graduações dos Estados Unidos é heterogênea, originária em boa parte de lugares tão pouco americanos quanto a União Soviética, Paris ou Nova Délhi, e neste sentido não parece uniformizadora. Contudo, o caldeamento no mercado acadêmico "local", uma instância do *American way of life* e uma novidade histórica incontornável, distancia as teorias de suas motivações de origem. O mecanismo lhes sobreimprime uma involuntária feição comum, mediante a qual passam a exercer as suas funções de hegemonia, se possível em escala planetária, e dentro de muito desconjuntamento. Os lados incongruentes dessa neouniversalidade talvez sejam mais visíveis para críticos periféricos, ao menos enquanto não tratam de adotá-la.

Assim, a consagração atual de Machado de Assis é sustentada por explicações opostas. Para uns, a sua arte soube recolher e desprovincianizar uma experiência histórica mais ou menos recalcada, até então ausente do mapa do espírito. A experimentação literária no caso arquitetaria soluções para as paralisias de uma ex-colônia em processo de formação nacional. A qualidade do resultado se deveria ao teor substantivo das dificuldades transpostas, que não são apenas artísticas e que lhe infundem algo de sua tensão. Para outros, a singularidade e a força inovadora não se alimentam da vida extraliterária, muito menos de uma história nacional remota e atípica. Observam que não foi necessário conhecer ou lembrar o Brasil para reconhecer a qualidade superior de Machado, nem para apontar a sua afinidade com figuras centrais da literatura antiga e moderna, ou com as teorias em evidência no momento, ou, sobretudo, com o próprio espírito do tempo. A ideia aqui, salvo engano, é de diferenciação intraliterária, ou seja, endógena, no âmbito das obras-primas: Machado é um Sterne que não é um Sterne, um moralista francês que não é um moralista francês, uma variante de Shakespeare, um modernizador tardo-oitocentista e engenhoso do romance clássico, anterior ao realismo, além de ser um prato cheio para as teorias do ponto de vista, embora diferente do contemporâneo Henry James. Em suma, um escritor plantado na tradição do Ocidente, e não em seu país. A figura não é impossível — embora a exclusiva seja tosca — e cabe à crítica decidir. Não custa notar, no entanto, a semelhança com o *clássico anódino* de que falávamos páginas atrás, cujas superioridades cosmopolitas, ou dessoradas, a crítica com referência nacional tentou contestar.

A oposição se presta à querela de escolas e convida a tomar partido. Mas ela encarna também o movimento do mundo contemporâneo, uma guerra por espaço, movida por processos rivais, que não se esgota em disputas de método. As relações entre os adversários, cada qual desqualificando o outro, embora apresentando também algo que lhe faz falta, não são simples. Para dar uma ideia, note-se que dificilmente um adepto do Machado "brasileiro" reclamará da nova reputação internacional do romancista, por mais que discorde de seus termos. Com efeito, que machadiano não se sente enaltecido com o reconhecimento enfim alcançado pelo compatriota genial? A nota algo ridícula da pergunta faz eco ao amor-próprio insatisfeito dos brasileiros, que em princípio não teria cabimento num debate literário que se preze, para o qual essa ordem de melindres é letra vencida. Mas o ridículo no caso é o de menos, pois nada mais legítimo que a vaidade de ver refletidos os expoentes nacionais naquelas teorias novas em folha, que afinal de contas são as depositárias da conversação crítica internacional e, mal ou bem, do *presente do mundo* — de que é preciso participar, mesmo que ao preço de algum autoesquecimento. Adotando a pergunta do campo oposto, por que diabo enterrar um autor sabidamente universal no particularismo de uma história nacional que não interessa a ninguém e não tem interlocutores?

Nessa linha, o sucesso internacional viria de mãos dadas com o desaparecimento da particularidade histórica, e a ênfase na particularidade histórica seria um desserviço prestado à universalidade do autor. O artista entra para o cânon, mas não o seu país, que continua no limbo, e a insistência no país não contribui para alçar o artista ao cânon. Pareceria que a supressão da história abre as portas da atualidade, ou da universalidade, ou da consagração, que permanecem fechadas aos esforços da consciência histórica, enfurnada numa rua sem saída para a latitude do presente. Veremos que a disjuntiva está mal posta e que não há por que lhe dar a última palavra. Mas é certo que no estado atual do debate ela carrega alguma verdade, pois a falta de articulação interna, de trânsito intelectual entre análise de formas, história nacional e história contemporânea é um fato, com consequências políticas tanto quanto estéticas.

Quanto aos trabalhos artísticos de primeira linha produzidos em ex-colônias, a tese da inutilidade crítica das circunstâncias e da particularidade nacional talvez não saiba o bastante de si. Falta-lhe a consciência de seus efeitos, que são de marginalização cultural-política em âmbito mundial. Ou ainda, desconhece a construção em muitas frentes, coletiva e cumulativa, artística e extra-artística, em parte inconsciente, sem a qual a integridade estética e a relevância histórica, as quais pretende saudar, não cristalizam. Seja como for, a neouniversalidade das teorias literárias poderia também ser bem-vinda a seu adversário, que ao criticá-la sairia do cercadinho pátrio e poria um pé no tempo presente, ou melhor, num simulacro dele. O reconhecimento internacional de um escritor muda a situação da crítica nacional, que nem sempre se dá conta do ocorrido.

Helen Caldwell começa *The Brazilian Othello of Machado de Assis* — o primeiro livro americano sobre o romancista — com uma afirmação sonora. O escritor seria um diamante supremo, um Kohinoor brasileiro que cabe ao mundo invejar. Logo adiante, *Dom Casmurro* é considerado "talvez o melhor romance das Américas". Não é pouca coisa, ainda mais se lembrarmos que eram os anos da revalorização de Hawthorne e Melville, e sobretudo da imensa voga crítica de Henry James. Dito isso, prossegue Caldwell, é possível que "só nós de língua inglesa" estejamos em condições de apreciar devidamente o grande brasileiro, "que constantemente usava o nosso Shakespeare como modelo". Assim, ao reconhecimento e à cortesia segue-se a surpreendente reivindicação de competência exclusiva, ainda que envolta em humorismo ("com perdão da megalomania").[16]

Mas é fato que a intimidade com Shakespeare permitiu a Caldwell virar do avesso a leitura corrente de *Dom Casmurro*, tributária até então dos pressupostos masculinos da sociedade patriarcal brasileira. Mais imersa nos clássicos da tragédia que

16. Helen Caldwell, *The Brazilian Othello of Machado de Assis*. Berkeley: University of California Press, 1960, pp. v e 1.

na idealização de si de nossas famílias abastadas, a crítica americana — professora de literatura grega e latina — estava em boa posição para notar algumas das segundas intenções de Machado. A uma shakespeariana não podiam passar despercebidas a confusão mental e a prepotência de Bento Santiago, o amável e melancólico marido-narrador do romance. A lição barbaramente equivocada que ele, o Casmurro, tira do desastre de Otelo era a indicação segura, entre muitas outras, de que seria preciso desconfiar de suas suposições sobre a infidelidade da mulher. Veja-se a respeito o capítulo decisivo em que Bento, agoniado pelo ciúme, vai espairecer no teatro, onde por coincidência assiste à tragédia do mouro. Em vez de lhe ensinar que os ciúmes são maus conselheiros, esta o confirma na sua fúria e lhe dá a justificação do precedente ilustre: se por um lenço Otelo estrangulou Desdêmona, que era inocente, o que não deveria ter feito o narrador à sua adorada Capitu, que com certeza tinha culpa?[17] O curto-circuito mental, quase uma *gag*, não deixa dúvida quanto à intenção maliciosa de Machado, que escolhia a dedo os lapsos e contrassensos obscurantistas que derrubariam — se não fossem passados por alto — o crédito de seu narrador suspeitoso, transformando-o em figura ficcional propriamente dita, que contracena com as demais e é tão questionável quanto elas. À maneira do estranhamento brechtiano, são pistas para que o leitor se emancipe da tutela narrativa, reforçada pela teia dos costumes e dos preconceitos sancionados. Se a campainha artística for ouvida, ele passa a ler com independência, quer dizer, por conta própria e a contrapelo, mobilizando todo o espírito crítico de que possa dispor, como cabe a um indivíduo moderno. A confiança singela e aliás injustificável que até segunda ordem os narradores costumam merecer fica desautorizada. A inversão de perspectivas não

---

17. Machado de Assis, *Dom Casmurro*, cap. CXXXV.

podia ser mais completa: o problema não estava na infidelidade feminina, como queria o protagonista-narrador, mas na prerrogativa patriarcal, que tem o comando da narração e está com a palavra, *que não é fiável nem neutra*. Graças a esse dispositivo formal, que desqualifica o pacto narrativo, a disposição questionante engolfa tudo, da precedência dita normal dos maridos sobre as mulheres — o foco da polêmica de Caldwell — ao crédito devido a um narrador bem-falante, à virtude patriótica do encantamento romanesco, à respeitabilidade das elites ilustradas brasileiras. De padrão nacional de memorialismo elegante e passadista, o livro passa a experimento de ponta e obra-prima implacável.

A descoberta crítica no caso eleva muito a voltagem intelectual do romance. Já notamos o que ela deveu à familiaridade com os clássicos, ou melhor, à estranheza causada por um desvio clamoroso na compreensão de um deles, independente de considerações de contexto. Ou por outra, o seu contexto efetivo foi a própria tradição canônica, cujas luzes serviram de revelador das hipocrisias e cegueiras entranhadas na ordem social. Aliás, a intimidade com esta podia até atrapalhar, como de fato atrapalhou a crítica brasileira durante sessenta anos, entre a publicação do romance em 1899 e o estudo de Caldwell em 1960. Foi com justa satisfação que este saiu a campo para corrigir "três gerações de críticos", a quem as insinuações do ex-marido, hoje um viúvo amalucado no papel de pseudoautor, convenceram da culpa de Eva/Capitu.[18] É claro que muitos brasileiros haviam lido *Otelo* e é provável que tivessem notado que o Casmurro tira uma conclusão aberrante da morte de Desdêmona. Contudo, filiados ao universo ideológico do narrador, não lhes pareceu que o "deslize" obrigasse a questionar o viés de poder da situação narrativa. Inclinados a acatar o ponto de vista patriarcal e a veracidade dos

18. Helen Caldwell, op. cit., p. 72.

memorialistas, ou, também, despreparados para duvidar da boa-fé de um narrador de boa sociedade, dono de uma prosa sem igual na literatura brasileira, bem como de apólices, escravos e casas de aluguel, não acharam que fosse o caso de suspeitar uma personagem tão bem recomendada. Ficavam aquém da vertigem inscrita no dispositivo literário machadiano, que atrás dos traços de um memorialista fino e poético, cidadão acima de quaisquer suspeitas, fazia ver, primeiro, o marido discretamente empenhado na destruição e difamação de sua mulher, e em seguida o senhor patriarcal na plenitude de suas prerrogativas incivis.

Cotejado com seu modelo, o Casmurro aparece como uma variante original, seja porque recombina Otelo e Iago em uma só pessoa, seja porque mistura as condições de personagem e de narrador, tornando incerta uma distinção importante. No que respeita ao enxadrismo das situações literárias, a invenção machadiana é diabólica. Investido da credibilidade que a convenção realista associa à função narrativa, Bento Santiago é não obstante parte parcialíssima do drama. O garante do equilíbrio expositivo não tem equilíbrio ele próprio: o memorialista honesto e saudoso é um marido desgovernado, que trata de persuadir a si mesmo e ao leitor de que fizera bem ao expulsar de casa e desterrar para outro continente a sua Capitu/Desdêmona. Aí estão, com raio de generalidade tão supranacional quanto as instituições do casamento ou da narração, *os estragos causados pelo ciúme, pela prerrogativa masculina e pela autoridade inquestionada de quem detém a palavra*. São resultados de tipo *universal*, obtidos por Caldwell no espaço como que atemporal e homogêneo das obras-primas do Ocidente, por meio da comparação abstrata de caracteres ou situações, e de análises também elas universalistas. Os paralelos com Shakespeare, a Bíblia e a mitologia, as especulações sobre o significado dos nomes próprios das personagens machadianas, no campo geral da onomástica, o estudo da consistência funcional de complexos imagísticos, à maneira de Freud e do New Criticism shakespeariano, a revelação da duplicidade do Otelo narrador, que é um feito crítico notável — *nada disso requereu o recurso à configuração peculiar do país,* que não conta para efeitos de interpretação.

Isso posto, Bentinho não é Otelo, Capitu não é Desdêmona, José Dias e o Pádua não são Iago e Brabantio, nem o Rio de Janeiro oitocentista é a Europa renascentista. O século XIX e seu sistema de sociedades distintas entre si e no tempo entram pela outra porta, e mal ou bem a cegueira do universalismo para a historicidade do mundo fica patente, sem prejuízo de eventuais descobertas sensacionais. As diferenças entre Machado, Shakespeare e demais clássicos não importam uma a uma, no vácuo, à maneira elementarista, como aspectos de um só e mesmo conjunto: elas têm desempenho estrutural-histórico, sugerindo mundos correlativos e separados, *que esteticamente seria regressivo confundir.* A presença ubíqua da cor local não pode ser mera ornamentação, sob pena de rebaixamento artístico. A própria desautorização do narrador masculino, tão esclarecedora, só atinge a plenitude de sua irradiação quando combina os atropelos do ciúme — uma paixão relativamente extraterritorial — às particularidades do patriarcalismo brasileiro do tempo, vinculado a escravidão e clientelismo, empapado de autocomplacência oligárquica, além de vexado pela sombra do progresso europeu.

Pensando em vantagens comparativas, ou no que as leituras podem oferecer ou invejar uma à outra, observe-se que a interpretação universalista dá como favas contadas a grandeza que a interpretação com base nacional quereria demonstrar. Será uma superioridade? Uma inferioridade? É claro que grandeza no caso tem dois significados que brigam entre si. Semelhanças e diferenças com *Otelo, Romeu e Julieta, Hamlet, Macbeth* etc., além de convergências com teses do New Criticism, decidem a questão da estatura artística pela simples indicação dos patronos ilustres, que não deixam de constituir um establishment. Assim, o procedimento que faz admitir *Dom Casmurro* entre os seus pares no campo das obras universais tem algo de cooptação, ou de reconfirmação de protótipos (de cera?) no ultramar. Graças a um sistema de menções cultas, meio ostentadas e meio escondidas — aliás escolhidas por Machado com deliberação meticulosa —, um romance que não constava como canônico troca de estante. Por outro lado, embora ponha o livro nas alturas e o subtraia ao acanhamento provinciano, com ganho inegável, essa universalidade, devida ao ar de família, não satisfaz a outra leitura, ainda que a possa ajudar muito. Para esta, o caminho para a qualidade passa pelo aprofundamento crítico de uma experiência estético-social precária, em boa parte inglória, até então mantida à margem, cuja densidade interna se trata de consolidar e cuja relevância se trata de arguir e, mesmo, construir. Não há como desconhecer o papel que a tradição clássica tem na obra de Machado, mas o que interessa identificar é o redirecionamento nada universal que, graças ao Autor, a problemática particular do país lhe imprime. A nota de reivindicação, bem como o esboço de um contraestablishment, ou a reconsideração a nova luz do establishment anterior, não existem na outra leitura.

Ainda nesse capítulo da ajuda entre adversários, veja-se que o *Brazilian Othello* causou uma viravolta memorável em nosso meio, sem ser forte em seu próprio terreno: conforme entra pelas semelhanças e diferenças de personagens machadianas, shakespearianas e outras, postas para flutuar na região comum das obras universais, onde tudo se compara a tudo, Caldwell vai se perdendo no inespecífico, para não dizer arbitrário. A verdade é que o melhor de sua intervenção — o tino para a má-fé do pseudoautor — não frutifica no âmbito comparatista, e sim no da reflexão nacional. Esta última, demasiado bloqueada para enxergar o artifício machadiano, fizera um papelão. Por isso mesmo, entretanto, uma vez esclarecida a respeito, era ela quem tinha mais elementos para lhe apreciar o gume e explicitar o alcance, seja artístico, seja de crítica de costumes, seja político. Em suma, o resultado durável do livro não foi tanto a revelação de uma obra-prima quanto a inviabilização da leitura conservadora de um clássico nacional, até então assegurada por uma aliança tenaz de convencionalismo estético e preconceitos de sexo e classe. A solidez social dessa liga conferiu aos novos argumentos um valor de contestação inesperado, que escapa ao programa das teorias literárias universalistas. Invertendo a blague inicial da autora, segundo a qual só anglófonos e shakespearianos teriam condições de apreciar Machado de Assis, digamos que foi no ambiente saturado de injustiças nacionais e de história que o achado universalista adquiriu a densidade e o impulso emancipatório indispensáveis a uma ideia forte de crítica.

Por que supor, mesmo tacitamente, que a experiência brasileira tenha interesse apenas local, ao passo que a língua inglesa, Shakespeare, o New Criticism, a tradição ocidental e *tutti quanti* seriam universais? Se a pergunta se destina a mascarar os nossos déficits de ex-colônia, não vale a pena comentá-la. Se o propósito é duvidar da universalidade do universal, ou do localismo do local, ela é um bom ponto de partida.

A questão tem importância para a arte de Machado, que a dramatizou numa crônica das mais engenhosas, chamada "O punhal de Martinha".[19] Trata-se da apresentação, em prosa clássica pastichada, dos destinos paralelos de dois punhais. Um lendário e ilustre, que serviu ao suicídio de Lucrécia, ultrajada por Sexto Tarquínio. Outro comum e brasileiro, por isso mesmo destinado

---

19. Machado de Assis, "O punhal de Martinha" (5 de agosto de 1894), *Obra completa*. Rio de Janeiro: Aguilar, 1959, v. III, p. 638. A crônica está reproduzida no final deste volume, em apêndice. Como se trata de um texto breve, as citações vão sem indicação de página.

à "ferrugem da obscuridade", que permitiu a Martinha vingar-se das importunações de um certo João Limeira. A moça, diante da insistência deste, previne: "Não se aproxime, que eu lhe furo". Como ele se aproxima, "ela deu-lhe uma punhalada, que o matou instantaneamente".

A notícia, pescada num jornal da Cachoeira, do interior da Baia, é posta lado a lado com o capítulo célebre da *História Romana* de Tito Lívio. Desenvolvendo os contrastes, o cronista concede que a gazeta baiana não pode competir com o historiador insigne; que Martinha ao que tudo indica não é um modelo de virtude conjugal romana, antes pelo contrário; e que João Limeira não tem sangue régio nas veias. As comparações, todas desabonadoras, são feitas do ângulo do literato ultra-afetado do Rio de Janeiro, que diverte os leitores à custa de uma cidade modesta, que a ninguém ocorreria comparar ao padrão da Antiguidade. Dito isso, Machado inverte a ironia — sem o que não seria quem é — e observa que a cachoeirense não fica a dever à romana em bravura: Martinha vinga-se com as próprias mãos onde a outra confia a vingança ao marido e ao pai, sem contar que pune a mera intenção, e não o ultraje consumado. A nota cafajeste desta segunda distinção, destinada a botar defeito na honestidade de Lucrécia, não deixa de ser um achado memorável, especialmente vindo de um consertador de injustiças... Seja como for, por um momento é Lucrécia quem se deve mirar no exemplo de Martinha, e não vice-versa, uma viravolta de alcance quase inconcebível.

É claro que essas superioridades, tanto quanto as inferioridades, não são para levar a sério. Elas resultam do cotejo abstrato de vícios e virtudes, termo a termo, perfil contra perfil, que prefere o exercício retórico ao tino para a história — uma opção que o tempo havia tornado obsoleta e burlesca. Assim, a comparação leva a rir da Cachoeira, porque ela não se compara a Roma, e a rir de Roma, que talvez não passe de uma Cachoeira revestida de belas palavras. Refletidas uma na outra, a localíssima Cachoeira e a universalíssima Roma funcionam como uma dobradinha de comédia. Os clichês derrubam-se mutuamente, para gozo dos finos, e não deixam resto. Artificioso e sumário, o dualismo tem certa esterilidade enjoativa, que não vai a lugar nenhum. Apesar da equidade ostensiva da argumentação, o espírito do paralelo é de troça e tem ranço de classe inconfundível, este sim interessante, e aliás nada equitativo. O cronista deplora a sorte obscura dos compatriotas pobres e provincianos, mas a comparação culta na verdade lhe serve para sublinhar a distância que o separa deles e de nossa hinterlândia cheia de facadas. Serve-lhe também para figurar na internacional dos cosmopolitas fim-de-século, que não se iludem com Roma e a discurseira clássica, embora disponham de seu repertório. Num caso busca diferençar-se da barbárie popular; no outro, integrar-se à elite mundial dos espíritos educados, sempre em linguagem para poucos, que marca uma superioridade meio caricata. O leitor é tratado na empolada segunda pessoa do plural, com subjuntivos e condicionais difíceis: "Talvez esperásseis que ela se matasse a si própria. Esperaríeis o impossível, e mostraríeis que me não entendestes". Como a facilidade da pirotecnia gramatical, são aspirações medíocres, cheias de autocongratulação risível, em que no entanto há altura artística, pois o seu esnobismo dá forma a feições importantes da desigualdade moderna.

Precedida do artigo definido e singularizador, *a* Cachoeira passa a ser uma localidade familiar, que fica logo ali, mesmo para quem não tenha conhecimento dela. Algo análogo se dá com Martinha, que possivelmente seja um tanto bárbara, de má vida e culpada de homicídio, mas a quem o diminutivo afetuoso traz para perto em ideia, incluindo-a na esfera da cordialidade brasileira, ou do sentimento nacional, desdizendo as segregações antissociais trazidas do tempo da Colônia. Noutras palavras, alguns indicadores gramaticais funcionam na contracorrente da dicção emproada, de cujas presunções de exemplaridade, estilo elevado e civilização destoam, ou, ainda, a cujas partições se opõem. Digamos então que o paralelo clássico milita, enquanto forma, pela separação dos espaços que compara. Também do ponto de vista de classe ele mais afasta do que aproxima, pois alinha o escritor na franja europeizada e culta, estranha às circunstâncias cruas e remotas da vida popular no interior do país. Estamos próximos da posição do letrado colonial, vivendo nestas brenhas a contragosto, na companhia consoladora de ninfas e pastores de convenção. Ao passo que as descaídas chãs e familiares da prosa, menos salientes mas não menos definidoras, fazem supor um alinhamento político diverso, em que aquelas separações não são ponto pacífico. Volta e meia, a despeito da couraça retórica, o escritor parece reconhecer como suas a gente e as localidades da ex-colônia, agora o Brasil. Implícita, há também a recíproca, segundo a qual essa gente e essas localidades poderiam contar com ele nalgum grau. Está aí a posição do intelectual posterior à Independência, impregnado de tradição europeia mas bloqueado por ela.

Como exemplo da contradição, observe-se o apreço dúbio pela bravura de Martinha, com a sua pitada de zombaria. As palavras de entusiasmo não têm como alcançar a moça, pois o paralelo com Lucrécia a despoja de seu contexto próximo e no fundo a faz perder de vista, embora lhe dê visibilidade e universalidade noutro nível. Enredado em sua cultura de aparato, o escritor está do lado contrário ao que desejaria defender, ocultando o mundo diferente que quereria revelar. As boas letras não funcionam apenas como trunfo, mas também como obstáculo, ao passo que a experiência local, sendo um núcleo de identidade, mas de uma identidade pouco prestigiosa, tanto fortifica como desmerece e empareda o seu portador. A mescla das dicções — da dicção engomada e da dicção familiar — interioriza e encena a crise, que se resolve nas linhas finais, pela derrota da aspiração nacional: depois de indignar-se com a "desigualdade dos destinos", que só recolhe e transmite o que está nos livros canônicos, ignorando o que existe na realidade — leia-se o Brasil —, o escritor joga a toalha e toma o partido do opositor, o beletrista amestrado que ele traz dentro de si. "Mas não falemos mais em Martinha", quer dizer, não falemos do Brasil.

A conclusão não é para ser acatada, ou melhor, é para ser desobedecida. Trata-se de mais uma versão do refinado procedimento machadiano do *finale* em falso, ou do *finale* inaceitável, na verdade uma provocação que manda reexaminar criticamente a *persona* que está com a palavra. No ato, o literato consumado que não tem coragem de romper com a máquina literária culta se transforma em figura lastimável. Deve ceder o passo a seu alter ego recalcado, este sim capaz de reconhecer a poesia que existe em Martinha e na Cachoeira — uma poesia desafetada, sem fórmulas de Tito Lívio, sem atitudes de tragédia, sem gestos de oratória, sem quinquilharia clássica, mas com "valor natal e popular", incluídas aí as afrontas à gramática, e valendo "todas as belas frases de Lucrécia".

Assim, o prosador duvida entre atitudes opostas, muito representativas, em confronto dentro dele. Numa, a anedota local — marcada pela nota primitiva e por vestígios da Colônia, que são a substância efetiva do pitoresco — é sujeitada à luz dos modelos ditos universais, que lhe impõem a medida. Na outra, a mesma anedota ou matéria seria valorizada nos seus próprios parâmetros, liberta das convenções literárias que nos separam e escondem de nós mesmos, embora nos identifiquem como civilizados. O que seria essa prosa voltada para o natal e o popular, sem guarda-roupa clássico, e ainda assim capaz de merecer um lugar na memória dos homens?

Note-se que o ideal da autossuficiência estética, ligado ao nacionalismo romântico, bem como a uma noção mítica da Independência, inclui a quebra da hierarquia entre as nações, que seriam todas igualmente válidas, ainda que diferentes. A recusa dos paradigmas externos, antigos ou contemporâneos, é uma ideia que a seu modo converge com o desejo de autarquia e com a aspiração moderna à desconvencionalização completa. Mas a equiparação geral entre as nações, que anularia os hegemonismos, seria uma possibilidade efetiva? Mesmo que só imaginária, essa verdadeira revolução cultural, que obrigaria ao realinhamento das afinidades de classe internas e externas, compondo um bloco histórico diferente — em que as classes cultas se deveriam mais a seu povo que a seus pares nos países adiantados —, faz recuar o cronista, que volta às garantias tradicionais da posição anterior.

Em resumo, o paralelo com Lucrécia começa como uma piada de literato bem-posto e rebuscado, conformista no fundo. Em seguida, ao inverter as precedências entre a romana e a baiana, a brincadeira toma um rumo menos convencional, mas ainda assim enquadrado pela autossatisfação das classes cultivadas, únicas em condições de apreciar o lance. É num terceiro passo que o punhal de Martinha e o esquecimento inglório que o espera adquirem a vibração notável. Como a familiaridade da linguagem indica, Martinha não é apenas uma representante de costumes bárbaros, que os civilizados de todos os quadrantes, entre os quais o cronista, olham com curiosidade, de fora e do alto. Ela faz parte também do *povo brasileiro* e, por aí, da problemática interior do mesmo cronista. O homem ilustrado, sempre um conselheiro da pátria em formação, sente que o destino dos compatriotas pobres e relegados é menos exótico e mais representativo do que parecia. Mal ou bem, a falta de reconhecimento em que vivem não deixa de lhe dizer respeito. Aliás, a inadequação literária do cronista, ou seja, a sua reverência por Lucrécia, não teria parte na condição apagada que diminui a sua gente? E não haveria também nele próprio algo da marginalização histórica, para não dizer da barbárie e até do exotismo de Martinha? Sem contar que a simplicidade clássica da punhalada em João Limeira revela riquezas inexploradas da nação, ao menos quanto às possibilidades literárias.

Como indicam essas inerências à distância, ou determinações recíprocas entre classes, deixamos o âmbito retórico das oposições abstratas e maniqueístas, além de vagamente colonialistas, do tipo Civilização vs. Barbárie. Em seu lugar entram as identidades problemáticas, os desníveis nacionais e internacionais, mais a correspondente dialética social, com as suas interligações imprevistas e significados instáveis. Sob a forma ostensiva, a forma latente: a bravura ou braveza da moça dá assunto a comparações engenhosas e fora do tempo, mas veicula também a ambiguidade estético-política de quem escreve, imprimindo à prosa uma nota de inquietação e culpa históricas. Dentro do cronista coexistem e lutam, ou alternam, o cosmopolita empertigado e o escritor mordido pela situação brasileira, com todas as ambivalências do caso. Assim, o esquecimento em que desaparecerá a moça da Cachoeira merece as lágrimas de crocodilo do humorista de salão, bem como as lágrimas sentidas mas confusas do escritor nacional, que lastima nela a obscuridade em que vegetam o seu país e ele próprio.

Para tomar a medida do abismo de classe atrás dessas vacilações, basta colocar-se na posição da heroína meio anônima e quase admirada que está no outro polo. Submetido a uma ducha escocesa, o destino popular tanto pode ser enaltecido e servir de bandeira regeneradora, como pode ser simplesmente posto de parte, segundo a inspiração momentânea dos bem-postos, que têm e não têm compromisso com os compatriotas pobres.

Dito isso, a nossa apresentação vem forçando a nota num ponto delicado: palavras da esfera histórico-política, como pátria, nação, Brasil etc., e também as referências à questão nacional, em que insistimos, não compareçem no argumento explícito da crônica. Elas são as suas presenças ausentes. Ao lastimar as injustiças da fama, que ao que tudo indica não irá conservar a punhalada de Martinha, o cronista toma o rumo da metafísica, em detrimento do senso histórico. Segundo a sua explicação, Martinha vai "rio abaixo do esquecimento" porque é uma criatura "tangível", como aliás todo mundo, e não por ser brasileira e popular, como indica o contexto. A "parcialidade dos tempos", da qual ela é vítima, não se refere à desimportância que aflige o Brasil e as suas classes pobres, mas à oposição entre os clássicos e a mera vida em carne e osso. Como os clássicos são "pura lenda", "ficção" e "mentira", compiladas em livros recomendados, notáveis pelo apuro da gramática, é claro que não deixam lugar para a mocinha empírica da Cachoeira, que tem endereço e ofício conhecidos, erra na colocação de pronomes e não foi celebrada pelos poetas — ela sim real e verdadeira. A conclusão acaciana do cronista filósofo, que medita "sobre o destino das coisas tangíveis em comparação com as imaginárias", é que os humanos só dão valor ao que não existe. "Grande sabedoria é inventar um pássaro sem asas, descrevê-lo, fazê-lo ver a todos, e acabar acreditando que não há pássaros com asas..."

A ironia está na composição. Como nos seus grandes romances, Machado faz literatura "do seu tempo e do seu país" — para lembrar o programa famoso — por meio e à custa da personagem cosmopolita que tem a palavra e se acredita acima das circunstâncias, o que mais a localiza.[20] Cabe ao leitor, armado de implicância e antena histórico-social, contrapor a feição brasileira das situações à sua redução pelo cronista a uma generalidade

20. Machado de Assis, "Notícia da atual literatura brasileira: instinto de nacionalidade", em *Obra completa*. Rio de Janeiro: Aguilar, 1959, v. III, p. 817.

atemporal e vazia. É certo que é possível sujeitar a lista de nossos traços notórios de ex-colônia à categoria dos "tangíveis", por oposição aos "imaginários", preferidos pela fama. Contudo é possível também enxergar nessa graçola do espírito mais outro exemplo de defeito nacional, pronto para figurar naquela mesma lista de traços de atraso, à qual a mania de transformar em pontos de filosofia as nossas mazelas históricas se integra à perfeição. A função nobilitante e mascaradora do deslocamento fala por si.

Entrando em matéria, aí estão a Martinha, entre familiar e desconhecida, como o povo a que pertence; a condição social de zé-ninguém, sem nome de família nem proteção da lei, e com prenome no diminutivo; a facada meio urbana meio sertaneja, e a Cachoeira, que é um faroeste com feições locais. No campo dos instruídos, há o exibicionismo retórico e gramatical, que compensa o complexo de inferioridade herdado da Colônia; o sentimento geral de irrelevância e de vida de segunda classe, além do ressentimento com a falta de repercussão de nossas coisas; há ainda as províncias remotas como um ultramar, envolvidas em certo apego sentimental etc. A incongruência entre isso tudo, "tão Brasil",[21] e os conceitos filosóficos do cronista incita à reflexão histórico-social, que fica desafiada a completar e denominar o que está configurado, a incongruência inclusive. O procedimento machadiano é vertiginoso, mas efetivo: a acuidade mimética para os problemas brasileiros combina-se à inclusão maliciosa de raciocínios desfocados, e à exclusão, também deliberada, do vocabulário e dos argumentos ligados à questão nacional. Esta, cuja ausência é estridente, passa a ter a presença que o leitor insatisfeito seja capaz de lhe conferir por conta própria, com as matérias à mão e longe dos chavões românticos e naturalistas então disponí-

---

21. Manuel Bandeira, "Não sei dançar", em *Libertinagem. Estrela da vida inteira*. Rio de Janeiro: José Olympio, 1966, p. 103.

veis. O movimento ultrapassa o marco explícito colocado com pompa pelo explicador da fábula, e "cabe ao leitor tirar as conclusões da conclusão".[22]

Enquanto o cronista se queixa do pouco sucesso de Martinha, é claro que ela está mais que imortalizada — graças a essa mesma queixa, que traz em si, sem o saber, uma condição moderna de grande ressonância artística. Para ele, indeciso entre o clássico e o autóctone, ambos incapazes de assegurar à moça "um lugar de honra na história", não há como sair do impasse. Já para Machado — que inventava a situação narrativa — o trio formado por a) a região relegada do universo; b) o repertório clássico que desmerece as realidades locais; e c) o cronista culto, portador de um despeito histórico-mundial, é ele próprio a solução: uma vez articulada pelo jogo literário, esta verdadeira célula social-histórica imprime à cena algumas das linhas inconfessadas da atualidade. Ela deixa entrever uma história mais real, em andamento mas de rumo incerto, na qual a escolha entre localismo e universalismo funciona de modo imprevisto, com as noções trocando e destrocando de posição, em discrepância com o seu conceito abstrato. Olhando bem, Martinha não se tornou imortal, ou relevante, porque um literato nativista se ateve aos termos dela e da Cachoeira, rejeitando a tradição estrangeira que as impedia de brilhar. Pelo contrário, na ausência do paralelo ilustre o episódio ficaria reduzido a uma facada entre outras. Na verdade, é a referência à dona celebrada ou ao repertório clássico que tira da vala comum a mocinha do meretrício local, transformando-a em tema "para a tribuna, para a dissertação, para a palestra" — não porque seja uma igual de Lucrécia, como quereria o cronista, mas porque a comparação não se aplica, fazendo girar em falso a cultura ca-

---

22. Charles Baudelaire, "Madame Bovary", "L'Art Romantique", em *Oeuvres. Bibliothèque de la Pléiade*, 1951, p. 1000.

nônica e indicando algo que lhe escapa, que fica atravessado e seria o principal.

Um deslocamento análogo desuniversaliza a forma do paralelo, que de clássica se torna pitoresca. Em tom grave, como convém às comparações cultas, ela deixa à vista uma porção de realidades risíveis e distintivas, que destoam do padrão. Os vexames incluem o nosso reflexo estrangeiro diante dos patrícios pobres, desprovidos de existência civil, as veleidades de requinte dos educados, a sua avidez de reconhecimento, o papel antipopular da cultura alta, a adoção semiculta e pernóstica desse mesmo papel, e assim por diante. Entretecidos com a retórica rebuscada, esses traços de fragilidade adquirem tessitura literária, além de darem a Martinha a terceira dimensão propriamente brasileira e *atual*, ou *moderna,* que parecia faltar.

Como dispositivo formal, a comparação dos punhais é um cenário de cartolina, mas dotado da força de revelação dos achados oswaldianos: "O lado doutor, o lado citações, o lado autores conhecidos. Comovente. Rui Barbosa: uma cartola na Senegâmbia. Tudo revertendo em riqueza".[23] Sem nada de antiquário, as segundas intenções do paralelo são satíricas e visam o presente, em conivência maliciosa com o realismo oitocentista. A sua lição de coisas, uma documentação como que à revelia, oferecida a quem queira ver, é um subproduto da inadequação da forma ela mesma. Carregado de consciência e humorismo históricos, o despropósito formal, que é um artifício cara de pau, impõe às anedotas locais um pano de fundo extra. O estado bisonho e tão fora de tudo dos causos brasileiros, insuficientes para sustentar uma prosa à altura do tempo, é corrigido pela sombra clássica e universal, ou pela alegoria caricata. Com recuo adequado, a "desigualdade dos

---

23. Oswald de Andrade, "Manifesto da Poesia Pau-Brasil", em *Do Pau-Brasil à Antropofagia e às Utopias*. Rio de Janeiro: Civilização Brasileira, 1978, p. 5.

destinos" lamentada na crônica se despega de Martinha e Lucrécia, da figurinha popular e do busto de museu, que não têm porque ser iguais, para aludir à condição inferiorizada e problemática de país periférico, atolado na conformação e nas privações da ex- -colônia, estas sim difíceis de envergar no quadro das nações civilizadas. Martinha está para Lucrécia como o Brasil para os países adiantados. Arbitrário como toda montagem, o paralelo entre o *fait divers* baiano e um dos episódios fundadores da mitologia da Roma antiga é uma substituição sutil, que expressa em termos passadistas e farsescos um mal-estar contemporâneo.

Em suma, universalismo e localismo são ideologias ou chavões, ou timbres, de que Machado se vale como de pré-fabricados passíveis de uso satírico. A parafernália da retórica e do humanismo, universal por excelência, lhe serve, desde que faça figura imprópria, nada universal, com funções de lugar e classe historicamente marcadas. Uma inversão análoga atinge o anseio patriótico de libertar a matéria local dos enquadramentos como que *alienígenas* da cultura erudita. Também este patriotismo serve, desde que leve aonde não quer, à insignificância provinciana e ao isolamento, a que o propósito elevado imprime conotação cômica, esta sim contemporânea e relevante. As ressonâncias não programadas dos registros universalista e localista são o que estes têm de mais verdadeiro. Ao explorar as suas desafinações e fazer que alternem, Machado dá figura artística à posição em falso da ex-colônia. Trata-se dos resultados locais e disformes de grandes tendências-norma da atualidade, os quais dizem e valem mais do que parece. São especificações contraideológicas: cultura hegemônica ostensiva, mas desqualificada pela paisagem social discrepante; e vida popular a que não falta poesia, mas acompanhada das restrições da norma civilizada. Estamos diante de um *material* com fisionomia própria, compósito, desarmônico e rebaixado, que é produto histórico e pode ser ponto de partida artístico.

Esses quiproquós, *que são depositários da transformação periférica da cultura europeia*, põem de pé uma problemática inédita, difícil, de classes e de inserção internacional, de que a oposição corrente entre localismo e universalismo oferece uma versão distorcida e característica.

O processo de fundo é a formação da nacionalidade nas condições herdadas da colonização, inevitavelmente fora de esquadro, se o esquadro forem as autoidealizações da Europa adiantada. Traduzindo os termos pelo seu desempenho, "local" é o déficit de mediações, o fosso escancarado entre o dia a dia semicolonial e a norma do mundo contemporâneo; e "universal" é o consagrado e obrigatório, a presunção de exemplaridade que se torna uma quimera ou uma estupidez quando aplicada sem mais à mesma circunstância. As mediações não se podem fabricar por um ato de vontade, do dia para a noite. Ao desenvolver uma escrita em que os dois registros contracenam a seco e com ironia, incongruentes, complementares e descambando no seu contrário, Machado criava um equivalente estilístico dessa constelação histórica, além de colocá-la em movimento, com seus fortes momentos de verdade. O universal é falso, e o local participaria do universal se não estivesse isolado e posto à parte, um degrau abaixo.

Enquanto outros escritores buscavam a cor local em regiões e classes pouco afetadas pelo progresso, onde um citadino em dia com os tempos a admite facilmente, com bonomia e sem custo para a autoestima, Machado foi detectá-la em nossas classes mais civilizadas, ou universais, ou residentes na Corte. O frequentador carioca de Tito Lívio, que zomba dos compatriotas desfavorecidos e no íntimo se ofende com o destino que lhes cabe, à margem do mundo, não é menos pitoresco do que Martinha. Mas não se pode dizer que seja uma figura localista, pois os seus ressentimentos derivam claramente da história contemporânea em sentido amplo, a qual expressam e cujo quadro de desigualdades e humilhações internacionais não diz respeito só aos brasileiros, mas a todo mundo — embora de maneiras diferentes.[24] Ao fazer dessa personagem o seu narrador, ou, por outra, ao desuniversalizar o narrador cosmopolita — uma operação formal decisiva —, Machado *dessegregava* a matéria local. Esta saía de seu confinamento histórico e via-se *intermediada* por um vivíssimo jogo de interesses de classe atrasado-modernos, nacionais e internacionais, disfarçados de universais. Por baixo da engrenagem retórica, lógica e estética do particular e do universal, pressionando-a e dando-lhe verdade, como um imenso subentendido, há luta de classes, luta entre nações, patamares desiguais de acumulação cultural, além de luta artística e crítica.

O referente remoto, que valida ou desqualifica a composição artística — se estivermos certos —, é a ordem mundial desequilibrada e em litígio, de que o país faz parte. A última palavra não pertence à nação, nem à cultura hegemônica internacional, mas ao presente conflituado que as atravessa e desdiz. Entre outras coisas, este é uma fábrica de recalques, que reconhece só o que é consagrado pelo establishment, ou que se pareça com ele. E deixa esquecidas a um canto as ex-colônias, que não correspondem ao padrão. Era o próprio desequilíbrio, sempre em processo de se renovar, que ditava aos escritores a angústia em que se expressa a condição periférica: se o espírito vale é porque, a despeito de desterrado, se filia ao repertório dos modelos europeus? Ou vive do apego ao viés peculiar, muitas vezes inaceitável e constrangedor, *além de próprio e novo*, do país em formação?[25] Machado de Assis,

---

24. Sobre a textura histórico-mundial dessa ordem de ressentimentos, ver Paulo Arantes, *Ressentimento da dialética*. Rio de Janeiro: Paz e Terra, 1996.

25. A propósito de *O cortiço*, que acerta muito em relação ao Brasil, em parte por dever muito a *L'assommoir* de Zola, Antonio Candido menciona "um problema de filiação de textos e de fidelidade aos contextos". Centrada nessa vinculação dupla e nos seus paradoxos, a fórmula sintetiza um programa crítico.

que era avesso à unilateralidade, não só não tomou partido no caso, como tomou o partido de assumir e acentuar as decalagens, fazendo delas e de seu jogo — entre Roma e Caixa-Pregos — uma regra de sua prosa. Mais compósita e tensionada do que se diz, ela articulava uma parceria de incompatíveis. Casava a investigação numerosa e original das relações sociais brasileiras com o recurso em grande escala ao pacote greco-romano-humanista-ilustrado--cientificista, em suma, universalista, em parte avançado, em parte um anacronismo irônico. É claro que a vizinhança imediata e metódica entre local e universal, familiar e encasacado, informal e oficialista, contingente e clássico, arbitrário e ilustrado, nacional e estrangeiro, desconhecido e célebre e, para tudo resumir, ex-colônia e países-paradigma, apontava para um denominador comum, ainda que movediço e dotado de inúmeras faces. As dualidades recobriam-se em parte, expressavam-se uma pela outra e originavam um jogo de substituições que as ultrapassava. A nota dissonante, sem solução em perspectiva, tinha possibilidades cômicas e representatividade nacional, além de funcionar como caricatura do presente do mundo, em que as experiências locais deixam mal a cultura autorizada e vice-versa, num amesquinhamento recíproco de grande envergadura, que é um verdadeiro "universal moderno".

(2006)

Antonio Candido, "De cortiço a cortiço" (1973), *O discurso e a cidade*. Rio de Janeiro: Ouro sobre Azul; São Paulo: Duas Cidades, 2004, p. 106.

Sobre Adorno
(*Entrevista*)

Há atualidade no pensamento de Adorno?

Vou responder de modo indireto. Em linha com os vanguardistas e os marxistas, Adorno busca a atualidade como um atributo decisivo. Tomando a coisa pelo outro lado, as discussões a respeito da *perda de atualidade* estão no centro da crítica estética e social que ele pratica. Elas são a contraprova do atualismo dele. Como em Marx, o índice da atualidade está nas forças produtivas, cujo desenvolvimento baliza o futuro e torna obsoletas partes inteiras da organização social e das categorias que a acompanham. Esse processo é implacável e não poupa as próprias ideias de quem o formulou: como todos sabem, a incorporação da ciência ao processo produtivo está tornando antiquada a noção de classe operária de que até hoje a política marxista dependeu. Quem reinventou esse esquema no âmbito da teoria estética foi Walter Benjamin, ao observar que a reprodução técnica das obras de arte atacava na raiz o estatuto da *obra original*, tornando-a supérflua, ou, também, tornando supérfluo o seu proprietário e, por extensão, a própria classe proprietária. É um exemplo luminoso de contradição entre desenvolvimento das forças produtivas e categorias decisivas da civilização burguesa. Nessa ótica, Adorno é continuador de Benjamin.

A posição teórica de Adorno alimentou-se da crítica ao fascismo, ao comunismo stalinista e ao *American way of life*, do qual ele tinha experiência direta e uma avaliação negativa, como um ápice de fetichismo. Em lugar de vê-los em separado, como formas desligadas entre si, ele e Horkheimer trataram de vê-los como variantes de um mesmo processo. Essa perspectiva, completamente incomum na época e depois, está na origem da radicalidade de suas reflexões, que desenvolveram uma espécie de marxismo sombrio, que na minha opinião resistiu ao tempo.

A atualidade dos tópicos de reflexão que Adorno elevou a novo patamar fala por si. Basta lembrar a dialética — dura de assimilar — entre progresso e retrocesso em nossa civilização, a indústria cultural como engodo das massas, o embotamento dos sentidos ligado ao fetichismo do capital, as contradições do engajamento artístico e da arte pela arte, o jargão da autenticidade, a complementaridade sutil entre sociologia e psicanálise, ou melhor, entre Marx e Freud, além de outros. Entre os feitos teóricos de Adorno está a decifração social da Música Nova, num ensaio que para mim é sem paralelo. E, no final da vida, a concepção de uma *Teoria estética* notavelmente original, ideada a partir das posições efetivas da arte moderna, e não de uma sistemática filosófica geral. A arte é o que a arte veio a ser, para bem ou para mal: a sua figura tardo-capitalista preside à revisão crítica do objeto, criando um modelo de discussão filosófica historicizada a partir da crise do presente.

Mas o mais atual de Adorno talvez seja a sua atitude geral de crítico, inteiramente aberto, atentíssimo, e sobretudo movido pela ambição mais alta possível. Num apontamento pessoal ele diz ter a presunção de entender a linguagem da música como o herói do conto de fadas entende a linguagem dos pássaros. A imagem é bonita porque mostra a consciência da própria excepcionalidade e o sentimento de missão que a acompanhava. Ela é boa também porque sublinha a diferença da linguagem artística, bem como a necessidade de interpretá-la em linguagem comum, numa operação ao mesmo tempo espontânea, decifradora e reflexiva. Se colocarmos *forma* onde está escrito *música*, teremos algo da postura de Adorno como crítico, que de fato procura saber do que as formas falam, reagindo a elas como expressões da sociedade contemporânea no que esta tem de mais problemático e crucial. É claro que essa faculdade receptiva muito desenvolvida — ler Adorno não deixa de ser uma experiência humilhante, pelo muito que ele vê onde o leitor não viu nada ou quase nada — é apenas a metade da sua força. A outra está no cuidado e na acuidade analítica com que ele esquadrinha a consistência e a inconsistência formal das obras, que ele interpreta, para usar outra de suas expressões, como a historiografia inconsciente de nosso tempo. Nada como comparar às produções rivais, inimigas da reflexão estético-social, a minúcia, a seriedade e a relevância de suas análises. É ler e ver onde estão o reducionismo, a desambição intelectual e o desapreço pela arte. Enfim, vou parar por aqui.

Poderia falar sobre os seus primeiros contatos com a obra de Adorno e sobre a influência dele sobre os seus trabalhos de crítica?

Vi a *Dialektik der Aufklärung* [Dialética do esclarecimento] numa estante de livraria em 1960, quando era estudante de sociologia. São Paulo naquele tempo tinha duas ótimas livrarias alemãs. Que eu saiba, Adorno era desconhecido como crítico e filósofo, pois não estava traduzido e a sua influência na Alemanha estava apenas no começo. Mas no curso de ciências sociais da USP ele era uma referência em métodos e técnicas de pesquisa sociológica, por ser coautor de *The authoritarian personality*, um catatau coletivo sobre os tipos de personalidade propensa ao fascismo. Na faculdade, na época, uma ala progressista de professores de sociologia lutava para conjugar a pesquisa empírica — questionários, estatística, manuais americanos e tudo mais — à reflexão teórica exigente e à crítica de esquerda, o que não era fácil e para o que não havia modelos. De modo que a conjunção de debate metodológico, marxismo camuflado, psicanálise, parafernália da pesquisa social e questões de financiamento encontrada no *Authoritarian personality* — que era orientado por Horkheimer, patrocinado pelo American Jewish Committee, além de empregar um batalhão de judeus mais ou menos freudo-marxistas, refugiados do nazismo — não podia cair melhor. Era um exemplo de sofisticação e da possibilidade de escapar à trivialidade da sociologia americana corrente. Noutras palavras, os acasos da atualização bibliográfica e a força das afinidades eletivas faziam com que algo da melhor reflexão dialética da Alemanha dos anos 1920, filtrado pelas condições intelectuais impostas pelo anticomunismo nos Estados Unidos, se casasse meio no escuro às aspirações teóricas e políticas suscitadas pelo desenvolvimentismo brasileiro no final dos anos 1950. A ressurreição de Brecht entre nós, um pouco depois, percorreu caminhos parecidos.

Mas voltando à *Dialética do esclarecimento*, eu não tinha ideia do que pudesse ser, e abri porque simpatizava com tudo que tivesse dialética no título. Logo vi que o livro ia me interessar muitíssimo, embora fosse difícil demais para mim, por conta da densidade e intensidade da exposição. Durante algum tempo me impregnei mais do clima argumentativo e dos tópicos do que propriamente da sua substância. Pouco depois comprei as *Notas de literatura*, que estavam começando a sair e que me eram mais acessíveis, e também os ensaios sobre música, que em fim de contas foram os que mais me marcaram, ainda que de música eu não saiba nada. É que neles a discussão sobre o funcionamento da forma, de sua substância sócio-histórica, de sua revolução moderna, de seu caráter construído e exploratório, e sobretudo de sua lógica objetiva, está mais abstrata e clara. Um ano antes eu havia começado a ler a crítica literária de Lukács, e a comparação com Adorno naturalmente punha em evidência o sacrifício intelectual cobrado pelo stalinismo.

Como sempre, há uma preparação para as revelações. Naqueles mesmos anos, Antonio Candido — de quem eu era aluno — estava elaborando uma noção materialista da forma literária, que ia no mesmo sentido. Em vez de opor a invenção formal à apreensão histórica, segregando essas faculdades e os respectivos domínios, ele buscou a sua articulação. A forma — que não é evidente e que cabe à crítica identificar e estudar — seria um princípio ordenador individual, que tanto regula um universo imaginário como um aspecto da realidade exterior. Em proporções variáveis, ela combina a fabricação artística e a intuição de ritmos sociais preexistentes. De outro ângulo, tratava-se de explicar como configurações externas, pertencentes à vida extra-artística, podiam passar para dentro de obras de fantasia, onde se tornavam forças de estruturação e mostravam algo de si que não estivera à vista. Tratava-se também de explicar como a crítica podia refazer esse percurso por sua vez e chegar a um âmbito através do outro, com ganho de conhecimento em relação a ambos. O vaivém exige uma descrição estruturada dos dois campos, tanto da obra como da realidade social, cujas ligações são matéria de reflexão. A originalidade dos resultados obtidos custou a alcançar a irradiação devida, e aliás ainda não a alcançou, porque os romances a que se referem — as *Memórias de um sargento de milícias* e *O cortiço* — não têm repercussão internacional.

Digamos que o ensaísmo de Antonio Candido e a sua pesquisa de formas ambicionavam esclarecer a peculiaridade da experiência brasileira, seja literária, seja social. Ao passo que Adorno sondava o sentido e o destino da civilização burguesa como um todo. Num caso está em pauta o Brasil, e só mediatamente o curso do mundo; enquanto no outro se trata do rumo da humanidade como que diretamente. A diferença das linhas de horizonte acarreta uma diferença de gênero e tom — um menor e outro maior, os dois com prós e contras. De fato, dificilmente alguém buscará orientação sobre o mundo contemporâneo num estudo sobre as *Memórias de um sargento de milícias* e a dialética da malandragem (embora seja perfeitamente possível), assim como ninguém buscará menos do que isso num ensaio sobre Hölderlin ou Beckett.

Entretanto, ao assumir resolutamente o valor de uma experiência cultural de periferia, ao não abrir mão dela, Antonio Candido chegava a um resultado de peso, que de periférico não tem nada: a universalidade das categorias dos países que nos servem de modelo não convence e a sua aplicação direta aos nossos é um equívoco. Não tenho dúvida de que o ensaísmo periférico de qualidade sugere a existência de certa linearidade indevida nas construções dialéticas de Adorno e do próprio Marx — uma homogeneização que faz supor que a periferia vá ou possa repetir os passos do centro.

Também tive sorte com a geração de meus professores mais moços. Respondendo à época, eles mergulharam no estudo de Marx para entender o Brasil — penso especialmente no grupo que se reunia para ler *O capital* — e chegaram a conclusões desse mesmo tipo: ou seja, o que há entre as formas sociais da periferia e do centro é uma relação de discrepância e de complementaridade, capaz de evoluir, mas que não é contingente nem tende a se dissolver em igualdade.

Assim, quando me impregnei do sentimento livre e heurístico da forma cultivado por Adorno, foi sobre a base de um esforço de conhecimento em curso no Brasil, deliberadamente coletivo, bastante afastado das premissas dele, esforço que procurei prolongar.

Uma crítica habitual ao pensamento adorniano é que este, ao desesperar da solução revolucionária ou política, conduziria a uma espécie de imobilismo político, ao pensador isolado em sua torre de marfim. Qual a sua visão a respeito?

Até onde vejo, a crítica não se aplica nem um pouco. Adorno é um escritor de mobilidade fora do comum e de grande apetite polêmico. Se há um ensaísta que não se fechou na cultura canonizada foi ele, que escreveu sobre colunas astrológicas, jazz, meia cultura, a degradação do cotidiano pelo capital etc., além de polemizar memoravelmente com Heidegger, Lukács, Sartre, Huxley, Mannheim, Bloch, o movimento estudantil e outros. O bloqueio da solução revolucionária e a esterilidade da política eleitoral são diagnósticos, e não preferências. Pode-se discordar, mas as razões para concordar são consideráveis. A independência intelectual e a confiança no valor objetivo dos argumentos e da intervenção crítica fazem que Adorno possa criticar sem hesitação o seu venerado Schönberg, o admiradíssimo amigo Walter Benjamin, o genial e duvidoso (a seus olhos) Brecht, sem falar em Kant, Hegel, Marx, Nietzsche e Freud. É uma liberdade e diferenciação do espírito a que não estamos acostumados e que, talvez por irritação, leva muitos à extravagante objeção a uma suposta torre de marfim. Aliás, a existência civil do espírito crítico é um fato político importante, muito raro, possivelmente mais radical do que a filiação partidária. Sem esquecer que Adorno não fez as pazes com o capital. Numa resenha recente da obra de Walter Benjamin, o crítico inglês Timothy Clark observava — era uma restrição — que o marxismo de Adorno se podia resumir como uma operação de vida inteira para contornar a Terceira Internacional comunista e não lhe ceder. A caracterização pode ser tomada como um imenso elogio.

(2003)

Verdade tropical: um percurso de nosso tempo

De início devo dizer que não sou a pessoa mais indicada para comentar a autobiografia de Caetano Veloso, pois não tenho bom conhecimento de música nem das composições do autor.[1] Entretanto gosto muito do livro como literatura. Particularmente os blocos 1 e 2 se leem como um excelente romance de ideias, em que as circunstâncias históricas, o debate da época e a figura do biografado, um herói reflexivo e armado intelectualmente, além de estranho, se entrelaçam em profundidade, fazendo ver uma etapa-chave da vida nacional. Como sempre na prosa realista, metade da composição é desígnio do autor e metade são conexões mais ou menos latentes na matéria narrada. Quando há química entre as metades, como ocorre aqui, o conjunto conta algo para além dos fatos. As questões levantadas têm generalidade e penso que podem ser discutidas por um leigo em música.

Além de autobiografia de artista, *Verdade tropical* é uma história do tropicalismo e uma crônica da geração à volta de 1964.

---

1. Caetano Veloso, *Verdade tropical*. São Paulo: Companhia das Letras, 1997.

A sua matéria são as questões estético-políticas do ofício de pop star nas condições do Terceiro Mundo.[2] A intimidade inteligente com a oficina da canção popular, incluídas aí as realidades do show business, coloca o livro em boa posição ao lado dos congêneres literários ilustres, como o *Itinerário de Pasárgada* de Bandeira e o *Observador no escritório* de Drummond, ou as memórias de Oswald de Andrade e de Pedro Nava. Domínio em alto nível de um setor fundamental do presente, até então pouco estudado, avaliações críticas ousadas e certeiras, segredos da cozinha artística sob a ditadura, depoimentos sobre a prisão e o exílio, retratos perspicazes de colegas famosos, circunstâncias pessoais reveladoras, opções intelectuais e formais decisivas, para o bem e para o mal, tudo muito interligado e interessante, compõem um panorama de grande qualidade literária. As correspondências entre vida privada, vida pública e criação artística têm força, dando unidade interior ao conjunto. Sem medo de frases longas e do aspecto melindroso ou sutil das situações, um pouco à maneira substanciosa e flexível de Gilberto Freyre, a prosa de ensaio deve a vitalidade ao gosto pela controvérsia e pela provocação.

A conjugação do músico popular ao intelectual de envergadura não deixa de ser uma novidade. O livro surpreenderia menos se o autor fosse um músico erudito, um poeta, um cineasta ou um arquiteto, ou seja, um membro da faixa dita nobre das artes, cuja abertura para os valores máximos e para a reflexão a respeito é consenso. Como bem observa Caetano, a quem a originalidade de sua posição não escapa, "a divisão nítida dos músicos em eruditos e populares retira destes últimos o direito (e a obrigação) de responder por questões culturais sérias".[3] Aliás, ao escrever um ensaio alentado que foge a essa divisão ele não só inova

2. Id., ibid., p. 19.
3. Id., ibid., p. 430.

como assinala uma reconfiguração do quadro cultural, chamado a fazer frente às feições peculiares da música pop.

A novidade que o livro recapitula e em certa medida encarna é a emancipação intelectual da música popular brasileira. Na pessoa de um de seus expoentes, esta toma distância de si e passa a se enxergar como parte responsável da cena contemporânea, seja poética, seja musical, seja política, desrespeitando os enquadramentos aceitos do gênero. Ao saturar de reflexão estética e social as opções dos companheiros de ofício e as suas próprias, Caetano puxa a discussão para o patamar desconvencionalizado e autocrítico da arte moderna, sem contudo abandonar o compromisso com o público de massas. O interesse dessa posição difícil, talvez impossível de sustentar, dispensa comentários.

Se o adjetivo "popular" estiver na acepção antiga, que nas circunstâncias brasileiras envolve semianalfabetismo, exclusão social e direitos precários, haveria uma quase impossibilidade de classe nesse passo à frente, ligado a boa cultura literária e teórica. Se estiver na acepção moderna, definida pelo mercado de massas e pela indústria cultural, o avanço deixa de ser impossível para ser apenas improvável, devido às diferenças entre a vida de pop star e a vida de estudos. Note-se que no Brasil, como noutros países periféricos, as duas acepções do popular se sobrepõem, pois as condições antigas não estão superadas, embora as novas sejam vitoriosas, o povo participando das duas esferas. Exclusão social — o passado? — e mercantilização geral — o progresso? — não são incompatíveis, como supõem os bem-pensantes, e sua coexistência estabilizada e inadmissível (embora admitida) é uma característica estrutural do país até segunda ordem. Bem mais do que as outras artes, a música popular está imersa nesse descompasso, o que a torna nacionalmente representativa, além de estratégica para a reflexão. Assim, a disposição para pensar trazida por Caetano vem entrelaçada com uma realidade de classes *sui generis*, cujas projeções estéticas e políticas não se esgotam na ideia geral do pop.

Unindo o que a realidade separa, a aliança de vanguarda estética e cultura popular meio iletrada e socialmente marginal, além de mestiça, é um programa já antigo. Ensaiada pelo modernismo carioca nos anos 20 do século passado, em rodas boêmias, e retomada pela bossa nova nos anos 1950, ela ganhou corpo e se tornou um movimento social mais amplo, marcadamente de esquerda, nas imediações de 1964.[4] Sob o signo da radicalização política, que beirou a pré-revolução, o programa tinha horizonte transformador. Em especial as artes públicas — cinema, teatro e canção — queriam romper com a herança colonial de segregações sociais e culturais, de classe e raça, que o país vinha arrastando e reciclando através dos tempos, e queriam, no mesmo passo, saltar para a linha de frente da arte moderna, fundindo revolução social e estética. Tratava-se por um lado de reconhecer a parte relegada e não burguesa da nação, dando-lhe direito de cidade, e, por outro, de superar as alienações correspondentes a essa exclusão, que empobreciam a vida mental também dos incluídos. Graças ao espírito dialético, que estava em alta, os vexames de nossa malformação social — as feições de ex-colônia, o subdesenvolvimento — mudavam de estatuto. Em vez de varridos para baixo

---

4. Para os anos 1920, José Miguel Wisnik, "Getúlio da Paixão Cearense", em Enio Squeff e José Miguel Wisnik, *Música*. São Paulo: Brasiliense, 1982; Davi Arrigucci Jr., "Presença ausente", em *Humildade, paixão e morte: a poesia de Manuel Bandeira*. São Paulo, Companhia das Letras, 1990; Humberto Werneck, *Santo sujo: a vida de Jayme Ovalle*. São Paulo: Cosac Naify, 2008. Para a bossa nova, Ruy Castro, *Chega de saudade*. São Paulo: Companhia das Letras, 1990; Lorenzo Mammi, "João Gilberto e a bossa nova". *Novos Estudos Cebrap*, n. 34, nov. 1992; Caetano Veloso, "Elvis e Marilyn", em op. cit.; Walter Garcia, *Bim bom: a contradição sem conflito de João Gilberto*. São Paulo: Paz e Terra, 1999. Para 1964, Roberto Schwarz, "Cultura e política 1964-1969", em *O pai de família*. Rio de Janeiro: Paz e Terra, 1978.

do tapete, eles passavam a ser identificados como interpelações históricas, em que estavam em jogo não só o atraso nacional como o rumo burguês e a desigualdade do mundo. Estimulada pelo avanço da luta de classes e do terceiro-mundismo, uma parte da intelligentsia passava a buscar o seu sentido — e o salto qualitativo em seu trabalho intelectual — na associação às necessidades populares. Orientada por esse novo eixo e forçando os limites do convencionado, a experimentação avançada com as formas tornava-se parte e metáfora da transformação social iminente, que entretanto viria pela direita e não pela esquerda.

Durante alguns anos, antes e depois de 1964, a invenção artística radical sintonizou com a hipótese da revolução e fez dela o seu critério. A ligação polêmica e o enriquecimento mútuo entre inovação estética, escolhas políticas e sociedade em movimento conferiam à vida cultural uma luz nova. Como a realidade parecia encaminhar alternativas, o partidarismo da vida artística desvestia o seu aspecto esotérico e mostrava ser o que é de fato, uma tentativa imaginária de intervenção. Passado o tempo, é possível que o saldo do período, avaliado nas suas obras, não sobressaia particularmente, o que entretanto não diminui o acerto das questões levantadas. Explicitado naquela oportunidade, o relacionamento conflitante e produtivo entre as formas estéticas, as deformidades sociais do país e as grandes linhas do presente internacional tornou-se uma pedra de toque durável, que mal ou bem sobreviveu à derrota da esquerda. Escrito trinta anos depois, *Verdade tropical* deve muito de seu tino histórico à fidelidade que Caetano guardou àquele momento, "que só é considerado remoto e datado por aqueles que temiam os desafios surgidos então, e que ainda os temem justamente por os saberem presentes demais em sua nova latência".[5]

5. Caetano Veloso, op. cit., p. 19.

Dito isso, a altura da visão de Caetano não é estável, sempre ameaçada por descaídas regressivas. Volta e meia a lucidez cede o passo a superstições baratas, à mitificação despropositada do Brasil, à autoindulgência desmedida, ao confusionismo calculado. Em passagens tortuosas e difíceis de tragar, a ditadura que pôs na cadeia o próprio artista, os seus melhores amigos e professores, sem falar no estrago geral causado, é tratada com complacência, por ser ela também parte do Brasil — o que é uma verdade óbvia, mas não uma justificação. O sentimento muito vivo dos conflitos, que confere ao livro a envergadura excepcional, coexiste com o desejo acrítico de conciliação, que empurra para o conformismo e para o kitsch. Entretanto, como num romance realista, o acerto das grandes linhas recupera os maus passos do narrador e os transforma em elementos representativos, aumentando a complexidade da constelação.

* * *

Muito brilhante e felliniana, a crônica da juventude do autor em Santo Amaro — uma cidade pequena, próxima de Salvador — tem como pano de fundo a tendência à americanização, que imprime a seu atraso o selo contemporâneo. A mistura do recesso familiar e da cidade provinciana à corrente geral do mundo moderno é um achado com revelações próprias: nem a província e a infância são tão apartadas da atualidade quanto se supõe, nem esta última é tão estereotipada quanto as generalidades a seu respeito. De entrada assistimos à comédia dos "meninos e meninas que se sentiam fascinados pela vida americana da era do rock'n'roll e tentavam imitar as suas aparências", com jeans e botas, rabos de cavalo e chiclete. O autor não fazia parte dessa turma nova, em que via, do alto de seus quinze anos, um modelo pouco inteligente e pouco interessante: "embora fossem exóticos, eram medíocres". Partilhava "com os santamarenses razoáveis uma atitude crítica condescendente em relação ao que naqueles garotos parecia tão obviamente inautêntico".[6] Note-se que os motivos de seu desdém não estão onde se espera. Apesar da coincidência com os "santamarenses razoáveis", o que o incomodava não era o espalhafato da diferença, atraente para ele desde sempre, mas a sua "nítida marca de conformismo":[7] "[...] o que mais me afastava dessa tendência de americanização era o fato de não ter chegado a mim com nenhum traço de rebeldia".[8] A importação acrítica mas escandalosa da moda internacional, a nota de pseudorrevolta combinada à abdicação da experiência própria, foram sentidas como um problema desde cedo.

Embora usasse um pé de meia de cada cor, o extravagante Caetano se aliava aos santamarenses sensatos — uma categoria pouco sociológica, mas possivelmente real —, para juntos criticarem a moçada que estreava o rock na cidade. A trinca dos protagonistas forma um quadro cheio de ironia, distante dos esquemas batidos em que a consciência pátria dá combate ao imperialismo americano. Em plano imprevisto, são aspectos divertidos e verdadeiros da modernização, ou da americanização, noções que na prática eram difíceis de distinguir. Noutros passos contudo a questão da influência dos Estados Unidos aparecerá em variantes menos risonhas, causando discussões acesas sobre a identidade e a subserviência nacionais, bem como sobre o próprio golpe de Estado que instalou a ditadura, aliás modernizante por sua vez. Entre as escaramuças de gosto na província e o americanismo dos generais golpistas vai uma grande diferença, mas ambos formam parte de um mesmo processo, cuja unidade complexa e cheia de

6. Id., ibid., p. 23.
7. Id., ibid., p. 24.
8. Id., ibid., pp. 23-4.

instâncias percorre o livro, dando-lhe consistência literária, amplitude de registro e especificidade histórica.

Desde o começo a posição de Caetano é diferenciada, fugindo às limitações do nacionalismo simplista. A imitação das novidades americanas não lhe parece inautêntica em si, pois pode ser portadora de inconformismo, quando então adquire autenticidade. O que conta não é a procedência dos modelos culturais, mas a sua funcionalidade para a rebeldia, esta sim indispensável ao país atrasado. Muito esclarecidamente, o autêntico se define por oposição ao conformismo, e não à cópia ou ao estrangeiro. Nem por isso a influência americana deixa de ser um problema, pelo que representa de monopólio e imposição. Como situar-se diante dela sem perder a liberdade, inclusive a liberdade, segundo a circunstância, de aproveitar um modelo interessante e mais adiantado? Retomada sob muitos ângulos, a pergunta — que é vital — reaparece a todo momento, politizando e tornando mais complexa a crônica, cerradamente entretecida com as relações de força do século americano. Assim, evitar a xenofobia não impede de enfrentar as pressões exercidas pelo carro-chefe do imperialismo. São ângulos que coexistem, e trata-se de desautomatizar o juízo a respeito, para torná-lo judicioso e suficientemente complexo ou esperto. Caetano foi precoce na compreensão da política internacional da cultura, em que o influxo estrangeiro — inevitável — tanto pode abafar como trazer liberdade, segundo o seu significado para o jogo estético-político interno, que é o nervo da questão.

Nas grandes linhas, digamos que o capítulo sobre Santo Amaro contrapõe duas atitudes perante a americanização. De um lado, a aceitação açodada e subalterna, que pode caracterizar tanto um roqueiro como um ministro das Relações Exteriores;[9] de ou-

---

9. Caetano refere-se a Juracy Magalhães, o ministro da ditadura, segundo o qual "o que é bom para os Estados Unidos é bom para o Brasil". Id., ibid., p. 52.

tro, a rebeldia embebida no contexto local, mas aberta para o mundo. Esta última, que é receptiva sem perder o pé ou sem deixar de ser situada, valoriza a experiência santamarense na hora de avaliar as novidades de fora, assim como recorre às novidades estrangeiras para fazer frente às estreitezas da província. A liberdade descomplexada dessa atitude, que resiste à precedência das metrópoles mas não desconhece as limitações da cidadezinha interiorana, da qual não se envergonha e a qual não quer rifar, é uma proeza intelectual. Em parte, ela se deve à independência de espírito do menino inconformado, que ambiciona tudo e nem por isso abdica de seu primeiro universo. "Eu, no entanto, atava-me à convicção de que, se queria ver a vida mudada, era preciso vê-la mudada *em Santo Amaro* — na verdade, *a partir de Santo Amaro*."[10] A disposição enraizada desse desejo de mudança, que não aceita jogar fora os preteridos pelo progresso, mais adiante irá contrastar com o progressismo abstrato de parte da esquerda, que fazia tábua rasa da realidade imediata e de seus impulsos em nome de um remoto esquema revolucionário.

A Santo Amaro a ser sacudida — opressiva e amada ao mesmo tempo — é patriarcal, católica, mestiça, conservadora sem fanatismo e com traços de ex-colônia. O menino diferente, que não acredita em Deus, que acha errados os tabus sexuais e as prerrogativas masculinas, que veste meias desemparelhadas, que não se conforma com a pobreza à sua volta, que tem dúvidas metafísicas, que quer interferir na educação de sua irmã menor, que não vê por que as meninas pretas devam espichar o cabelo, que gosta de subir ao palco e cantar fados cheios de arabescos vocais etc. etc., é um portador de inquietação. A rebeldia, ainda que pontual, questiona a ordem no seu todo: as insatisfações formam corpo umas com as outras — questões de raça, gosto, sexo, classe, famí-

10. Id., ibid., p. 57.

lia, atraso —, ligando-se por dentro e remetendo ao conjunto da formação social. Este o papel de guarda avançada da crítica e da mudança que Caetano desde cedo vê como apropriado à sua pessoa. Era natural portanto que o aspirante a reformador, inicialmente da família, depois da cidade e logo da cultura brasileira, não se quisesse confundir com a garotada cujo desejo maior era participar de concursos de rock e se parecer aos estudantes americanos de *high school*. A oposição fica mais interessante se lembrarmos que pouco tempo depois o mesmo Caetano faria época em programas de auditório, introduzindo a guitarra elétrica, a palavra coca-cola e a parafernália roqueira no terreno resguardado da MPB. Não se tratava de uma inconsistência, ao contrário do que podia parecer. No seu caso, a incorporação da coisa estrangeira vinha em benefício do foco nacional, puxado para a atualidade pelas transgressões bem meditadas, que o questionavam e lhe aumentavam o valor problemático. À maneira da antropofagia oswaldiana, que estava sendo redescoberta por conta própria, a importação das inovações internacionais favorecia o desbloqueio e a ativação histórica das realidades e dos impulsos de um quintal do mundo.

Do ângulo da rebeldia, Santo Amaro parece parada e passada. Vista no conjunto, entretanto, também ela se move e as inquietações de Caetano fazem parte de sua atualização. No dia em que terminou a Segunda Guerra Mundial, por exemplo, o pai do garoto saiu à rua agitando uma bandeira da União Soviética, para indicar simpatias socialistas, compensadas por um retrato de Roosevelt na sala de jantar. Participando também do mundo moderno, uma prima mais velha, cansada da vida tacanha em Santo Amaro, sonha com as liberdades prometidas pelo existencialismo francês. Nos programas de rádio, quem manda é a concorrência internacional, outra figura do presente: "a música popular americana encontrou sempre por aqui a competição não apenas da rumba cubana, do tango argentino e do fado português, mas também e sobretudo da música brasileira, que nunca foi vencida no consumo nacional por nenhum produto de importação".[11] Já nas salas de projeção, Hollywood disputava com fitas francesas, italianas e mexicanas (o cinema nacional não existia), às vezes de grande qualidade. Assim, a política e a cultura estrangeiras faziam parte normal do cotidiano da província e de seu mercado, que nunca foram exclusivamente nacionais, ao contrário do que afirmava a ilusão nacionalista. A oposição efetiva não estava entre o nacional e o de fora, como se fossem entidades estanques, mas entre apropriações vivas e consumo alienador, seja do externo, seja do interno. As boas páginas que descrevem a coexistência da produção americana e europeia nos cinemas de Santo Amaro são instrutivas a esse respeito. A seriedade social dos italianos e a franqueza sexual dos franceses, notadas por alguns santamarenses que se reconheciam nelas, punham em relevo o convencionalismo empobrecedor dos norte-americanos, cujos musicais eram no entanto deslumbrantes. Com simplicidade memorável, a ruminação juvenil sobre a beleza, o valor dos cachês e a força emblemática de Brigitte Bardot, Gina Lollobrigida e Marilyn Monroe, tão diferentes entre si, captava em movimento algo da equação social-estética do período, incluída aí a dimensão de rivalidade geopolítica, de que a cinefilia santamarense fazia uma parte pequena mas real. A graça das comparações depende de certo equilíbrio entre os diferentes Olimpos nacionais, que permitia ao público de Santo Amaro escolher segundo a sua preferência no cardápio do mundo contemporâneo. Sob o signo da diversidade, quer dizer, sem as injunções da hegemonia, a presença de modelos externos tornava-se um fator de autoconhecimento, e não de alienação. "Seu Agnelo Rato Grosso, um mulato atarracado e

11. Id., ibid., p. 29

ignorante que era açougueiro e tocava trombone na Lira dos Artistas (uma das duas bandas de música da cidade — a outra se chamava Filhos de Apolo), foi surpreendido por mim, Chico Motta e Dasinho, chorando à saída de *I vitelloni*, também de Fellini, e, um pouco embaraçado, justificou-se, limpando o nariz na gola da camisa: 'Esse filme é a vida da gente!'"[12]

A busca de um presente mais livre e em dia com os tempos se repete logo adiante em novo patamar. Quando mudam de Santo Amaro para Salvador, a fim de prosseguir nos estudos, Caetano e a irmã têm a sorte de encontrar em marcha um momento histórico de desprovincianização, quase se diria de emancipação. Graças à iniciativa de Edgar Santos, um reitor esclarecido, a Universidade Federal da Bahia acrescentara ao corpo de suas faculdades as escolas de música, dança e teatro, bem como um museu de arte moderna, trazendo para a sua direção "os mais arrojados experimentalistas em todas estas áreas, oferecendo aos jovens da cidade um amplo repertório erudito".[13] A descrição que o livro dá da ebulição característica do pré-64 é notável. Sem que esteja propriamente discutido, o encontro explosivo — e formador — de experimentalismo artístico sem fronteiras nacionais, subdesenvolvimento, radicalização política, cultura popular onipresente e província, além da hipótese socialista no horizonte, é o contexto de tudo. Com os ajustes do caso, era um microcosmo do Brasil em véspera de mudanças. O que o rádio, os discos e algum cinema haviam feito para abrir a cabeça de Caetano em Santo Amaro, agora seria continuado noutra escala. Propiciado pela universidade que se abria, o contato com as obras revolucionárias da arte moderna de Stravinski, Eisenstein e Brecht até Antonioni e Godard combinava-se à agitação estudantil, ao caráter não burguês das

---

12. Id., ibid., pp. 31-2.
13. Id., ibid., p. 58.

festas populares da Bahia, às esperanças ligadas ao governo popular de Miguel Arraes em Pernambuco, à experimentação esquerdista dos Centros Populares de Cultura. Paralelamente, a vida a ser mudada já não era apenas a da família e da cidadezinha, mas a do país, com sua configuração de classes indefensável, sua desatualização cultural paralisante e sua submissão ao imperialismo.

> Falávamos de literatura, cinema, música popular; falávamos de Salvador, da vida na província, da vida das pessoas que conhecíamos; falávamos de política. [...] éramos levados a falar frequentemente de política: o país parecia à beira de realizar reformas que transformariam a sua face profundamente injusta — e de alçar-se acima do imperialismo americano. Vimos depois que não estava sequer aproximando-se disso. E hoje nos dão bons motivos para pensar que talvez nada disso fosse propriamente desejável. Mas a ilusão foi vivida com intensidade — e essa intensidade apressou a reação que resultou no golpe.[14]

Mais adiante voltaremos ao ceticismo, ou ao realinhamento, em que a citação termina. Fiquemos por agora com a convergência entre revolução estética e emancipação social, que animou aquele período e é uma das linhas de força — partidas — do livro.

A certa altura, ainda criança, Caetano decide comunicar à família católica praticante que não acredita em Deus nem nos padres. "Não o fiz em tom oficial — nem mesmo com tanta clareza — por ouvir de meus irmãos que isso representaria um desgosto terrível para Minha (tia) Ju."[15] Essa mescla peculiar de ruptura radical com respeito ou apego reaparecerá muitas vezes no livro. Mesmo em momentos de agressividade e escândalo inten-

14. Id., ibid., pp. 63-4.
15. Id., ibid., p. 28.

cionais, já depois de 1964, Caetano confia que tudo terminará bem, que os próprios adversários reconhecerão que nada foi por mal e que no fim de contas a divergência aproveitará a todos. "Muitos dos que eram íntimos tinham se afastado por causa da revolta que lhes inspirava o tropicalismo. [...] Ouvíamos histórias, mas não nos preocupávamos demasiadamente. Tínhamos certeza de que ninguém sairia diminuído desse episódio. E que, com o tempo, todos perceberiam vantagens gerais advindas do nosso gesto."[16] Note-se de passagem a tranquilidade, literariamente muito boa, com que o autor concede que as suas iniciativas causavam repulsa. Pois bem, visto o grau das discórdias que figuram no livro, por que supor que em última instância as partes opostas estejam no mesmo campo? Por que a surpresa e a decepção de Caetano quando seus ataques são mal recebidos? O exemplo mais desconcertante dessa sua reação é o tom queixoso que adota quando é preso pela ditadura depois de uma série impressionante de provocações — como se a divisão social não fosse para valer. Seja como for, o seu traço de personalidade muito à vontade no atrito mas avesso ao antagonismo propriamente dito combinava com o momento brasileiro do pré-golpe, quando durante algum tempo pareceu que as contradições do país poderiam avançar até o limite e ainda assim encontrar uma superação harmoniosa, sem trauma, que tiraria o Brasil do atraso e seria a admiração de todos.

Há algo em comum entre a) a família decorosa, que aceita bem as suas crianças excêntricas; b) a Santo Amaro um tanto antiga, respeitadora das tradições, mas também ela simpática aos meninos entusiasmados por causas doidas — e modernas — como a música de João Gilberto, a pintura abstracionista e a ficção de Clarice Lispector; e c) a universidade de província que impor-

16. Id., ibid., p. 263.

ta núcleos de vanguardismo artístico para ativar o clima cultural da cidade. Em todas essas esferas, a despeito da componente de ordem, o salto progressista a uma forma social mais livre e menos injusta ou absurda representava antes uma aspiração que um transtorno. O golpe de Estado em seguida iria demonstrar que esse provincianismo tolerante com a inovação e a reforma, mesmo onde elas tocavam a questão da propriedade, não era a regra geral no país, o que não quer dizer que não existisse. Tomando distância, digamos que naqueles casos anteriores a licença de experimentar vinha de cima: a família Veloso, Santo Amaro, a Reitoria e, mais longe, o próprio Estado desenvolvimentista, não se identificavam mais à ordem retardatária, que mal ou bem estava com a data vencida. A cor política dessa inesperada abertura para a modernização, que não via com maus olhos o espírito crítico das crianças e as tentativas vanguardistas dos universitários e adjacências, era definidamente anticapitalista, numa veia de pequena classe média, talvez mais moral do que política. "No ambiente familiar e nas relações de amizade nada parecia indicar a possibilidade de alguém, em sã consciência, discordar do ideário socializante. A direita só existia por causa de interesses escusos e inconfessáveis."[17] Esse clima de opinião provinciano e esclarecido, para o qual o socialismo seria razoável e o capitalismo um erro, clima que hoje a muitos parecerá de outro planeta, não chegava a ser majoritário. A sua amplitude entretanto era suficiente para dar a ilusão de que ele representava a tendência real das coisas, enquanto o campo oposto seria um triste anacronismo, em vias de ser superado. Daí certa euforia, que em seguida se provou ingênua, quanto ao rumo do progresso. Daí também a atmosfera quase utópica do capítulo sobre Salvador, em que os estudantes reinventam a vida livremente, segundo os seus contatos com a

17. Id., ibid., p. 15.

vida popular e a cultura erudita, entre botecos pobres e instalações públicas modernas, à sombra de autoridades, professores e intelectuais progressistas, e, sobretudo, à distância das pressões do capital. Por razões históricas em que o livro não entra, as quais tinham a ver com o auge e a crise do nacionalismo desenvolvimentista no pré-64, havia simpatias de esquerda espalhadas por todos os níveis da sociedade, inclusive no governo. Graças a esses apoios, que tinham alcance não só moral como também prático, estava em curso uma recombinação extramercado de forças intelectuais, políticas e institucionais, mal ou bem ensaiando possibilidades socialistas, quase como se o capital não existisse. A hipótese mostrou ser fantasiosa, mas a beleza desses capítulos deve-se a ela e à plenitude de vida que ela prometia e em certa medida facultava.

Os primeiros passos da profissionalização artística de Caetano — a expressão é dele — são ilustrativos nesse sentido. Longe das alienações do show business, eles obedecem a estímulos diversos, todos estimáveis, curiosamente desprovidos de carga negadora maior. Aí estão as inspirações populares de sua imaginação, as amizades juvenis intensas, a inteligência estética notável, a ânsia de apropriar-se do espírito moderno, o culto à voz da irmã mais moça, a insatisfação — carinhosa — com o estado em que se encontravam a província e o país, o desejo de puxar a arte da canção para o presente, sem romper entretanto com a linha central da música popular brasileira, e, para concluir, a conjunção talvez sartriana de "responsabilidade intelectual e comprometimento existencial".[18] Seriam passos de profissionalização, mas num sentido pouco escolar e nada comercial, diverso do corrente. Digamos que se tratava das tentativas de um estudante talentoso, que juntamente com a sua geração procurava participar de um mo-

18. Id., ibid., p. 63.

mento iluminado de transformação nacional, que a todos permitiria a realização. Algo parecido valeu para boa parte do movimento artístico dos anos 1960, que era jovem e mais próximo da agitação estudantil que das especializações profissionais. A diferença notável do caso é que o clima amador e enturmado não se traduzia pela desambição intelectual, muito pelo contrário. O exemplo característico, verdade que com mais carga de radicalismo e negatividade, seria Glauber Rocha. A dinâmica histórica e a força das discussões revolucionavam por dentro as figuras que logo mais seriam de ponta, as quais passavam por um processo acelerado e intensivo de acumulação e formação em áreas diversas, incluindo o debate internacional, com resultado impressionante. Entravam em liga a cultura especializada do fã, o ambiente cultural movimentado, o engajamento maior ou menor na luta social, tinturas acadêmicas, fidelidade à experiência de vida prévia, além do domínio precário do ofício, que aliás não impedia o experimentalismo e de certo modo até o favorecia. O conjunto sintonizava com a revolução brasileira em esboço, e também, visto em retrospecto, com os prenúncios do que seria 1968 no mundo, tudo num grau de afinidade com que as preparações mais propriamente profissionais não sonhavam. Caetano, que tinha consciência aguda desses paradoxos, observa que a originalidade de seu primeiro disco "muitas vezes provinha mais de nossas limitações que de nossa inventividade".[19] No mesmo espírito, a propósito do trabalho de um grupo amigo: "O disco, como de hábito, não é bom. Mas em compensação é ótimo".[20] A precariedade da fatura artística mudava de conotação, ou adquiria outra impregnação. Passava a ter parte com um hipotético salto nacional à frente, de dimensão histórica, e tinha valor nessa condição,

19. Id., ibid., p. 156.
20. Id., ibid., p. 183.

em relação à qual as considerações convencionais de métier eram secundárias. Assim, a propósito de *Deus e o diabo na terra do sol*, Caetano escreve — memoravelmente — que "Não era o Brasil tentando fazer direito (e provando que o podia), mas errando e acertando num nível que propunha, a partir de seu próprio ponto de vista, novos critérios para julgar erros e acertos".[21]

Lembrando o início de sua educação estética, diz Caetano que se "sentia num país homogêneo cujos aspectos de inautenticidade — e as versões de rock sem dúvida representavam um deles — resultavam da injustiça social que distribuía a ignorância, e de sua macromanifestação, o imperialismo, que impunha estilos e produtos".[22] Mesmo que sumariamente, a ordem mundial inaceitável, a desigualdade brasileira e as questões de arte estão interligadas, fixando um patamar dialético para a reflexão. Grosso modo, era a posição do nacionalismo de esquerda da época, ou dos comunistas, com seus méritos e limitações: o latifúndio e o imperialismo causavam inautenticidade cultural (o que certamente era verdade), ao mesmo tempo que permaneciam como que externos ao país, formando corpos estranhos numa nação essencialmente boa e fraterna (o que era uma ingenuidade). Afinado com essa ordem de sentimentos e prolongando-a no plano artístico, o menino Caetano sonhava uma decantação do som, uma recusa da vulgaridade e do tosco: o saxofone, por exemplo, lhe soava grosseiro e a bateria era "uma atração de circo", sem falar no mau gosto do acordeão.[23] No ponto de fuga dessa reforma dos timbres, que era mais que meramente musical, estaria um Brasil verdadeiro, liberto das imposições de fora e da ignorância nativa. "Apenas radicalizava dentro de mim — como João Gilber-

21. Id., ibid., p. 101.
22. Id., ibid., p. 254.
23. Id., ibid., pp. 254-5.

to finalmente radicalizou para todos — uma tendência de definição de estilo brasileiro nuclear, predominante."[24] A radicalização, se ouvirmos bem, nada tinha de esteticismo, do desejo de voltar as costas à realidade degradante ou de romper com ela. Pelo contrário, tratava-se de uma espécie de aperfeiçoamento, de condensação e estilização do país na sua melhor parte, que com sorte puxaria o resto. "Eu ouvia e aprendia tudo no rádio, mas à medida que, ainda na infância, ia formando um critério, ia deixando de fora uma tralha cuja existência eu mais perdoava que admitia."[25] Mais outro exemplo da combinação caetanista de ruptura e apego, esse critério que mais perdoa que recusa a tralha das rádios comercial-populares faz parte de um sentimento das coisas ou do país, com prós e contras, que mais adiante e noutros termos será importante para o tropicalismo.

As passagens sobre a bossa nova e João Gilberto são pontos altos do livro, não só pela qualidade da análise, como pela correspondência de fundo com o painel biográfico-social. Não custa notar que essa dialética entre a invenção artística e o seu momento histórico, além de um raro espetáculo, foi desde sempre o objetivo da crítica de esquerda, aqui realizado por um adversário. A seu modo, a reciprocidade viva entre reflexão estética e crônica dos tempos, ou, ainda, entre prosa de ensaio e prosa narrativa, que vão alternando, é um arranjo formal com feição própria, que solicita a interpretação, como o andamento de um romance. A dialética desdobra-se em vários planos, dando ideia do que seja uma revolução artística, ou, por analogia, uma revolução sem mais. Na boa exposição de Caetano, a inovação técnica da bossa nova responde a um conjunto de impasses, tanto musicais como sociais, achando novas saídas para o presente, abrindo perspec-

24. Id., ibid., p. 255.
25. Id., ibid., p. 254.

tivas para o futuro e redefinindo o próprio passado, que também muda. A nova batida de violão inventada por João Gilberto apoia-se na sua "interpretação muito pessoal e muito penetrante do espírito do samba", articulada "ao domínio dos procedimentos do *cool jazz*, então ponta de lança da invenção nos Estados Unidos". Assim, o artista associava uma tradição brasileira, marcada social e racialmente, a um desenvolvimento de vanguarda, com projeção internacional, que a desprovincianizava, além de viabilizá-la no mercado estrangeiro e junto a novos públicos no país. O resultado é "um processo radical de mudança de estágio cultural que nos levou a rever o nosso gosto, o nosso acervo e — o que é mais importante — as nossas possibilidades". Noutras palavras, a viravolta formal, fruto da ruminação simultânea do samba e do jazz, tem tanto lógica interna como consequências que vão além da forma, rearrumando o campo da música popular brasileira e ensaiando um novo arranjo entre as classes sociais e as raças, além de alcançar um relacionamento mais produtivo com a cultura dominante do tempo. Caetano toma conhecimento da transformação aos dezessete anos, como "uma sucessão de delícias para a minha inteligência".[26] A versão mais audaciosa, meditada e reivindicativa do elogio vem nas páginas finais, em que o grande cantor popular, pela originalidade da dicção musical que desenvolveu, é dito "um redentor da língua portuguesa, como violador da imobilidade social brasileira — da sua desumana e deselegante estratificação —, como desenhador das formas refinadas e escarnecedor das elitizações tolas que apequenam essas formas".[27] Como poucas vezes, a invenção artística e sua força estão ligadas a uma análise de classe sob medida para o país.

26. Id., ibid., pp. 35-6.
27. Id., ibid., p. 502.

No centro da exposição está uma frase de 32 linhas, um verdadeiro olé dialético (e como tal um pouco forçado), em que a sintaxe procura sugerir, ou captar, a complexidade do processo real.[28] Pela abrangência da visão, pela sua potência organizadora, pelo teor de paradoxo e pela capacidade de enxergar o presente no tempo, como história, é uma façanha. Assim, a revolução que João Gilberto operou nas relações entre a fala, a linha melódica e a batida de violão 1) tornou possível o desenvolvimento pleno do trabalho de seus companheiros de geração; 2) "abriu um caminho para os mais novos que vinham chegando"; 3) deu sentido às buscas de seus predecessores imediatos, que "vinham tentando uma modernização através da imitação da música americana"; 4) superou-os todos pelo uso que soube fazer do *cool jazz*, "que lhe permitiu melhor religar-se ao que sabia ser grande na tradição brasileira", *da qual justamente os modernizadores queriam fugir*; e 5) "marcou, assim, uma posição em face da feitura e fruição de música popular no Brasil que sugeria programas para o futuro e punha o passado em nova perspectiva — o que chamou a atenção de músicos eruditos, poetas de vanguarda e mestres de bateria de escolas de samba". Como é próprio da escrita dialética, o mesmo sujeito de frase — no caso a revolução musical trazida por João Gilberto — comanda verbos muito díspares, que por sua vez comandam objetos (sujeitos) também eles desiguais, pertencentes a domínios separados e às vezes opostos da realidade, que assim ficam articulados por dentro. Tanto sujeitos como verbos atuam em várias dimensões ao mesmo tempo, as quais refluem sobre o seu ponto de partida, que existe através delas e adquire uma unidade ampliada e imprevista, que é o selo da dialética. Na realidade e na prosa, figuras apartadas pela especialização e pelo abismo das

28. Id., ibid., pp. 35-6.

classes sociais, como os músicos eruditos, os poetas de vanguarda e os mestres de bateria de escolas de samba, na bela enumeração de Caetano, são colocadas em movimento associado e produtivo, saindo de seu isolamento. A fluidez se torna vertiginosa quando a inovação não afeta apenas o presente e o futuro, como quer o senso comum, mas abala também o passado, que deixa de ser imutável e se recompõe sob nossos olhos. A viravolta é um micromodelo do alcance total que tem uma revolução, mesmo restrita.

Caetano possui como poucos a capacidade de caracterizar artistas e obras. Espalhados pelo livro e apimentados pela rivalidade, os retratos de Maria Bethânia, Nara Leão, Elis Regina, Glauber Rocha, Chico Buarque, Raul Seixas, Erasmo Carlos, Gilberto Gil, Augusto Boal, Augusto de Campos, Geraldo Vandré e outros formam uma excelente galeria contemporânea. Deliberadamente ou não, as feições individuais somam, ressoando umas nas outras e configurando com densidade a problemática de uma geração. Noutro plano, o mesmo golpe de vista estético-social, aberto para a individualidade das obras e para a sua substância coletiva, faz de Caetano um crítico de arte de primeira qualidade. As suas páginas sobre *Terra em transe* e *Alegria, alegria* estão entre as boas peças da crítica brasileira, particularmente pela inteligência com que integram descrição formal e circunstância histórica. Dito isso, as caracterizações devem o seu relevo a mais outro elemento de visão, também ele dialético, ligado à confiança sem reservas no valor histórico da individualização complexa. Com efeito, para Caetano as obras e os artistas não são epifenômenos, mas *acontecimentos*, pontos de acumulação real, que fazem diferença e têm consequências no campo estético e fora dele. São momentos salientes e significativos de uma história em curso, que não se reduz à dinâmica do mercado, com as suas modas que se sucedem indiferente e indefinidamente, nem aos esquemas prefixados do marxismo vulgar. Por outro lado, sobretudo numa área tão comercial como a música popular e pensando num momento como aquele, de indústria cultural nascente, o risco de agigantar e mitificar diferenças meramente funcionais para o mercado é grande. O cacoete de transformar divas em deusas — sem ironia — tem o mérito eventual de sublinhar o aspecto extraordinário que o trabalho artístico pode ter, ao mesmo tempo que contribui talvez para emprestar transcendência a ilusões triviais do estrelato. Até onde vejo, as duas coisas estão presentes no ensaísmo de Caetano. "Ter tido o rock'n'roll como algo relativamente desprezível durante os anos decisivos da nossa formação — e, em contrapartida, ter tido a bossa nova como trilha sonora de nossa rebeldia — significa, para nós, brasileiros da minha geração, o direito de imaginar uma interferência ambiciosa no futuro do mundo. Direito que passa imediatamente a ser vivido como um dever."[29] Noutras palavras, a invenção bossa-novista, que reelaborou a hegemonia norte-americana em termos não destrutivos, compatíveis com a nossa linha evolutiva própria, criou um patamar melhor para a geração seguinte, que graças à densidade do ambiente musical-intelectual interno não precisou sofrer a entrada do rock como um esmagamento cultural. A observação é aguda e aliás resume a aura de revolução benigna ou incruenta que cercou a bossa nova. Nos passos seguintes, contudo, saltando as mediações indispensáveis e o senso das proporções, a relativa autonomia cultural alcançada num lance artístico feliz abre as portas à possibilidade e ao dever de uma geração de brasileiros de influir no futuro do mundo. A satisfação legítima de sair do estado de segregação de uma cultura semicolonial se converte, sem mais aquela, na ambição de fazer e acontecer na arena internacional — em lugar de questionar essas aspirações elas mesmas.

29. Id., ibid., pp. 52-3.

* * *

O jogo de progressões e retomadas entre Santo Amaro, Salvador, a cultura internacional e a bossa nova, com o Brasil ao fundo, sugeria um percurso democrático de modernização. É como se por um momento (inverossímil) o progresso e a internacionalização se fizessem para o bem de todos, num toma-lá-dá-cá harmonioso, e não à custa dos fracos e atrasados. A vida popular e a província pareciam ter algo de especial a dizer, que não seria posto de lado pelas transformações que se aproximavam. Retomando o velho desejo de Caetano, a mudança iria se dever *também* a Santo Amaro. Para uma ideia dessa miragem de modernização feliz e abrangente, veja-se um começo de frase que capta o deslumbramento da época: "O Caravelle da Cruzeiro do Sul — aeronave cuja modernidade de linhas me encantava como um samba de Jobim ou um prédio de Niemeyer [...]".[30] Associadas na mesma aspiração de elegância, aí estavam a tecnologia francesa, a música popular brasileira e a arquitetura vanguardista de Brasília, como se o país inteiro estivesse a ponto de decolar. A euforia foi desmanchada em 1964 pelo golpe, um momento estelar da Guerra Fria, quando se uniram contra o ascenso popular e a esquerda, quase sem encontrar resistência, os militares pró-americanos, o capital e o imenso fundo de conservadorismo do país, tudo com ajuda dos próprios americanos. Como a posição de Caetano iria mudar pouco depois, é interessante citar a sua primeira reação, perfeitamente afinada com a esquerda da época: "[...] víamos no golpe a decisão de sustar o processo de superação das horríveis desigualdades sociais brasileiras e, ao mesmo tempo, de manter a dominação norte-americana no hemisfério".[31] Noutras palavras,

30. Id., ibid., p. 277.
31. Id., ibid., p. 177.

ficava interrompido um vasto movimento de democratização, que vinha de longe, agora substituído pelo país antissocial, temeroso de mudanças, partidário da repressão, sócio tradicional da opressão e da exploração, que saía da sombra e fora bisonhamente subestimado. As desigualdades internas e a sujeição externa deixavam de ser resíduos anacrônicos, em vias de desaparecimento, para se tornarem a forma deliberada, garantida pela ditadura, do presente e do futuro. No mesmo passo, para uma parte dos brasileiros a realidade acabava de tomar uma feição inaceitável e absurda.

As consequências estéticas tiradas por Caetano, que fizeram dele uma figura incontornável, custaram a aparecer. Conforme explica ele mesmo, o catalisador foi uma passagem crucial de *Terra em transe*, o grande filme de Glauber Rocha que lida com o confronto de 64 e com o papel dos intelectuais na ocasião. O protagonista, Paulo Martins, é um poeta e jornalista originário da oligarquia, agora convertido à revolução social e aliado ao Partido Comunista e ao populismo de esquerda. Exasperado pela duplicidade dos líderes populistas, e também pela passividade pré-política da massa popular, que não é capaz de confrontar os dirigentes que a enganam, Paulo Martins tem uma recaída na truculência oligárquica (verdade que com propósito brechtiano, de distanciamento e provocação). Tapando com a mão a boca de um líder sindical, que o trata de doutor, ele se dirige diretamente ao público: "Estão vendo quem é o povo? Um analfabeto, um imbecil, um despolitizado!". Meio sádico, meio autoflagelador, o episódio sublinha entre outras coisas a dubiedade do intelectual que se engaja na causa popular ao mesmo tempo que mantém as avaliações conservadoras — raramente explicitadas como aqui — a respeito do povo. Ditada pela evidência de que não haveria revolução, a desqualificação dos trabalhadores é um desabafo histórico, que no passo seguinte leva à aventura da luta armada sem apoio social. Do ponto de vista da esquerda, a cena — uma invenção artística de primeira força — era um compêndio de sacrilégios, fazendo uma espécie de chacota dolorosa das certezas ideológicas do período. Os trabalhadores estavam longe de ser revolucionários, a sua relação com os dirigentes pautava-se pelo paternalismo, os políticos populistas se acertavam com o campo adversário, a distância entre as teses marxistas e a realidade social era desanimadora, e os intelectuais confundiam as razões da revolução política e as urgências da realização pessoal. Nem por isso se atenuavam as feições grotescas das camadas dirigentes e da dominação de classe, que continuavam em pé, esplendidamente acentuadas. A revolução não se tornara supérflua, muito pelo contrário: encontrava-se num beco histórico e não dera o necessário passo à frente. A nota geral era de desespero.[32]

Tão desconcertantes quanto a própria cena, as conclusões de Caetano entravam por um rumo oposto, quase se diria eufórico, dando sequência à recomposição ideológica pós-golpe. Enxergavam *oportunidades* e *saídas* onde o filme de Glauber desembocava em frustração nacional, autoexame político e morte. Digamos que elas acatavam sem mais as palavras devastadoras de Paulo Martins, passando por alto os traços problemáticos da personagem, que são essenciais à complexidade artística da situação. "Vivi essa cena — e as cenas de reação indignada que ela suscitou em rodas de bar — como o núcleo de um grande acontecimento cujo nome breve que hoje lhe posso dar não me ocorrera com tanta facilidade então (e por isso eu buscava mil maneiras de dizê-lo para mim mesmo e para os outros): a morte do populismo. [...] era a própria fé nas forças populares — e o próprio respeito que

---

32. Para uma ótima análise da figura de Paulo Martins, ver Ismail Xavier, "O intelectual fora do centro", em *Alegorias do subdesenvolvimento*. São Paulo: Brasiliense, 1993.

os melhores sentiam pelos homens do povo — o que aqui era descartado como arma política ou valor ético em si. Essa hecatombe eu estava preparado para enfrentá-la. E excitado para examinar-lhe os fenômenos íntimos e antever-lhe as consequências. Nada do que veio a se chamar de 'tropicalismo' teria tido lugar sem esse momento traumático."[33] "Portanto, quando o poeta de *Terra em transe* decretou a falência da crença nas energias libertadoras do 'povo', eu, na plateia, vi, não o fim das possibilidades, mas o anúncio de novas tarefas para mim."[34]

Convém notar que "populismo" aqui não está na acepção sociológica usual, latino-americana, de liderança personalista exercida sobre massas urbanas pouco integradas. No sentido que lhe dá Caetano, o termo designa algo de outra ordem. Trata-se do papel especial reservado ao povo trabalhador nas concepções e esperanças da esquerda, que reconhecem nele a vítima da injustiça social e, por isso mesmo, o sujeito e aliado necessário a uma política libertadora. O respeito que "os melhores" sentiam — e já não sentem? — pelos homens do povo, semiexcluídos e excluídos, em quem contemplavam a dura verdade de nossa sociedade de classes, liga-se a essa convicção. "Ou talvez seja eu próprio que me despreze a seus olhos", escrevia Drummond em 1940, pensando no operário.[35] Assim, quando Caetano faz suas as palavras de Paulo Martins, constatando e saudando através delas a "morte do populismo", do "próprio respeito que os melhores sentiam pelos homens do povo", é o começo de um novo tempo que ele deseja marcar, um tempo em que a dívida histórico-social com os de baixo — talvez o motor principal do pensamento crítico brasilei-

---

33. Caetano Veloso, op. cit., pp. 104-5.
34. Id., ibid., p. 116.
35. Carlos Drummond de Andrade, "O operário no mar", em *Sentimento do mundo.*

ro desde o Abolicionismo — deixou de existir. Dissociava-se dos recém-derrotados de 64, que nessa acepção eram todos populistas. A mudança era considerável e o opunha a seu próprio campo anterior, a socialistas, nacionalistas e cristãos de esquerda, à tradição progressista da literatura brasileira desde as últimas décadas do século xix, e, também, às pessoas simplesmente esclarecidas, para as quais há muito tempo a ligação interna, para não dizer dialética, entre riqueza e pobreza é um dado da consciência moderna. A desilusão de Paulo Martins transformara-se em desobrigação. Esta a ruptura, salvo engano, que está na origem da nova liberdade trazida pelo tropicalismo. Se o povo, como antípoda do privilégio, não é portador virtual de uma nova ordem, esta desaparece do horizonte, o qual se encurta notavelmente.

Faz parte do vigor literário do livro uma certa naturalidade com o atrito ideológico, por momentos azedo e turbulento. Aos olhos da esquerda, que mal ou bem centralizava a resistência à ditadura, descrer da "energia libertadora do povo" era o mesmo que alienar-se e entregar os pontos. Aos olhos de Caetano, era livrar-se de um mito subitamente velho, que cerceava a sua liberdade pessoal, intelectual e artística. Já do ângulo da evolução ulterior das coisas, que num livro escrito décadas depois é importante, digamos que o artista havia pressentido a inversão da maré histórica no mundo, a qual até segunda ordem deixava sem chão a luta pelo socialismo, como a própria esquerda aos poucos iria notar. Aliás, conforme sugere Nicholas Brown, um estudioso americano do Brasil, da globalização, da bossa nova e do tropicalismo, a vitória da contrarrevolução em 1964-70, com a decorrente supressão das alternativas socialistas, havia propiciado a passagem precoce da situação moderna à pós-moderna no país, entendida esta última como aquela em que o capitalismo não é mais relativizado por um possível horizonte de superação. Em linha com esse esquema, a bossa nova seria um modernismo tardio, e a tropicália um pós-modernismo de primeira hora, nascido já no chão da derrota do socialismo.[36]

Seja como for, a mudança não fizera de Caetano um conformista. O impulso radicalizador do pré-64 continuava atuando dentro dele e logo em seguida iria se acentuar, através da adoção do figurino ultrarrebelde e polêmico da contracultura e do pop, em diálogo vivo com o momento estético e político nacional. A oposição à ordem estabelecida agora era completa, incluída aí a esquerda convencional — entenda-se o Partido Comunista e os estudantes nacionalistas que frequentavam festivais de música —, a qual falava em anti-imperialismo e socialismo mas era bem-pensante e "nunca discutia temas como sexo e raça, elegância e gosto, amor ou forma".[37] Ambígua ao extremo, a nova posição se queria "à esquerda da esquerda", simpatizando discretamente com a luta armada de Guevara e Marighella, sem prejuízo de defender a "liberdade econômica" e a "saúde do mercado". Cultuando divindades antagônicas, Caetano interessava e chocava — outra maneira de interessar — as diversas religiões de seu público, tornando-se uma referência controversa mas obrigatória para todos. O descaso pela coerência era ostensivo e tinha algo de bravata: "Uma política unívoca, palatável e simples não era o que podia sair daí".[38] Paralelamente, o abandono da fé "populista" se traduzia por um notável aumento da irreverência, de certa disposição de pôr para quebrar, que entrava em choque com o já menciona-

---

36. Nicholas Brown, *Utopian generations*. Princeton: Princeton University Press, 2005, pp. 176-7.

37. Caetano Veloso, op. cit., p. 116.

38. Id., ibid., p. 446. "No nosso próprio campo, fazíamos as duas coisas: empurrávamos o horizonte do comportamento para cada vez mais longe, experimentando formas e difundindo invenções, ao mesmo tempo que ambicionávamos a elevação do nosso nível de competitividade profissional — e mercadológica — aos padrões dos americanos e dos ingleses."

do bom-mocismo dos progressistas e, certamente, com os mínimos de disciplina exigidos pela ação política. Assim, a posição libertária e transgressora postulada por Caetano rechaçava igualmente — ou quase — os establishments da esquerda e da direita, os quais tratava de abalar ao máximo no plano do escândalo cênico, ressalvando entretanto o mercado. Somando-se à "anarquia comportamental",[39] às roupas e cabeleiras acintosas, concebidas para passar da conta, a provocação chegava ao extremo, em plena ditadura, de exibir no palco a bandeira com que Hélio Oiticica homenageava um bandido morto pela polícia: "Seja marginal, seja herói". Como era de prever, embora a ideia não fosse essa, terminou tudo em meses de cadeia, por iniciativa de um juiz de direito que assistia ao espetáculo com a namorada.[40] Talvez fizesse parte desse quadro uma competição deslocada e suicida com os companheiros de geração que estavam optando pela luta armada, também eles contrários à ditadura e à esclerose histórica do Partido Comunista.[41] Sem esconder a satisfação de amor-próprio, Caetano relata a sua cumplicidade com o major que o interrogara na prisão, o qual denunciava "o insidioso poder subversivo de nosso trabalho" e reconhecia "que o que Gil e eu fazíamos era muito mais perigoso [para o regime] do que o que faziam os artistas de protesto explícito e engajamento ostensivo".[42] O atestado de periculosidade passado pelos militares vinha compensar os remoques

39. Id., ibid., p. 418 e também 385-6.
40. Id., ibid., pp. 306-7.
41. "Nós não estávamos de todo inconscientes de que, paralelamente ao fato de que colecionávamos imagens violentas nas letras de nossas canções, sons desagradáveis e ruídos nos nossos arranjos, e atitudes agressivas em relação à vida cultural brasileira nas nossas aparições e declarações públicas, desenvolvia-se o embrião da guerrilha urbana, com a qual sentíamos, de longe, uma espécie de identificação poética." Id., ibid., pp. 50-1.
42. Id., ibid., p. 401.

dos adversários de esquerda, para os quais o tropicalismo dos cabeludos não passava de alienação. Dito isso, e a despeito do custo alto que muitos pagaram, além da acrimônia, a rivalidade entre contracultura e arte engajada tinha algo de comédia de desencontros, sobretudo porque ela era desnecessária, pois nada obrigava a esquerda (na verdade só uma parte dela) a ser convencional em matéria de estética e costumes, assim como era evidente o impulso antiburguês da contracultura. Por outro lado, a simetria na recusa dos dois establishments não era perfeita, como explica Caetano com sinceridade desarmante. Habituado à hostilização pública por parte da esquerda, que o chamava de alienado e americanizado, além de vaiá-lo em cena, julgava-se por isso mesmo a salvo da repressão policial-militar, que não o veria como inimigo e o deixaria em paz.[43] [O movimento tropicalista] "Era também uma tentativa de encarar a coincidência (mera?), nesse país tropical, da onda da contracultura com a voga dos regimes autoritários"[44] Que pensar desse cálculo espinhoso e secreto — um imaginário alvará informal, que aliás se provou errado —, vindo de alguém que se queria perigoso para o regime? O fato é que Caetano se sentia duplamente injustiçado, uma vez por ser preso pela direita sem ter feito grande coisa (o juízo é dele, apesar dos juízos contrários noutros momentos)[45] e outra por não ser reconhecido como revolucionário pela esquerda.

Geraldo Vandré, uma figura de proa da canção de protesto, a certa altura pede aos tropicalistas que não compitam com ele, pois o mercado só comporta um nome forte de cada vez, e o Brasil da ditadura, para não dizer o socialismo, precisava de conscientização das massas. Com perspicácia, Caetano observa que talvez se

43. Id., ibid., p. 349.
44. Id., ibid., p. 17.
45. Id., ibid., pp. 306-7.

tratasse de um embrião daquele mesmo oficialismo que matava a cultura dos países socialistas em nome da história. Veja-se a ironia duvidosa de seu comentário, que jogava com chavões da Guerra Fria e confluências inaceitáveis para dar forma literária ao caráter envenenado da situação: "Livres do perigo vermelho desde que nossos inimigos militares tomaram o poder, nós não víamos a mais remota possibilidade de realizar-se esse desejo de Vandré".[46] Com a irrisão do caso, inclusive autoirrisão, ainda aqui os inimigos de direita pareciam garantir, contra os semicompanheiros de esquerda e de ofício, um certo espaço de liberdade — isso até prova em contrário, que não tardaria. Contra alguns da esquerda, que sonhavam assegurar-se do mercado por meio de alegações políticas, os tropicalistas apostavam "numa pluralidade de estilos concorrendo nas mentes e nas caixas registradoras".[47] O cinismo alegre dessas últimas, funcionando por assim dizer como agentes da democracia e da cultura, em certo plano era menos hipócrita que o enquadramento proposto pelos adversários; noutro plano, entretanto, era pior, pois a ideia de concorrência "nas mentes" calava a presença do Estado policial, que no fim das contas era o fato relevante. Escolhidas a dedo para vexar os socialistas, as "caixas registradoras" explicitavam o aspecto *comercial* do enfrentamento ideológico-musical nos programas de TV, aspecto que os artistas engajados, por serem anticapitalistas, prefeririam passar por alto.[48] Isso posto, mesmo que manipulado e explorado pelo show business, o fla-flu artístico-ideológico era um verdadeiro fenômeno social. Transpunha para o espetáculo a nova etapa do confronto com a ditadura, confronto que estava em

46. Id., ibid., p. 282.
47. Id., ibid., p. 281.
48. "As questões de mercado, muitas vezes as únicas decisivas, não pareciam igualmente nobres para entrar nas discussões acaloradas." Id., ibid., pp. 177-8.

preparação e pouco adiante terminaria em novo massacre da esquerda. Digamos que a rivalidade exaltada nas plateias, uma disputa simbólica pela liderança do processo, aludia à luta nas ruas e à realidade do regime, ainda que de maneira indireta e distorcida. Faria parte de um discernimento intelectual mais exigente distinguir entre antagonismos secundários e principais, adversários próximos e inimigos propriamente ditos.

A confusão nessa matéria era grande. A devastação causada pela ditadura, que suspendeu as liberdades civis e desbaratou as organizações populares, seria de mesma ordem que as desfeitas e mesmo agressões do público estudantil ou dos colegas de ofício? A simples comparação não seria uma falta de juízo? Veja-se a respeito um amigo libertário de Caetano, que não lamentava o incêndio da União Nacional dos Estudantes logo em seguida ao golpe. "Tremi ao ouvi-lo dizer que o prédio da União Nacional dos Estudantes devia mesmo ter sido queimado. O incêndio da UNE, um ato violento de grupos de direita que se seguiu imediatamente ao golpe de abril de 64, era motivo de revolta para toda a esquerda, para os liberais assustados e para as boas almas em geral [por que a ironia?]. Rogério [o amigo] expunha com veemência razões pessoais para não afinar com esse coro: a intolerância que a complexidade de suas ideias encontrara entre os membros da UNE fazia destes uma ameaça à sua liberdade. O estranho júbilo de entender com clareza suas razões, e mesmo de identificar-me com elas, foi maior em mim do que o choque inicial produzido pela afirmação herética. Não tardei a descobrir que Rogério exibiria ainda maior violência contra os reacionários que apoiassem em primeira instância a agressão à UNE. Isso, que para muitos parecia absurda incoerência, era para mim prova de firmeza e rigor: ele detectava embriões de estruturas opressivas no seio mesmo dos grupos que lutavam contra a opressão, mas nem por isso iria confundir-se com os atuais opressores destes."[49]

Em perspectiva histórica, tratava-se da reavaliação do passado recente. O ascenso socializante do pré-64, cujo impulso superador e democrático fazia a beleza dos capítulos sobre Santo Amaro e Salvador, agora era revisto sob luz contrária, como um período incubador de intolerância e ameaça à liberdade. Depois de serem motivo de orgulho, os grupos que se erguiam contra o imperialismo e a injustiça social passavam a ser portadores de "embriões de estruturas opressivas", contra os quais mesmo um incêndio não seria uma providência descabida. Ainda que imaginemos que o incêndio tenha sido aqui uma flor de retórica, a mudança de posição era radical. Veja-se um exemplo do novo tom, que não ficaria mal em editoriais da imprensa conservadora: "Hoje são muitas as evidências de que [...] qualquer tentativa de não alinhamento com os interesses do Ocidente capitalista resultaria em monstruosas agressões às liberdades fundamentais [...]".[50] Que pensar dessa viravolta, referida a um momento em que as liberdades fundamentais de fato haviam sido canceladas, mas pela direita? Agora é a luta por uma sociedade melhor que é posta sob suspeição. Em termos de consistência literária, de coerência entre as partes da narrativa, que numa autobiografia quase-romance têm valor estético-político, o novo ponto de vista antiesquerda destoa e não encontra apoio na apresentação — tão notável — do período anterior a 64. Conforme o próprio livro, foram anos justamente em que a liberdade de experimentação social e artística brilhou em toda linha, com força talvez inédita no país. Seja dito de passagem que a vitalidade desse experimentalismo se devia em parte ao fato de que o próprio capitalismo

49. Id., ibid., p. 107.
50. Id., ibid., p. 52.

estava em jogo, e, com ele, as coordenadas da realidade, num grau que não se repetiria mais. Assim, quando aparece, a insistência no caráter antidemocrático da luta pela democracia é um corpo estranho no relato, de cuja dinâmica interna não parece resultar. Sem maior base no passado, pode entretanto refletir a correlação de forças *pós-golpe*, que depois de derrubar e proibir as aspirações sociais da fase prévia as pintou com as cores do terror stalinista. É certo que a sombra da União Soviética pesaria sobre qualquer tentativa socializante, mas transformá-la em impedimento absoluto à insatisfação com o capitalismo era e é outra forma de terror ou de paralisação da história. Em plano mais comezinho, o novo antiesquerdismo magnificava desentendimentos antigos, em questões de arte e estilo de vida, que até onde conta Caetano não chegavam a ser incontornáveis. "Se eu me identifiquei com Rogério logo ao conhecê-lo, foi porque minha situação entre meus colegas de esquerda na Universidade da Bahia fora semelhante à dele entre seus amigos da UNE no Rio. Sem que desse motivos para confrontos do tipo que ele teve que enfrentar, minha atitude reticente em face das certezas políticas de meus amigos suscitava neles uma irônica desconfiança. Eu era um desses temperamentos artísticos a que os mais responsáveis gostam de chamar de 'alienados'. Minhas relações com os colegas de esquerda eram até mesmo ternas."[51]

O júbilo ante o incêndio da UNE, uma emoção "estranha" e "herética", meio inconfessável e meio perversa, é parente do entusiasmo pela cena traumática de *Terra em transe*. Também esta foi uma "hecatombe" bem-vinda, que punha abaixo as aspirações da

---

51. Id., ibid., p. 114. "Nós [Gil e Caetano] nos encontrávamos na música [...]: saudávamos o surgimento do CPC e da UNE — embora o que fazíamos fosse radicalmente diferente do que se propunha ali — e amávamos a entrada dos temas sociais nas letras de música, sobretudo o que fazia Vinicius de Moraes com Carlos Lyra." Id., ibid., p. 288.

esquerda e, com elas, a crer no novo Caetano, uma prisão mental. Nos dois casos, sob o manto de reações tabu, que requerem certa coragem para se afirmar — embora o campo vencedor as aprove —, assistimos a uma *conversão histórica*, ou, melhor dizendo, à *revelação* de que a esquerda, até então estimada, é opressiva e não vale mais que a direita. Adiante veremos em funcionamento essa equidistância. Seja dito de passagem que *iluminações* tanto podem esclarecer como obscurecer e que às vezes fazem as duas coisas. Por agora, notemos algumas das razões que fizeram que Caetano festejasse a derrocada da esquerda — mas não a vitória da ditadura — como um momento de libertação. Mal ou bem, é o depoimento de um artista incomum sobre o mal-estar que a própria existência da esquerda, com sua terminologia, suas teses e posições, lhe passara a causar.

O incômodo começava pela linguagem. Por que chamar de proletários os trabalhadores pobres e "miseravelmente desorganizados" do Recôncavo, a quem esse nome não ocorreria e que aliás gostariam muito de usar capacete e de ser assalariados? Na mesma ordem de objeções, não soava descabido e pouco "estimulante", dadas as circunstâncias, falar em ditadura do proletariado?[52] Noutro plano, o socialismo seria mesmo a solução para todos os problemas, como uma panaceia? "A solução única já era conhecida e chegara aqui pronta: alcançar o socialismo."[53] Com sentido comum, Caetano havia notado o desajuste entre a vulgata marxista e a realidade local, bem como certa cegueira correspondente. A pobreza entretanto existia sim, e o desconforto com as palavras não a fazia desaparecer. "Claro que as ideias gerais a respeito da necessidade de justiça social me interessavam e eu sentia o entusiasmo de pertencer a uma geração que parecia ter diante de

52. Id., ibid., p. 115.
53. Id., ibid., p. 87.

si a oportunidade de mudar profundamente a ordem das coisas."[54] Afastada a camisa de força do jargão, a sociedade de classes voltava pela janela dos fundos e impunha os seus problemas, cujo horizonte é coletivo. Acresce que a alergia aos esquemas do marxismo tinha ela mesma um viés de classe, passível de crítica — marxista? — por sua vez. "Eu sinceramente não achava que os operários da construção civil em Salvador [...] — tampouco as massas operárias vistas em filmes e fotografias — pudessem ou devessem decidir quanto ao futuro de minha vida."[55] Como não ver a parte do desdém e da exclusão política nessa formulação, sem falar na fantasia ideológica de um futuro pessoal incondicionado? Acaso as classes dirigentes que nós intelectuais e artistas costumamos tolerar ou adular não influem na nossa vida? E a restrição aos operários seria feita igualmente a empresários, banqueiros, políticos profissionais ou donos de estações de TV?

Depois de haver sido o partido da transformação social, da crítica à ordem burguesa e ao atraso, a esquerda passava a ser considerada, talvez por força da derrota, como um obstáculo à inteligência. Sem ser uma refutação no plano das ideias, a vitória do capital sobre o movimento popular afetava as cotações intelectuais e estimulava a substituição das agendas, com vantagem discutível. "O golpe no populismo de esquerda [Caetano refere-se à cena central de *Terra em transe*] libertava a mente para enquadrar o Brasil de uma perspectiva ampla, permitindo miradas críticas de natureza antropológica, mítica, mística, formalista e moral com que nem se sonhava."[56] As ausências conspícuas nessa lista de *perspectivas amplas* são a análise de classes, a crítica ao capital e o anti-imperialismo, sem falar no prisma da desmistifi-

54. Id., ibid., p. 115.
55. Id., ibid., p. 116.
56. Id., ibid., p. 105.

cação. Assim, salvo engano, a nova liberdade de vistas consistia em deixar de lado os ângulos propriamente modernos ou totalizantes que haviam conquistado o primeiro plano no pré-64, quando teriam sido causa — mas será verdade? — de acanhamento mental. Repitamos que não é o que o livro conta nos capítulos dedicados ao período, nos quais, ao contrário, se vê um momento inteligente e aberto da vida nacional, notável pelo ascenso popular e muito mais livre do que o que veio depois. Noutras palavras, voltando ao argumento de Caetano, o abalo causado pela viravolta militar e política teria tido também o seu aspecto positivo, abrindo perspectivas intelectuais novas, antes inacessíveis (mas alguém as vedava?), que "procuravam revelar como somos e perguntavam pelo nosso destino".[57] Já um materialista dirá que, longe de ser novidade, a consideração "antropológica, mítica, mística, formalista e moral" do país, bem como a pergunta pelo "nosso destino", marcava uma volta ao passado, às definições estáticas pelo caráter nacional, pela raça, pela herança religiosa, pelas origens portuguesas, que justamente a visão histórico-social vinha redimensionar e traduzir em termos da complexidade contemporânea. É claro por outro lado que a reconfiguração geral do capitalismo, de que 64 fez parte, exige uma resposta que os socialistas continuam devendo.

A caracterização da esquerda como um bloco maciço, antidemocrático em política e retrógrado em estética, não correspondia à realidade. Embora minoritária, a fina flor da reflexão crítica do período era, além de socializante, antistalinista com conhecimento de causa e amiga do experimentalismo em arte. Basta lembrar Mario Pedrosa, Anatol Rosenfeld, Paulo Emilio Salles Gomes e Antonio Candido. Com as diferenças de cada caso, algo parecido valia para os artistas de ponta, como Glauber e seus compa-

57. Id., ibid., p. 105.

nheiros do Cinema Novo, o grupo da Poesia Concreta, os signatários do manifesto da Música Nova, o pessoal do Teatro de Arena e Oficina, incluindo o próprio Caetano antes da virada.[58] Por que então a pressa em abandonar o barco, em que não faltavam aliados? Arriscando um pouco, digamos que Caetano generalizou para a esquerda o nacionalismo superficial dos estudantes que o vaiavam, bem como a idealização atrasada da vida popular que o Partido Comunista propagava. A generalização errava o alvo e não deixava de surpreender, pois muito do êxito do artista se deveu a setores mais radicalizados da mesma esquerda, que se sentiam representados na linguagem pop, no comportamento transgressivo, nos acordes atonais e, de modo mais geral, na experimentação vanguardista e na atualização internacional. Assim, até onde vejo, não foi a limitação intelectual da esquerda o que levou Caetano a fazer dela o seu adversário. A razão da hostilidade terá estado simplesmente nas reservas gerais dela ao capitalismo vencedor, na negatividade estraga-prazeres diante da voragem da mercantilização que se anunciava.

Numa passagem inesquecível do livro — também ela um júbilo duvidoso — Caetano desce à rua para ver de perto uma passeata estudantil e sua repressão pelos militares.[59] À maneira dos hippies, que então era nova, o artista ostentava uma cabeleira enorme, vestia um capote de general sobre o torso nu e usava jeans e sandálias, além de "um colar índio feito de dentes grandes de animal". Caminhando na contracorrente da manifestação, enquanto os estudantes fugiam e eram espancados, a estranha figura se toma de uma "ira santa", com alguma coisa talvez de beato, e interpela os passantes, "protestando contra sua indiferença

---

58. Ver a respeito a boa documentação reunida em *Arte em Revista*. n. 1. São Paulo: Kairós, 1981.

59. Caetano Veloso, op. cit., pp. 317-9.

medrosa (e, quem sabe?, seu apoio íntimo) em face da brutalidade policial". A cena é intrincada e vale uma discussão. Os protagonistas centrais naturalmente eram os estudantes e os militares, que disputavam o domínio da rua e o ser-ou-não-ser da ditadura. Caetano não toma partido direto no conflito, não se alinhando com os manifestantes nem falando a eles, afinal de contas a sua gente, nem tampouco se dirigindo aos soldados. Em vez disso inventa para si uma figura de possesso, ou de profeta, e passa a dizer desaforos — "desaforos foi o que ouviram" — às pessoas da rua que não querem saber de nada e só pensam em cair fora o mais rápido possível. "Homens e mulheres apressados tinham medo dos manifestantes, dos soldados e de mim. Eu estava seguro de que, naquela situação, ninguém me tocaria um dedo." Entre parêntesis, seria interessante, para aprofundar o episódio, conhecer o teor das recriminações. Seja como for, a participação a que o profeta incita os passantes não vale para ele próprio, vestido a caráter, que quer mesmo é invectivar, mais do que ser ouvido. A própria "ira santa" tinha um quê relativo, pois vinha acompanhada de cálculos de segurança pouco irados, que faziam dela um teatro para uso sobretudo particular. "Por outro lado, os soldados dificilmente focariam a sua atenção em mim: eu andava em sentido contrário aos estudantes fugitivos, na verdade tangenciando o olho do furacão, e minha aparência não seria computada como sendo a de um dos manifestantes. Eu falava alto e exaltadamente, mas nenhum soldado se aproximaria de mim o suficiente para me ouvir." Com ar de doido, desses que as situações de caos e a religiosidade popular fazem aparecer, a personagem sentia-se a salvo da repressão, que não a veria como adversário. Em suma, uma intervenção arriscada mas nem tanto, que no fundo não é uma intervenção, embora criando uma posição fora de concurso, possível na circunstância (para quê?). De inegável interesse, devido sobretudo à complicação dos motivos, o episódio é difícil de classificar. Caetano o tem em alta conta, como happening, teatro político e poesia.

Tão esquisitas quanto a cena são as considerações a seu respeito. No principal, trata-se de valorizá-la como um lance de arte de vanguarda, ou neovanguarda dos anos 1960. As marcas distintivas estão aí: a recusa da separação entre arte e vida prática, a performance improvisada à luz do dia, com dimensão política, envolvendo o cidadão comum, a proposta de um fazer artístico sem obra durável, a poesia totalmente desconvencionalizada, que não se limita ao espaço do poema, e, por fim, a inspiração libertária geral. "Mas nessa estranha descida à rua, eu me sabia um artista realizando uma peça improvisada de teatro político. De, com licença da palavra, poesia. Eu era o tropicalista, aquele que está livre de amarras políticas tradicionais e por isso pode reagir contra a opressão e a estreiteza com gestos límpidos e criadores. Narciso? Eu me achava nesse momento necessariamente acima de Chico Buarque ou Edu Lobo, de qualquer um dos meus colegas tidos como grandes e profundos." O autoenaltecimento algo cômico desse final, que combina aspirações à genialidade com a vontade meio infantil de estar à frente de colegas muito aplaudidos, dá o tom. É certo que o episódio preenche os requisitos do vanguardismo, com os quais está em dia, mas isso não é tudo, pois há também as suas dissonâncias internas, que o caracterizam noutra linha. A ira santa fingida, o profeta que assusta os assustados, em lugar de esclarecê-los e persuadi-los, a encenação de um happening enquanto os companheiros de geração e resistentes à ditadura apanham, a dúvida — alimentada ao longo do livro inteiro — quanto ao que sejam e de que lado estão a opressão e a estreiteza, a posição superior porém indefinida do tropicalista "livre de amarras políticas tradicionais" (quais?), os dividendos puramente subjetivos da operação vanguardista, despida do sentido transitivo ou explosivo que lhe é próprio, nada disso enfim é límpido, embora haja invenção. Digamos que a verdade dessa página extraordinária, talvez a culminação do livro, não está onde o seu autor supõe. A riqueza da cena não decorre da integridade de seu gesto central — um ato de poesia? — mas da afinidade deste com a desagregação que se processa à sua volta, representativa do momento, como num romance realista. No começo do capítulo, Gilberto Gil experimenta um chá de auasca e descobre que pode "amar, acima do temor e de suas convicções ou inclinações políticas, o mundo em suas manifestações todas, inclusive os militares opressores".[60] O caráter regressivo do amor aos homens da ditadura dispensa comentários, e aliás não deixa de ser um documento do que pode a droga segundo as circunstâncias. Logo em seguida, confirmando o clima de instabilidade e conversões vertiginosas, a narrativa retoma os dias anteriores ao golpe, quando Caetano ainda era simpático à transformação social, ao método Paulo Freire de alfabetização de adultos e ao CPC, que pouco depois iria abominar a ponto de aplaudir o incêndio da UNE. Voltando enfim ao presente pós-golpe, tão exaltantes quanto a droga há as situações de multidão nos concursos de auditório e nas manifestações de rua, quando "Deus está solto",[61] com os correspondentes convites à ego trip e ao messianismo, ao heroísmo e ao medo, que são outras tantas viagens. "Nesse clima de ânimos exaltados e ruas conflagradas é que a auasca [...] fez sua aparição."[62] No que se refere ao valor literário, que é real, tudo está em perceber a totalidade turbulenta, historicamente particular, composta destas referências tão diversas — planos de conquista da primazia artística, ditadura militar, agitação e militância revolucionária, indiferença dos passantes, clima psicodélico, arte de vanguarda,

60. Id., ibid., p. 308.
61. Id., ibid., p. 301.
62. Id., ibid., p. 319.

pancadarias de rua e auditório, celebridade midiática, medo, coordenadas da Guerra Fria etc. —, em que se objetiva com força memorável, sem paralelo talvez na literatura brasileira recente, o custo espiritual da instalação do novo regime.

De maneira metódica, o tropicalismo justapunha traços formais ultramodernos, tomados à linha de frente da moda internacional, e aspectos característicos do subdesenvolvimento do país. A natureza desencontrada e humorística da combinação, com algo de realismo mágico, salta aos olhos. No episódio da passeata, por exemplo, estão reunidos o visual hippie e a exaltação religiosa do pregador popular, o figurino do happening e o colar índio com seus grandes dentes de fera. São elementos com data e proveniência heterogêneas, cujo acoplamento compõe um disparate ostensivo, que reitera descompassos da história real. A incongruência, no entanto — aí a surpresa —, é um achado estético, e não uma deficiência da composição. O contraste estridente entre as partes descombinadas agride o bom gosto, mas ainda assim, ou por isso mesmo, o seu *absurdo* se mostra funcional como representação da atualidade do Brasil, de cujo desconjuntamento interno, ou modernização precária, passa a ser uma alegoria das mais eficazes. Vinda do campo da arte de consumo, a ambição do projeto, que visava alto, era surpreendente. Em tese, a canção tropicalista programada por Caetano queria conjugar superioridades com órbita diversa: a revolução do canto trazida por João Gilberto, o nível literário dos melhores escritores modernos da língua (João Cabral e Guimarães Rosa), a vasta audiência dos sucessos comerciais, sofisticados ou vulgares (Beatles, Roberto Carlos e Chacrinha), a força de intervenção do pop star, cujas posturas públicas podem fazer diferença (em especial num momento de ditadura), atuando "sobre o significado das palavras" — tudo de modo a influenciar "imediatamente a arte e a vida diária dos brasileiros". Em suma, "nós outros tentávamos descobrir uma nova instância para a poesia".[63] A intenção revolucionária desse programa, que buscava aliar primazias que as especializações artísticas e as realidades da ordem burguesa mantinham separadas, só não era evidente porque o escândalo a encobria. Estão aí, convincentes ou não, o desconfinamento da poesia, liberta dos "ritos tradicionais do ofício" e interferindo na vida real; a entrada da canção comercial, até então plebeia, para o clube da grande arte; a derrubada das divisórias entre arte exigente e indústria cultural, experimentalismo e tradição popular, que deixariam — mas será certo? — de se repelir; o trânsito livre entre a excelência artística e a vida diária da nação, viabilizado aqui pelos bons serviços do mercado, como se vivêssemos no melhor dos mundos e os mecanismos alienadores do capital não existissem. Por outro lado, tomando distância, notemos que o desejo de eficácia transformadora e a desenvoltura diante das divisões correntes davam prosseguimento, noutra chave, a tendências sociais e artísticas anteriores a 64. Embora oculta, essa continuidade configurava e problematizava a passagem de um período ao outro, sendo um fator de fundo da força romanesca que o livro tem. Também nos anos de pré-revolução — basta lembrar o capítulo de Caetano sobre Salvador — estiveram na ordem do dia a invenção de novas formas de militância cultural, a exposição das formas artísticas a um debate politizado, a redefinição subversiva das relações entre cultura exigente e cultura popular, a incorporação do repertório erudito e vanguardista, nacional e internacional, às condições peculiares da luta social no país etc. Não obstante, a diferença entre os dois momentos não podia ser maior. Sob o signo do ascenso popular, a convergência entre inovação artística e dessegregação social antecipava, ilusória ou não, alguma forma de superação socialista, que colocava a experimentação estética no campo da bus-

63. Id., ibid., pp. 141-4.

ca de uma sociedade nova e melhor. Já sob o signo contrário, da derrota do campo popular, os mesmos impulsos adquiriam uma nítida nota *escarninha*, inclusive de autoderrisão, aliás indispensável à verdade do novo quadro. Também este é um resultado artístico forte, que dá figura crítica a um momento da história contemporânea, a saber, o truncamento da revolução social no Brasil. De maneira enviesada, a carnavalização tropicalista aludia à autotransformação que o país ficara devendo.

"A palavra-chave para se entender o tropicalismo é *sincretismo*", com as suas implicações antipuristas de heterogeneidade e mistura, ou de integração deficitária.[64] Com efeito, a colagem de elementos que não casam, dissonantes pelos respectivos contextos de origem, é o traço formal distintivo da arte tropicalista, contrária em tudo ao padrão da forma orgânica. A agressão às separações estabelecidas tinha significado ambíguo, expressando tanto o anterior impulso revolucionário quanto a vitória subsequente da comercialização, também ela destradicionalizadora. O procedimento dava figura à mixórdia dos novos tempos em que o país entrava, a que as formas populares tradicionais, com seu universo convencional e circunscrito, não tinham acesso. O passo à frente, em termos de modernização da música popular, de aproximação dela ao vanguardismo estético, era indubitável. As discrepâncias — ou montagens — ocorriam no interior das canções, ou também entre as canções de um mesmo disco. Assim, por exemplo, comentando os planos para um dos primeiros trabalhos de Gal Costa, Caetano observa que se tratava de superar "tanto a oposição MPB / Jovem Guarda quanto aquela outra oposição, mais profunda, que se dava entre bossa nova e samba tradicional, ou ainda entre música sofisticada moderna (fosse bossa nova, samba-jazz, canção neorregional ou de protesto) e música comer-

64. Id., ibid., p. 292.

cial vulgar de qualquer extração ("versões de tangos argentinos, boleros de prostíbulos, sambas canções sentimentais etc.").[65] Observe-se o sentido inesperado que tem aqui a ideia de superação. Em todos os casos, ela envolvia algum grau de afronta ("escândalos que eu próprio queria desencadear"),[66] pois mesclava gêneros ou rubricas rivais, alfinetando as razões e os preconceitos envolvidos na sua diferença. Em cada uma das oposições lembradas estavam em pauta, como é fácil ver, hostilidades de linha política, ou também de classe ou geração, as quais apimentavam as divergências artísticas. Ao agitar e transformar em tema esse substrato de animosidades estético-sociais, altamente representativas, o tropicalismo inovava e aprofundava o debate. Estava em jogo também o rumo que as coisas iriam tomar: a bossa nova colocava-se adiante do samba tradicional, a vulgaridade comercial ficava aquém da música sofisticada, e a MPB, segundo o ponto de vista, estava à frente ou atrás da Jovem Guarda do iê-iê-iê, questão que por um momento pareceu ter implicações para o futuro do país. Acentuando o paradoxo, digamos então que as oposições que o tropicalismo projetava superar eram elas mesmas portadoras de ambição superadora, e que nesse sentido era a própria superação que estava sendo superada, ou, ainda, a própria noção de progresso que estava sendo desativada por uma modalidade diferente de modernização.

Assim, a superação tropicalista deixava e não deixava para trás as oposições acima das quais queria planar. A distância tomada era suficiente para permitir que os termos em conflito coexistissem e colaborassem na mesma canção, no mesmo disco e sobretudo num mesmo gosto, mas não tanta que se perdesse a chispa antagônica, sem a qual iria embora o escândalo da mistura, que

65. Id., ibid., p. 126.
66. Id., ibid., p. 136.

também era indispensável e devia ser conservado. A seu modo, era uma distância que, embora mudando a paisagem, deixava tudo como antes, com a dinâmica superadora a menos. A mais, havia um ponto de vista superiormente atualizado, acima do bem e do mal, um novo sentimento do Brasil e do presente, que se recusava a tomar partido e que encontrava no impasse o seu elemento vital, reconhecendo valor tanto ao polo adiantado como ao retrógrado, inclusive o mais inconsistente e kitsch. O que se instalava, a despeito do alarido carnavalesco, era a estática, ou, noutras palavras, uma instância literal de revolução conservadora. Veremos que esta não é a palavra final sobre o tropicalismo, ainda que contenha muitas de suas intenções principais.

A figuração do país através de seus contrastes estereotipados, em estado de ready-made, torna-se uma fórmula sarcástica, de conotação vanguardista. Aí estão o mato virgem e a capital hipermoderna, a revolução social e o povo abestalhado, o iê-iê-iê dos roqueiros e a família patriarcal rezando à mesa, o mais que ultrapassado Vicente Celestino e o avançadíssimo João Gilberto, o mau gosto superlativo de Dona Iolanda, a mulher do general-ditador, quando comparada à dignidade de Indira Gandhi, a grande dama terceiro-mundista que nos visitava etc. etc., tudo realçado pelo envoltório pop de última moda. Longe de ser um defeito, a facilidade da receita era uma força produtiva ao alcance de muitos, que permitiu a uma geração falar de maneira engenhosa e reveladora "da tragicomédia Brasil, da aventura a um tempo frustra e reluzente de ser brasileiro".[67] Com alta dose de ambivalência, a funcionalidade por assim dizer patriótica dessas oposições estacionárias, que não tendiam à resolução, fazia que elas trocassem de sinal. De descompassos e vexames, passavam a retrato assumido e engraçado da nacionalidade, verdadeiros logotipos com to-

67. Id., ibid., p. 184.

que ufanista, em suma, à revelação festiva, ainda que embaraçosa, do que "somos".[68] Uma ideologia carnavalesca da identidade nacional harmonizava e caucionava os desencontros de nossa formação social, desvestindo-os da negatividade que haviam tido no período anterior, de luta contra o subdesenvolvimento. Os termos opostos agora existiam alegremente lado a lado, igualmente simpáticos, sem perspectiva de superação. Saltando a outro plano, distante mas correlato, essa acomodação do presente a si mesmo, em todos os seus níveis, sem exclusivas, era a imitação ou assimilação subjetiva — mais satírica do que complacente? — do ponto de vista da programação comercial da cultura. Também as estações de rádio ou de tv trabalham com todas as faixas de interesse do público, do regressivo ao avançado, desde que sejam rentáveis. O mundo cheio de diferenças e sem antagonismos toma a feição de um grande mercado.

Para sugerir algo das diferentes possibilidades envolvidas numa conjuntura como essa, vejam-se duas indicações curiosas sobre "Alegria, alegria", o primeiro grande êxito de Caetano. Conforme aponta o autor, a canção retoma no título um refrão do Chacrinha e inclui na letra uma formulação de J.-P. Sartre — "nada no bolso e nas mãos" —, colocando juntos o animador clownesco de tv, autoritário e comercial, ídolo das empregadas domésticas, e o filósofo da liberdade, ídolo dos intelectuais.[69] A piada passaria despercebida se Caetano, interessado em exemplificar o espírito misturador do tropicalismo, não chamasse atenção para ela. A sua irreverência se pode ler de muitas maneiras, o que só lhe aumenta o interesse. Por um lado o artista deixa claro que a imaginação tropicalista é libérrima e se alimenta onde bem entende, sem respeito à hierarquia (elitista? preconceituosa?) que coloca o

68. Id., ibid., p. 105.
69. Id., ibid., pp. 166-7.

grande escritor acima da popularidade televisiva. Por outro, a inspiração igualitária não convence, pois na associação de Chacrinha e Sartre há também a alegria debochada de nivelar por baixo, sob o signo do poder emergente da indústria cultural, que rebaixa tanto a gente pobre quanto a filosofia, substituindo por outra, não menos opressiva, a hierarquia da fase anterior. Seria o abismo histórico entre cultura erudita e popular que se estaria tornando coisa do passado? Seria a desqualificação do pensamento crítico pelas novas formas de capitalismo que estaria em andamento? Ou seria a força "saneadora" da "imunda" indústria do entretenimento que se fazia sentir?[70] O gosto duvidoso que a brincadeira deixa na boca é um sabor do nosso tempo.

Dito isso, a visão 1997 que Caetano propõe do tropicalismo, como um movimento mais positivo que negativo, antes a favor do que do contra, não deixa de surpreender. A despeito do autor, não é isso o que o livro mostra ao fazer a crônica de uma radicalização artística e social vertiginosa, talvez mal calculada, com ponto de fuga na provocação e na morte. Na última série de programas de TV que antecedeu a prisão, que tinha como título *Divino, maravilhoso*, a exacerbação já chegava ao limite: o palco estava atrás de grades, os artistas cantavam em jaulas e assistiam ao enterro do movimento, ao passo que Caetano apontava um revólver para a cabeça.[71] A afinidade sempre negada com a arte de protesto não podia ser maior. Assim, uma apreciação equilibrada do conjunto deveria ressaltar linhas de força contraditórias. A justaposição crua e estridente de elementos disparatados, inspirada em certo sentimento do Brasil, dava espaço a leituras divergentes. Colocados lado a lado, em estado de inocência mas referidos à pátria, os termos da oposição podem significar um momento

70. Id., ibid., p. 19.
71. Id., ibid., pp. 342-3.

favorável, de descompartimentação nacional, de destemor diante da diversidade extravagante e caótica do que somos, a qual por fim começaria a ser assumida num patamar superior de conciliação. Difícil de compaginar com a ditadura, esse aspecto eufórico existia, embora recoberto por uma ironia que hoje não se adivinha mais. A frequente atitude de orientador cultural adotada por Caetano, voltada para a regeneração da música popular brasileira, liga-se a essa perspectiva. Se entretanto atentarmos para a dimensão temporal que no fim das contas organiza e anima as justaposições, em que o ultranovo e o obsoleto compõem uma aberração constante e inelutável, algo como um destino, o referente passa a ser outro, historicamente mais específico e francamente negativo. Em lugar do Brasil-terra-de-contrastes, amável e pitoresco, entra o Brasil marcado a ferro pela contrarrevolução, com sua combinação esdrúxula e sistemática de modernização capitalista e reposição do atraso social — a oposição atrás das demais oposições —, de que a fórmula tropicalista é a notável transposição estrutural e crítica. Nesse sentido, sem prejuízo das convicções políticas contrárias do autor, o absurdo tropicalista formaliza e encapsula a experiência histórica da esquerda derrotada em 1964, e sua verdade. Nem sempre as formas dizem o que os artistas pensam.

O paralelo entre o tropicalismo e a poesia antropófaga de Oswald de Andrade, quarenta anos mais velha, é evidente. Esta última canibalizava soluções poéticas do vanguardismo europeu e as combinava a realidades sociais da ex-colônia, cuja data e espírito eram de ordem muito diversa. O resultado, incrivelmente original, era como que uma piada euforizante, que deixava entrever uma saída utópica para o nosso atraso meio delicioso, meio incurável. Nessa hipótese do antropófago risonho, o Brasil saberia casar o seu fundo primitivo à técnica moderna, de modo a saltar por cima do presente burguês, queimando uma etapa triste da história da humanidade. Analogamente, o tropicalismo conjugava as formas da moda pop internacional a matérias características de nosso subdesenvolvimento, mas agora com efeito contrário, em que predominava a nota grotesca. Esta apontava para a eternização de nosso absurdo desconjuntamento histórico, que acabava de ser reconfirmado pela ditadura militar. Digamos que em sua própria ideia a antropofagia e o tropicalismo tinham como pressuposto o atraso nacional e o desejo de superá-lo, ou seja, em termos de hoje, o quadro da modernização retardatária. Num caso, plantado no início do ciclo, a perspectiva é cheia de promessas ("A alegria é a prova dos nove").[72] No outro, suscitado pela derrota do avanço popular, a tônica recaía na persistência ou na renovação da malformação antiga, que portanto não estava em vias de superação como se supunha. "Assim, digam o que disserem, nós, os tropicalistas, éramos pessimistas, ou pelo menos namoramos o mais sombrio pessimismo".[73] "[...] de fato, nunca canções disseram tão mal do Brasil quanto as canções tropicalistas, nem antes nem depois."[74] Com sentidos diferentes, sempre com força e inserção histórica, digamos que tanto a antropofagia quanto o tropicalismo foram programas estéticos do Terceiro Mundo.

* * *

Depois de capítulos sobre a prisão, a liberdade vigiada em Salvador e dois anos e meio de exílio em Londres — um conjunto de punições que não é pequeno —, há a volta ao Brasil. São pági-

---

72. Oswald de Andrade, "Manifesto antropófago" [1928], em *Do Pau-Brasil à antropofagia e às utopias*. Rio de Janeiro: Civilização Brasileira, 1970, p. 18.

73. Caetano Veloso, "Diferentemente dos americanos do Norte", em *O mundo não é chato*. São Paulo: Companhia das Letras, 2005, pp. 49-50. Trata-se de uma conferência de 1993, um pouco anterior, portanto, a *Verdade tropical*.

74. Id., ibid., p. 52.

nas cheias de interesse, cujo caráter deliberadamente apolítico entretanto chama a atenção. Afinal de contas não se tratava aqui de um anônimo, mas de uma figura saliente da oposição cultural à ditadura, "com poder sobre a opinião pública" e, por que não dizer, com as responsabilidades correspondentes.[75] Em especial a parte sobre a cadeia desconcerta. Muito literária, atravessada por exercícios proustianos, ela se concentra nas perturbações do sono, da libido, dos humores e da razão causadas pela perda da liberdade. A resposta ao castigo político infligido pela ditadura vem na forma de um longo queixume analítico sobre os sofrimentos da prisão — o que aliás não deixa de ser uma denúncia em registro inesperado. Nenhuma vontade de resistência, nenhuma ideia sobre a continuidade do movimento oposicionista de que, mal ou bem, mesmo involuntariamente, o artista continuava a ser parte. É claro que a preferência pelo ângulo intimista, às expensas da dimensão coletiva da situação, pode ser um afã de originalidade do escritor. Onde a tradição do gênero manda o prisioneiro político dar um balanço dos acontecimentos passados e das perspectivas futuras, o artista adota o papel anticonvencional de anti-herói e anota outras coisas, não menos importantes, como a incapacidade de chorar ou de se masturbar — lágrimas e sêmen são parentes — acarretada pelo cárcere; ou a precedência invencível da superstição sobre o bom senso quando se trata de especular sobre a eventual libertação. Em seu momento, três décadas depois, a opção narrativa pela confissão de fraqueza, pela incapacidade de opor resistência, pode ser um heroísmo ao contrário (uma superioridade sobre a estreiteza dos militantes? uma rebeldia em segundo grau?), e penso que é assim que ela se apresenta. Entretanto, é possível também que a longa descida aos infernos não funcione só como depoimento, ou leal rememoração,

75. Caetano Veloso, *Verdade tropical*, p. 414.

mas também como desconversa, dispensando o autor de reatar o fio com a posição avançada e guerreira em que se encontrava no momento em que a direita política o atingiu. Comentando o acerto da canção com que Gil se despedia do Brasil, depois da prisão e antes do exílio, "sem sombra de rancor", "amor e perdão impondo-se sobre a mágoa", Caetano louva a sua sabedoria: "'Aquele abraço' era, nesse sentido, o oposto de meu estado de espírito, e eu entendia comovido, do fundo do poço da depressão, que aquele era o único modo de assumir um tom 'bola para a frente' sem forçar nenhuma barra".[76] A lição aplicada pelos militares havia surtido efeito.

A recomposição se completa depois da volta ao país em 1972 — auge da ditadura —, no primeiro carnaval passado na Bahia. Em matéria de melodrama, coincidências mágicas e apoteose, o episódio chega ao grandioso. "Chuva, suor e cerveja", um frevo composto por Caetano ainda no exílio, estava tendo grande aceitação popular, deixando o artista entre o riso e as lágrimas. A atmosfera de pansexualismo nas ruas, onde se confundiam os foliões fantasiados e os hippies autênticos, os travestis carnavalescos e os gays da revolução sexual em curso, era como que a realização popular do programa tropicalista, que também ele tornava fluidas as fronteiras entre tradicional e moderno, local e cosmopolita, masculino e feminino. Respirava-se "uma sensação de liberdade muito grande".[77] Por coincidência com o título do frevo, a chuva começa a cair assim que o trio elétrico o começa a tocar, enquanto a multidão continua cantando e dançando. "[...] tudo compunha uma festa completa de recepção para mim por parte do Brasil que me falava direto ao fundo do imaginário".[78] Sobre o

76. Id., ibid., p. 419.
77. Id., ibid., p. 465.
78. Id., ibid., p. 466.

caminhão do trio elétrico vinha montado um foguete espacial que trazia a inscrição "Caetanave". O músico sobe para agradecer a homenagem. "Senti alguma coisa bater em meu rosto que não era uma gota de chuva. Aproximei a mão para descobrir o que era. A coisa voou para o meu peito e só aí é que Roberto [um amigo] e eu percebemos que se tratava de uma esperança. Apesar da chuva grossa, essa esperança verde voou na direção das luzes do caminhão e veio pousar em mim. Eu então disse para Roberto: 'Quer dizer que há esperança?'. Ele respondeu com a alegria tranquila de quem não esperaria por nada menos: 'Claro!'" A Caetanave segue em direção da casa em que Gil estava dormindo. Este, que acreditava em disco voador, leva um momento para se recompor e perceber o que se passava. "Quando me viu descer do objeto estranho do qual o som trepidante provinha, entendeu antes de tudo que a magia e o ordinário se reafirmavam mutuamente, que o simbólico e o empírico não precisavam ser distinguidos um do outro — que, naquele momento forte, o mito vinha fecundar a realidade. A rejeição que o exílio significara não apenas se dissipava: dava lugar a uma carinhosa compensação."[79]

Como num conto de fadas ou numa alegoria carnavalesca, a chuva, os bichinhos alados e o povo da Bahia se unem para dar boas-vindas, em nome do Brasil, ao artista que fora rejeitado e agora volta. O apelo ao maravilhoso é compreensível como expressão de desejo, embora kitsch. Como explicação do curso das coisas, é regressivo, uma verdadeira abdicação. A personificação mítica do país, que acolhe e repara depois de haver mandado embora, toma o lugar da discriminação sóbria dos fatos, com evidente prejuízo intelectual. Apagam-se por exemplo a fragilidade e o medo do perseguido político, as consultas aflitas do exilado, que gostaria de voltar mas não de ser preso, os cálculos sórdidos da

---

79. Id., ibid., p. 467.

ditadura, necessitada de alguma legitimidade cultural, enfim, um mundo de negociações inglórias mas reais, que compunha os bastidores de congraçamentos dessa ordem. Sobretudo desaparece o jogo dos conflitos e das alianças de classe que subjazem à invenção estética e à consagração artística, sem o qual a beleza não se compreende socialmente. Como Caetano é mestre na percepção e análise dessas relações, fica mais decepcionante a sua conversão ao mito. Dito isso, o livro seria menos representativo se faltassem esses parágrafos.

Muito estranhas e cheias de fintas, as primeiras páginas de *Verdade tropical* se comprazem num show de inteligência propositalmente barata, que procura desnortear o leitor esclarecido. Aliás, o uso do mal-estar como um recurso literário problematizador é uma originalidade do livro. Ao tomar posições que não cabem no consenso civilizado (que manda, por exemplo, não aplaudir o incêndio da casa do adversário, não fazer pouco da capacidade política dos trabalhadores, não apresentar-se a si mesmo como personagem de um mito), Caetano faz da relação de leitura um campo de provocações, conflituoso e inseguro, um cabo de guerra característico do vale-tudo dos novos tempos, em que não há por que dar crédito aos autores, mesmo quando são interessantes. A incerteza prende e incomoda, em especial porque não se trata de ficção, mas de um depoimento. Interessante ela própria, essa relação para-artística talvez seja mais verdadeira ou contemporânea que as certezas cediças que asseguram o acordo literário entre os bem-pensantes. Assim, o livro começa tecendo considerações duvidosas sobre a nossa singularidade nacional. "No ano 2000 o Brasil comemora, além da passagem do século e do milênio, quinhentos anos do seu descobrimento. [...] É um acúmulo de significados para a data não compartilhado com nenhum outro país do mundo." Que pensar dessa nossa exclusividade cheia de promessas? A banalidade meio oficialista da observação, à beira do risível, deixa perplexo o leitor que não tenha a superstição dos números redondos. É claro que já na frase seguinte Caetano vai tomar distância de sua pérola — mas não inteiramente —, atribuindo a superstição aos compatriotas. "A sobrecarga de presságios desencadeada por uma tal conjunção combina bem com a psicologia de uma nação falhada que encontra razões para envergonhar-se de um dia ter sido chamada de 'país do futuro.'" Ainda aqui, entretanto, se prestarmos atenção, o movimento é dúbio. Presságios combinam bem com a psicologia de nações falhadas, mas não, como seria de esperar, porque estas faltassem com o realismo, mas porque não tiveram a força de acreditar noutros presságios mais favoráveis. "[M]as a magnitude dessas decepções antevividas revela que — feliz e infelizmente — estamos muito longe de um realismo sensato."[80] Em suma, a credulidade do narrador não é dele, mas do país, embora seja dele também, com muita honra.

As idas e vindas são conduzidas com malabarismo e se não chegam a exaltar a superstição da nacionalidade, simpatizam com ela e rebaixam um pouco o bom senso na matéria. A relativização das vantagens e desvantagens respectivas vai se repetindo a propósito de outras polaridades análogas, num procedimento bem dominado, que diz respeito a alternativas abstratas entre imaginação (ou mito, ou sonho, ou superstição) e realismo, Brasil e Estados Unidos, o nome e a coisa, todas mais ou menos paralelas. Dependendo do ponto de vista, são fla-flus bem achados e sugestivos, ou questões passavelmente ocas. "Os Estados Unidos são um país sem nome [...], o Brasil é um nome sem país." O Brasil é o "Outro" dos Estados Unidos: "O duplo, a sombra, o negativo da grande aventura do Novo Mundo", "[...] esse enorme lugar-nenhum cujo nome arde".[81] Seja como for, são colocações de um

80. Id., ibid., p. 13.
81. Id., ibid., p. 15.

patriotismo fantasioso, meio poético e meio mítico, que convida a assumir as nossas debilidades como uma riqueza própria. Em seguida, contudo, o leitor notará que o elogio da insensatez e a licença de ser inconsequente têm função retórica, estabelecendo a ambiência intelectual complacente e furta-cor de que Caetano precisa para falar do golpe de 64, o nervo sensível do capítulo. Depois de dizer que na adolescência a sua geração sonhara reverter o "legado brutal" das desigualdades brasileiras, vem uma das frases características do livro: "Em 64, executando um gesto exigido pela necessidade de perpetuar essas desigualdades que têm se mostrado o único modo de a economia brasileira funcionar (mal, naturalmente) — e, no plano internacional, pela defesa da liberdade de mercado contra a ameaça do bloco comunista (guerra fria) —, os militares tomaram o poder".[82] É preciso ler devagar, para assimilar os solavancos ideológicos dessa passagem que procura captar — com distanciamento? com sarcasmo? com ânimo justificatório? — o ângulo da direita vencedora. A sucessão de imperativos contraditórios, alguns claramente injustificados, carrega de tensão social a escrita, além de acender a controvérsia. A tarefa histórica gloriosa de transformar um país deformado pela desigualdade cede o passo à necessidade de... perpetuar a desigualdade. Necessidade por quê? de quem? O uso indevido da palavra, propriamente ideológico, fala por si. O que aconteceu entre o desejo de superar o "legado brutal" e a decisão contrária de reafirmá-lo? Qual foi o ensinamento assimilado? Acresce que executar "um gesto exigido pela necessidade" parece apontar para alguma grandeza trágica, logo desmentida pela baixeza do objetivo. A razão última, também ela um sofisma, embora com tintura materialista, diz que foi tudo por amor da pátria, que sem a desigualdade não funcionaria. Como saber, se o Brasil menos desigual nunca

82. Id., ibid., p. 15.

foi experimentado? Seja como for, a pátria aqui é a pátria dos beneficiários da desigualdade. Completando o movimento, a ditadura é necessária, no plano internacional da Guerra Fria, para defender a liberdade do mercado contra a ameaça do bloco comunista. Com algo de verdade, que não deixa de ser uma incriminação da liberdade de mercado, as frases dão forma literária — aí o seu mérito — ao horizonte rebaixado e "mau" da contrarrevolução. A hesitação inicial e algo frívola entre mito e realidade — qual seria melhor? — prolonga-se no vaivém quanto às razões da esquerda e da ditadura. As escaramuças prosseguem nos parágrafos seguintes, os quais sugerem que a esquerda, ao contrário do que pensava, não tinha o monopólio dos bons sentimentos, ao passo que a direita era menos má do que se dizia. São retificações morais discutíveis, de uma equidistância obviamente enviesada, que em todo caso passavam longe das realidades brutas da ditadura, ou, no momento anterior, das questões que dividiam o país e diziam respeito à reforma agrária, à reivindicação popular, à incorporação sócio-política da população rural, ao desenvolvimentismo, à política externa independente, ao combate à pobreza, em suma, ao aprofundamento da democracia.

Escrito com distância de três décadas, em plena normalização capitalista do mundo nos anos 1990, *Verdade tropical* recapitula a memorável efervescência dos anos 1960, em que o tropicalismo figurava com destaque. Bem vistas as coisas, a guerra de atrito com a esquerda não impediu que o movimento fizesse parte do vagalhão estudantil, anticapitalista e internacional que culminou em 1968. Leal ao valor estético de sua rebeldia naquele período, Caetano o valoriza ao máximo. Por outro lado, comprometido também com a vitória da nova situação, para a qual o capitalismo é inquestionável, o memorialista compartilha os pontos de vista e o discurso dos vencedores da Guerra Fria. Constrangedora, a renúncia à negatividade tem ela mesma valor de documento de época. Assim, a melhor maneira de aproveitar este livro incomum talvez inclua uma boa dose de leitura a contrapelo, de modo a fazer dele uma dramatização histórica: de um lado o interesse e a verdade, as promessas e as deficiências do impulso derrotado; do outro, o horizonte rebaixado e inglório do capital vitorioso.

(2011)

Um minimalismo enorme

Na boa explicação de Cacaso, Francisco Alvim é "o poeta dos outros", aquele que encontra sua voz ao ceder a palavra aos demais, a ponto de transformar a solicitude em técnica de poesia.[1] É claro que vai um pouco de malícia nessa descrição do escritor como bom samaritano. Como o próprio Cacaso sublinha, além de abertura, a consideração ao próximo não deixa de ser um meio artístico para melhor apropriar-se dele em flagrante. Acresce que aqueles "outros" não coincidem com o "outro" de que fala a filosofia, ligado a uma condição humana geral. Pertencem a uma esfera menos abstrata, que não inclui os propriamente estranhos. A expressão faz pensar nos brasileiros "que nem eu", de Mário de Andrade, ou em "todos esses macumbeiros", de que Macunaíma — também um "coraçãozinho dos outros" — é "o herói sem nenhum caráter".[2] É o mesmo âmbito recoberto de familiaridade

1. Cacaso, "O poeta dos outros", em *Não quero prosa*. Campinas: Unicamp, 1997, p. 308.
2. Ver, respectivamente, "Dois poemas acreanos", em *Clã do jaboti*, e *Macunaíma*, caps. VII, I e o subtítulo da obra.

a que se referia Drummond, com cordial ambivalência, ao dizer que "[a]qui ao menos a gente sabe que tudo é uma canalha só".[3] Pois bem, passados três quartos de século, o *Elefante* de Francisco Alvim recoloca na ordem do dia a pesquisa modernista da peculiaridade brasileira, de nossas falas, relações, ritmos, cumplicidades etc.[4] Não foi pouco o que mudou no intervalo, e o tino histórico e estético para essas mudanças é uma qualidade do poeta.

O essencial de sua posição cabe em poucas palavras. "QUER VER?// Escuta".[5] Está aí a poética do livro, mais complexa do que parece, desde que notemos a cor local da inflexão. A indisciplina no uso das segundas e terceiras pessoas gramaticais, à brasileira, bem como certa informalidade no trato, além do modernismo oswaldiano da composição, cuja brevidade não deixa de ser um lance de humor, destoam do corte universalista da máxima. De fato, licença gramatical e coloquialismo à parte, estaríamos diante de uma lição lapidar, impessoal, fora do tempo etc., sobre as relações entre visão e palavra. Como é óbvio, a peça não é bem isso, embora não deixe de sê-lo um pouco. As particularidades sociais e culturais de sua entonação puxam para um mundo especial, tornando instáveis as acepções. As mesmas palavras ora sugerem a pessoa inteligente qualquer, que recomenda a humildade da escuta, ora o poeta douto e conciso, ora o brasileiro esclarecido e desabusado, que vai avisando o interlocutor de que não perde por esperar. Note-se que esse três-em-um, sustentado pela fala corrente, nada tem da complicação interior do Eu romântico, dos seres ou das situações de exceção. O seu lugar é o cotidiano, cuja peculiaridade nacional e complexidade nos interrogam vivamente. Radica aí, se não estou errado, o segredo dessa literatura: *lin-*

3. "Explicação", em *Alguma poesia*.
4. Francisco Alvim, *Elefante*. São Paulo: Companhia das Letras, 2000.
5. Id., ibid., p. 76.

guagem e situações rigorosamente comuns, mas pertencentes a uma formação social singular, em discrepância, ou em falta, com a norma da civilização contemporânea. Há ainda a posição equívoca em que o poema vem colocado no livro, seja ao final de uma série dominada pelo sentimento lírico, seja no início de outra, marcada pela notação crítico-realista, com alto teor de despropósitos sabidamente brasileiros. Uma vez que se encaixa nas duas, o "QUER VER?" da pergunta-título tanto pode expressar o convite à poesia, quanto o humor escarninho de quem conhece a mula sem cabeça de que está falando e de que se sabe parte (a expressão é de Francisco Alvim).

O livro deve a consistência ao tom, ligado à dramatização de um conteúdo abstrato, sempre o mesmo. Esta é levada a cabo de maneiras as mais diversas, com a liberdade de meios estabelecida pelo modernismo. *Trata-se das relações brasileiras entre informalidade e norma,* cuja heterodoxia, dependendo do ponto de vista, funciona como um defeito de fábrica ou como um presente dos deuses. Muito se escreveu a respeito, e o tema tem mesmo alcance.[6] Seja como for, a sua transposição metódica para a estrutura dos poemas é a marca-d'água do conjunto. Isso posto, não é preciso ser artista para perceber que as dissonâncias correspondentes àquela constelação se encontram espalhadas por todos os cantos da vida nacional como fatos notórios. Elas podem ser colecionadas como anedotas, em que está cifrada uma condição histórica, podem ser reduzidas a diagrama, formando módulos e variações, com potência de revelação, e podem ser inventadas e construídas, de modo a explorar as possibilidades extremas da ideia.

O poeta, que tem um ouvido diabólico para elas, fez de tudo isso um pouco. A variedade de que são capazes vai da inocência

---

6. A sistematização clássica está em *Raízes do Brasil*, de Sérgio Buarque de Holanda. Quanto à literatura, o problema foi visto e armado por Antonio Candido, em "Dialética da malandragem", *O discurso e a cidade*. São Paulo: Duas Cidades, 1993.

pitoresca — "ARGUMENTO// Mas se todos fazem" —[7] aos toques impalpáveis, nem sempre fáceis de notar, mas suficientes para que a ideia não se perca. Assim, por exemplo, a formalidade suntuosa, muito articulada e um pouco ridícula de uma argumentação oficial francesa faz ressaltar, na página em frente, as claudicações de um funcionário compatriota nosso: "eu quis colocar esse tipo de coisa/ mas então pensei/ mas meu deus do céu/ aí ele disse".[8] Analogamente, a inteireza ultranítida cultivada num par de espanholadas verbais contrasta com a malandragem, ou com a falta de acabamento, das dicções nacionais. São outras tantas formas de armar a existência literária do espaço brasileiro, configurando-lhe a face externa, no concerto das nações, por meio da diferença de tom entre as línguas. Num poema notável sobre a caminhada do olhar na trama da luz, vizinho da descrição filosófica, o movimento é introduzido por um "Às vezes", que o desuniversaliza, ao qual em seguida se agregam coloquialismos leves, fazendo que o encontro do *olhar* com o *tempo* e o *sempre*, que não estão longe, se dê como que entre conhecidos, ali na esquina, onde tudo para, sem destino, perguntando pelo "lugar?".[9] Ou seja, há um sotaque e uma circunstância, além da discreta personalização, amenizando os rigores da cena abstrata. No poema de abertura, "CARNAVAL", a transfiguração depreciativa do mar em deserto talvez se explique pela ressaca do poeta-personagem, cuja sede não há água que mate, o que — desde que o pressuposto seja adivinhado — faz sorrir da questão final em que o poema desemboca, também ela filosófica, sobre a realidade e a irrealidade da poesia.[10] Em "COMENTÁRIO", um poema no qual não se sabe quem é quem

7. Francisco Alvim, op. cit., p. 110.
8. Id., ibid., p. 97.
9. Id., ibid., p. 67.
10. Id., ibid., p. 9.

e as frases não se encadeiam direito, o segredo da gramática atrapalhada está no medo, nos vazios mentais que se instalam em quem fala da ditadura, em vigor naquele momento.[11] Etc.

Tomadas uma a uma, algumas dissonâncias remetem ao país, concebido na sua má-formação estrutural, outras não. No correr da leitura a referência nacional se impõe, conferindo aos poemas, sobretudo aos brevíssimos, uma certa ressonância suplementar, para a qual o leitor vai se educando. "FUTEBOL// Tem bola em que ele não vai".[12] A sabedoria (ou reclamação) não funciona só para o jogador, mas também para as demais categorias obrigadas à prudência, como o político, o pai de família, o traficante, sem excetuar as mulheres quando for o caso. Embora o assunto seja esportivo, a zona de risco e vale-tudo para a qual aponta não tem fronteira nítida que a separe do terror exercido, noutras páginas e no passado do livro, *pelo regime militar*, cuja sombra, que não desaparece, também é uma figura da informalidade. A revelação está no parentesco entre os medos, entre as decisões de maneirar. Polarizados com a totalidade social, os poemas passam a dispor de novas possibilidades de alusão, equivalência e elipse, que lhes permitem enxugamento ainda maior, até o ponto em que o humorismo deixa de ser um objetivo. Digamos que a despeito do engenho, a porção de espírito que circula em cada um é restrita, como corresponde ao gênero, próximo do achado e da piada, bem ao contrário do que se passa no espaço visado através deles, aberto em direção da realidade histórica, para além da fronteira do texto — mas será de texto que se trata, se a parte da elipse é tão grande? Rarefação e referência crua, mas com objeto disperso, estão juntas. Uma poesia por indicação sumária, em pontilhados, *cosa mentale*, hipotética, ora em chave de realidade, ora em chave

11. Id., ibid., p. 23.
12. Id., ibid., p. 125.

de alegoria, algo como os "Roteiros. Roteiros. Roteiros. Roteiros (...)" preconizados no "Manifesto antropófago".[13]

Aqui a leitura adequada é francamente ativista, a mais livre, instruída e perspicaz possível, complementar da forma elíptica extrema exercitada pelo poeta. Cabe ao leitor afeito ao mundo acreditar nos indícios de toda ordem e imaginar as situações a que as falas pertencem, quando então toma conhecimento do unilateralismo destas, sempre picante, *e entra em matéria,* pondo em perspectiva as perspectivas e não raro virando pelo avesso o dito que foi o ponto de partida. Digamos que cada poema, mesmo quando composto de apenas um título e uma linha, é episódio e perfil da vida de uma totalidade, que é de ficção muito relativamente, só pelo estímulo — inventado ou não — que a suscitou. Assim, ao mesmo tempo que leva a condensação ao limite, o artista a compensa noutro plano, buscando a soltura e a amplitude do universo histórico-social. Este é representado sem recurso às continuidades de intriga e personagem, ou seja, fora dos pressupostos individualistas e dos travejamentos épico e dramático oferecidos pela tradição. O aspecto iludido e ultrapassado da problemática individual, que a certa altura levou à crise o drama e o romance oitocentista, está como que explicitado pela sua miniaturização nos poemas-minuto, onde dor de cotovelo, ressentimento social, remorso de classe, guerra em família, medo de apanhar, fumaças de grandeza, vontade de passar a perna etc. estão reduzidos à devida proporção, sem prejuízo das incríveis sutilezas. Já a gravitação de conjunto, à distância das emoções baratas do romanesco, que no entanto são o seu motor, é um enigma de outra ordem, que é preciso escutar para ver. Estamos diante de um livro, e não de poesias avulsas. Noutras palavras, *Elefante* partici-

---

13. Oswald de Andrade, "Manifesto antropófago", em *Do Pau-Brasil à antropofagia e às utopias.* Rio de Janeiro: Civilização Brasileira, 1978, p. 15.

pa da categoria especial das obras em que a verificação recíproca entre formas artísticas e experiência histórica está em processo.

Dito isso, os poemas se agrupam segundo aspectos inesperados, do simples contraste ao comentário mútuo fulminante, além de interagirem à distância. "PARQUE// é bom/ mas é muito misturado".[14] Eis aí uma opinião esclarecida *sui generis*, favorável aos melhoramentos públicos, embora hostil à participação popular. Nada menos do que uma variante-chave do progressismo nacional, preso até hoje às origens coloniais. Não custa dizer com todas as letras que num parque sem mistura não seria admitida a massa indistinta dos pobres, negros ou brancos, salvo a serviço, na condição de babá, guarda ou acompanhante de velhinhos e cachorros. A formulação antiga, anterior ao Brasil pseudointegrado pela mídia, faz sorrir. Não obstante, o sentimento antipovo não desapareceu e continua, com os ajustes devidos, a ser um esteio da fratura social. Isoladamente, a vinheta se poderia ler em veia saudosista, documentária, oligárquica, antioligárquica etc. Uma originalidade e sobretudo um acerto de Francisco Alvim consiste em integrá-la à crise do presente. "OLHA// Um preto falando/ com toda clareza/ e simpatia humana".[15] Ao contrário do anterior, este poema espantoso registra uma vitória sobre o preconceito, mas tão preconceituosa ela mesma, que faz engolir em seco. O resultado crítico fica ainda mais intrincado se notarmos que o gosto pela fala humana, simpática e clara, que de fato é esclarecido e de fato comporta o reconhecimento da pessoa e a hipótese da emancipação, hoje deixou de fazer diferença, de sorte que aquele momento do pior preconceito aparece agora como a oportunidade de superação que foi perdida. "MAS// é limpinha".[16]

14. Francisco Alvim, op. cit., p. 85.
15. Id., ibid., p. 91.
16. Id., ibid., p. 93.

O conteúdo do poema naturalmente é tudo o que ele cala e que terá precedido a adversativa do título: a enciclopédia das objeções que os proprietários fazem aos sem-propriedade, obrigados a trabalhar para eles, à qual no caso só escapa a virtude menor que tem uma mocinha de não ser muito suja. A expressão não perde nada ao passar da sala de estar para a zona do meretrício, como bem observou um amigo. "DESCARTÁVEL// vontade de me jogar fora".[17] Não se sabe se a vontade é alheia ou própria, possivelmente as duas coisas. Mas mesmo que seja o desejo de entregar os pontos, trata-se da interiorização das apreciações de classe que viemos comentando. Embora não seja a única possível, a compreensão social é recomendada pela meia dúzia dos poemas circundantes.

É claro que entre este "descartável" e o anterior "misturado" passou tempo. Uma noção pertence à sociedade de consumo, a outra terá nascido com o fim da escravidão. Ainda assim, a constelação de classe a que as duas se referem permanece constante: de um lado, a gente distinta e esclarecida, dita civilizada, mas que manda; de outro, a massa dos sem-direito. O condicionamento recíproco dos campos, nos termos paralegais da autoridade e da informalidade, é um nexo central e persistente de nossa experiência. O ouvido de Francisco Alvim para as variantes dessa equação lhe permite a unificação certeira e surpreendente de esferas que não se costuma enxergar sob um mesmo signo. Anedotas de Minas, mexericos da ditadura, negócios de droga, mães que pegam no pesado em casa e na rua, virações no estrangeiro, um desastre de automóvel devido à dor de corno, apertos do funcionalismo, da política e da corrupção, o empurra-empurra da culpa nas separações conjugais, o quero-não-quero amoroso etc. compartilham alguma coisa real, de *sub*, de *impróprio*, que o seu trabalho literário soube objetivar. Na grande tradição de Machado de Assis, o

17. Id., ibid., p. 94.

poeta conhece a ligação interna entre os opostos da sociedade brasileira e recusa as fixações estereotipadas. Os sem-direito são capazes de civilidade peculiar, e também de truculência aprendida com os de cima. Ao passo que os esclarecidos aspiram à malandragem desculpável dos pequenos delinquentes, sem prejuízo dos momentos de altura amorosa ou reflexiva, ou de barbárie.

Quando dizia que Chico Alvim é o poeta dos outros, Cacaso queria salientar a generosidade não burguesa do impulso que leva o artista culto a buscar o autoconhecimento e a expressão em palavras e situações alheias, do outro lado da divisória, superadas as barreiras que separam o aprovado do reprovado ou desprezado. E de fato, a figura artística de Chico respira uma atmosfera de humanidade que é excepcional e deriva daí. Entretanto, as divisões sociais que opõem os compatriotas nem por isso deixam de existir, e a simpatia atenta do poeta não só não as apaga, como as salienta e oferece à contemplação. Talvez não haja na poesia brasileira obra em que elas e suas sutilezas brutais tenham tanta presença. Ironicamente, ao emprestar a voz aos outros, o artista desprendido e fraternal dá direito de cidade, na poesia, à fauna das degradações produzidas pelo sistema dos interesses em choque. Veja-se por exemplo "COMERCIANTE, MANICURA, DECORADOR", um poema no qual a gesticulação do melodrama suburbano é refletida, por meio do título, num ranking de ganha-pães sofríveis, com efeito entre democrático e sardônico-senhorial.[18] Em linha mais escusa, mas sempre ligada a descobertas da escuta e a engrenagens reais, há as suposições ligando compra de terrenos, sucessão presidencial e tortura de presos políticos, adivinhadas de passagem, a partir de frases entrecortadas.[19] O escritor busca a poesia e o país em territórios insólitos, muitas vezes vexaminosos, frequentados

18. Id., ibid., p. 12.
19. Id., ibid., p. 23.

normalmente só pela subliteratura e pela complacência com a sordidez.

Dito isso, as vozes que falam através do poeta *não são de ninguém em particular*, o que não quer dizer que sejam de todo mundo; ou, ainda, podem expressar categorias sociais diversas, mas não do mesmo modo. Típicas e anônimas, elas têm a polivalência do uso corrente, sempre em vias de especificação, com encaixe estrutural em nosso processo coletivo, a cujas posições cardeais respondem alternadamente e cujo padrão de desigualdade veiculam. Muitas vezes, graças ao malabarismo da dramaturgia, não sabemos de quem são, a quem se dirigem ou a quem, entre os presentes, se deve o próprio título do poema, que não é uma moldura neutra e que participa do jogo de incertezas do resto. Com a diversidade de leituras a que obriga, essa construção indeterminada, mas sempre exata, deixa que fale em ato a nossa sociedade — um imenso sujeito automático —, cujas assimetrias vão determinando destinos e nos ensinando o pouco que somos diante dela. O ponto de vista é de fulana ou de beltrano? Embora as palavras sejam as mesmas, podendo servir a ambos, a diferença no efeito é total, para vantagem ou prejuízo de um ou outro. A figura que lembra o acidente de carro e a freada idiota que o causou é Cristiano, como parece, ou é Darlene, caso mudemos a entonação do penúltimo verso? Não sabemos nada deles além dos nomes e das diferenças sociais que estes sugerem (moço fino e moça com nome de atriz), diferenças que podem muito bem não coincidir com a realidade do caso e não passar de preconceito.[20] Nada mais objetivo que essas oposições talvez inexistentes, e aliás sem importância, em que a existência interiorizada e o poder da estrutura se tornam tangíveis. Os exemplos se podem multiplicar à vontade.

20. Id., ibid., p. 11.

Os poemas de Francisco Alvim têm uma evidência especial, muito deles, em que o autor praticamente desaparece, cumprindo um dos votos radicais do artista de vanguarda. Contribuem para ela o material expressivo pré-moldado no cotidiano, a técnica de sua exposição inquisitiva e enxuta, aprendida em Oswald, além da atitude geral, que infunde acerto e alcance ao conjunto. A sustentação de fundo é dada pela grande inteligência crítica das relações sociais brasileiras, encaradas com recuo, na sua complementaridade mais ou menos oculta e no seu desvio do padrão moderno, mas sempre como nossas. No plano da política artística, há a recusa da individualização, seja das personagens, seja da *persona* do poeta, já que este não compõe a partir de uma mitologia pessoal (com as exceções que veremos). A complexidade e a poesia que ele procura têm como sítio o domínio comum, acessível a todos, à maneira do que queria o poeta de esquerda João Cabral, por oposição aos desvãos bolorentos do privado. A mesma recusa opera no plano da linguagem, cuja unidade básica não são versos nem palavras, mas falas tomadas à vida de relação, ao dia a dia do *país-problema,* cuja estranheza atua como princípio de seleção. As consequências desse ponto de partida, que é uma opção formal e material ostensivamente antilírica, são decisivas. Para lhe apanhar a ideia, não custa lembrar a epígrafe de *O corpo fora,* o livro anterior de Chico, buscada nas *Fusées* de Baudelaire: "Imensa profundeza de pensamento nas locuções vulgares, buracos cavados por gerações de formigas".[21]

Voltando à fala comum, digamos que a peculiaridade que se expressa nela é menos do poeta que da própria formação social em funcionamento, na qual nos reconhecemos e examinamos para bem e para mal, isto é, entre alegres e consternados — graças à invenção de uma arquitetura literária. A nota inquestionável

21. Id., *Poesias reunidas*. São Paulo: Duas Cidades, 1988, p. 9.

das falas, impossíveis de ser melhoradas, é extra-artística em parte, resultado do uso coletivo, muitas vezes popular ou meio popular. Coladas ao cotidiano e a suas considerações, elas têm algo de provado, diferente dos acertos da fatura individual. Comentar os seus abismos é sempre mais que entender o poeta. O desejo próprio à poesia moderna, que preferia *ser* a *comunicar*, acha aqui uma realização imprevista. Por serem respostas imediatas a condições sociais correntes, essas falas de fato *são*, com a clareza de condutas raciocinadas que a prática sancionou. Apesar de ocasionais e escolhidas, elas têm uma existência densa, objetiva, acima da veleidade, que interpela o leitor de maneira também incomum. Isso não impede que tenham sido afinadas pelo artista, cujo ouvido com certeza não se limitou à passividade do registro. A limpeza das falas, sem luxo, redundâncias, frases feitas, figuras de linguagem, arremate lapidar, universalismos etc., ou seja, sem traço literário convencional, é trabalho literário seu, que lhes decanta o conteúdo pragmático e as torna comensuráveis, peças de um mesmo sistema, abrindo à consideração um verdadeiro fundo nacional de ironias. Este salta do livro para a vida do leitor, como saltou da vida nacional para dentro do livro. Os procedimentos não são ditados pela cultura do verso, mas pela funcionalidade direta para a apresentação, em especial para o seu regime de ambiguidade social generalizada, através da "[...] ironia/ das polimorfas vozes/ sibilinas/ transtornadas no ouvido/ da língua".[22] Assim, a separação em linhas — que não são versos — serve para expor e para confundir, ou tornar policêntrica, a lógica da ação, bem acentuada dentro do mesmo espírito. Algo semelhante ocorre na pontuação, onde o papel organizador conferido às maiúsculas dispensa o uso dos pontos finais, criando possibilidades próprias de confusão, amplamente exploradas.

22. Id., *Elefante*, p. 133.

O procedimento técnico mais espetacular do livro, tomado de empréstimo à arte da ficção moderna, são as descontinuidades de perspectiva no interior dos poemas, que não têm ponto estável nem sequer no título. As mutações são operadas com habilidade de estontear. Embora exíguo, o campo de manobras é regrado pela engrenagem social, de modo que as inversões de ponto de vista adquirem dimensão didática, proporcionando distanciamentos e revelações. Com a certeza política a menos, há aqui algo de brechtiano. Aliás, o minimalismo governado pela acuidade histórico-social, atento ao que haja de conduta nas expressões, obedece a um propósito demonstrativo, paralelo ao de Brecht. É ouvir para ver. O enxugamento de falas, cenas, sequências, divagações etc., longe de empobrecer, impulsiona o jogo das conexões viáveis. A redução, o entrelaçamento virtual e a proliferação adensam a lógica das situações. A franqueza desse objetivo confere certa funcionalidade à pesquisa artística, distante da nota aliteratada comum no experimentalismo. A economia do formato mínimo leva naturalmente à depuração de quase-módulos e à variação das relações sociais de base, que giram como um móbile. A representação adquire a contundência que vimos, para a qual a brevidade das formulações não deveria nos cegar. "ELA// Soca ela/ Soca".[23] Dependendo de quem tenha a palavra e de quem esteja ouvindo, "ela" manda socar ou está sendo socada. Isto se não for o poeta que recebe ordens da bandida. Ou será ele quem manda socar? A precariedade da gramática — um índice de classe — pode explicar a veemência do pedido, mas o contrário também é possível, ficando a nu a tenuidade do compromisso de nossos bem-postos com a correção gramatical, abalado ao primeiro solavanco.[24]

23. Id., ibid., p. 109.
24. Uma observadora atenta — e estrangeira — coloca o "regime de língua crioula" entre as condições gerais da literatura brasileira. A reflexão sobre as consequências estéticas e de classe desse regime, que não desapareceu com a desco-

Em suma, a permutação sistemática dos enfoques opera em aliança com a inteligência social, à qual serve como um recurso analítico e de exploração, em contato estreito com a materialidade das relações.

"E EU É QUE SOU BURRO// Você é o dono/ e deixa fazer o que ele faz?/ O que ele te deve/ vai ter que pagar".[25] Também aqui a voz que fala no corpo do poema pode não ser a mesma que fala no título, o qual por sua vez tanto pode ser introdução como conclusão. A figura que atiça (mulher? puxa-saco?) está coberta de razão, do ponto de vista da propriedade. A que ouve, sabendo que razão, ou melhor, direito legal, no caso podem não ser garantia suficiente — mas quais então as outras forças em jogo? —, tem a satisfação ácida, ligada à presença de terceiros, de dar nome à cena. Ri melhor quem põe o título, o que entretanto não muda o principal. Ação e piada vêm na conversa, mas a substância a decifrar está nas relações de poder ao fundo, intocadas pelo diálogo, as quais não são nomeadas, nem afetadas pelo sarcasmo. Se o título vier antes do poema, e não depois, e for obra da mesma personagem que diz o texto, haveria outra leitura possível, menos interessante. No plano formal, considerada a conjuntura cabralino-concretista do momento, note-se a trilha própria explorada pelo poeta, que procura também ele os ganhos da redução e da combinatória, mas sem pagar tributo à ascese e à geometria, e sobretudo sem abandonar o mundo. Ainda na proximidade de Brecht, combinam-se a sutileza em alto grau e um gênero de reflexão robusta, a que não temos o costume de reconhecer categoria literária.

Assim, sem prejuízo da multiplicação das perspectivas, há no conjunto a preferência pelo uso vivo, desafetado, com acento

---

lonização, mal começou. Luciana Stegagno Picchio, *La letteratura brasiliana*. Florença: Sansoni-Accademia, 1972, pp. 27-8.

25. Francisco Alvim, *Elefante*, p. 95.

na fluidez pragmática e no aspecto agudo: um padrão estético adiantado, contrário à reverência, à autoridade e às suas pompas, *e contrário também às grandes abstrações da ordem social burguesa*, com as quais não combina e a que objeta a rigidez e a falta de naturalidade *aqui e agora*. A recusa visa o teor de máxima que possa haver nas condutas, a parte de pose dignificada e fachada enganosa que existe na dignidade abstrata, seja do indivíduo, seja das instituições: "Então bota de lado essa cerimônia/ e diga logo o que você pensa".[26] Aí o ponto de enlace com a informalidade nacional, que relativiza tudo, as leis inclusive, ou com o jogo personalizado e permanente das acomodações em torno da força, igualmente aqui e agora, jogo que põe na berlinda o formalismo das regras gerais e com ele — levado o sentimento ao limite — *as garantias do estado de direito*. A vertigem valorativa ligada a esses movimentos, em que o ilícito está desonerado e a superação crítica e a regressão se confundem, marca muitos dos momentos altos da literatura brasileira.[27] Entre as situações de meia vigência das categorias burguesas e o ímpeto desconvencionalizador da arte moderna há uma simpatia possível, problemática em todos os sentidos.

Observem-se nesse espírito os vários negócios feitos no livro, nenhum dentro da lei. "NEGÓCIO// Depois a gente acerta".[28] Pelo partido estético tomado, resumido no tom a que obedecem as falas, a legalidade burguesa fica sem cabida. A transação econômica, quando aparece, não toma a forma de contrato, ou seja, não cria a equivalência formal entre os sujeitos, nem a liberdade e as garantias correlatas, que não prescindem de apoios suplementares. Ou, ainda, a desigualdade de poder entre as partes não é suspensa pelas ficções igualadoras da lei. Nada, seja o que for, se faz

26. Id., ibid., p. 117.
27. Cf. Antonio Candido, op. cit., pp. 47-54.
28. Francisco Alvim, *Elefante*, p. 119.

por força do direito, sempre obrigado a levar em conta outras instâncias incidentes, que fazem de cada caso um caso e de cada momento um momento. A igualdade geral e a nota humana não são dadas pelo respeito à norma, embora esta se faça sentir, mas pela informalidade que a infringe e parece constituir o coletivo, inseparável de algum tipo de conivência. O poema adquire o seu alcance pleno quando é lido em constelação com os já mencionados "Então bota de lado essa cerimônia", "Soca ela/ soca", "Tem bola em que ele não vai", "Mas se todos fazem", além de outros, que deixam aflorar a malha comum, conferindo ao conjunto uma feição diferençada, em que sempre a lei da força tem algum papel. "SELAS// Experimentei/ Não reagiu."[29] Os termos são equestres, o auditório é a roda familiar ou quase, e a vítima provável é um serviçal ou parente em má situação.

O quadro dá o que pensar. Estamos diante da preferência temática de um poeta? Diante de um diagnóstico nacional involuntário, decorrente de seu esforço de exatidão mimética e de fidelidade à língua viva? Digamos que a regra da irregularidade é um paradoxo que condensa a condição moral e intelectual do país periférico, onde as formas canônicas do presente, ou dos países centrais, não são praticáveis na íntegra, sem prejuízo de serem obrigatórias como espelho e de darem a pauta. É evidente o sinal negativo e de deficiência inerente a essa condição, a qual é complementar de outra, que se situa noutras bandas e tem sinal positivo. Está aí o país-problema, que a seu modo, vista a generalidade do desvio, configura um exotismo, ou, nos aspectos graves, uma excrescência. Por outro lado, é também da lógica das coisas que haja, além do complexo de inferioridade, uma reciprocidade de desdéns, e que, olhado daqui, o império da lei é que faça figura questionável e extravagante, entendido como falta de naturalidade,

29. Id., ibid., p. 92.

lamentável impessoalidade, abstração irreal, presunção ridícula etc., sem falar na hipocrisia e na prepotência. A discrepância das avaliações, cada qual com a sua parte de razão, suficiente para desqualificar a outra, abre perspectivas à crítica.

"HOSPITALIDADE// Se seu país é assim –/ tão bom –/ por que não volta?"[30] Sublinhada pela ironia do título, bem à vista, presenciamos a grosseria ressentida dos anfitriões, cidadãos da nação rica, que não perdoam a saudade do imigrante e cobram, além de trabalho, alinhamento. Em plano omitido, embora principal, cabe ao leitor imaginar as maravilhas com que o pobre-diabo terá gabado o Brasil da informalidade, de que fugiu e a que não quer voltar. Se ao contrário o sujeito da fala for brasileiro, o que também é possível, mudam os maus pensamentos, mas não as coordenadas. Nos dois casos o poema torna patente a complementaridade das insatisfações, ou das alienações, nos países da periferia e do centro, que formam sistema e dizem a verdade umas sobre as outras. É certo que não há porque recomendar a informalidade, *cujo fundamento último é a fratura social, ou seja, a integração precária e a falta de direito dos pobres* — que no entanto também se utilizam dela e a desenvolvem no sentido de suas necessidades. Feita a ressalva, que é de base, não há porque desconhecer as liberdades próprias e o alcance polêmico desse quase estado de natureza, em especial a figura engessada que fazem a seu lado as regulamentações burguesas da vida. Atento aos dois aspectos e independente o bastante para não fechar os olhos para nenhum deles, o livro de Francisco Alvim ensina algo a respeito. O seu mundo desidealizado e inferiorizado, *estruturalmente de segunda classe*, respira não obstante uma poesia peculiar, ligada aos benefícios da *naturalidade,* aquela mesma que decorre da relativização da lei e da suspensão do sacrifício incluído nas superioridades desta.

30. Id., ibid., p. 35.

Como admitir o alcance de matéria tão desprestigiada e fora de tudo, para não dizer caipira? "TE CONTAR// Dorzinha enjoada/ Ela começa perco a graça/ Dói aí e dói aqui/ Dorzinha chata".[31] O incômodo, que não tem nome científico e cujo remédio não é fabricado pela indústria farmacêutica, está aquém das equações peculiares ao mundo adiantado e das correspondentes intervenções objetivas. Não há como livrar-se do achaque, que não mata nem tem cura à vista, mas nem por isso deixa de existir. É claro que isso não o torna mais "natural" que uma pneumonia, curada com antibiótico e computada na estatística — salvo pela linha direta com os lados inelutáveis da vida, aqueles que a ciência e os medicamentos até segunda ordem não alcançam, ao mesmo tempo que os relegam a um segundo plano sem comentários, debaixo do tapete. Sob esse aspecto, de fato, a dorzinha arbitrária e caprichosa é uma presença radical, representando um lembrete incontornável e uma espécie de vitória, pela janela dos fundos, sobre a presunção moderna.

Dito isso, a naturalidade no caso tem aval ambíguo, ora da natureza ela mesma, *ora da ordem social fora de esquadro*, e tudo está nas transfusões entre os dois planos. O pé de intimidade com a dor, manifestado na sua personificação, através de diminutivos e adjetivos irritados, no formato anedótico, na queixa coloquial do título, bem como na sem-cerimônia com que ela entra e sai e troca de posição, é propriamente familiar. Assim, a dor e a sua vítima comportam-se conforme o padrão ideal da informalidade brasileira, pressionando e sendo pressionadas, à procura de uma acomodação *ad hoc,* à margem dos progressos da medicina. O padrão da informalidade domestica o enfrentamento intransferível entre a criatura e o sofrimento físico, o qual por seu lado lhe empresta o selo da naturalidade e, com ele, certa dignidade metafísica,

31. Id., ibid., p. 45.

a despeito do quase nada em questão. A conversinha é inconsequente, mas tem como horizonte o curso das coisas, a força inexorável do tempo e a terra incógnita à frente, verdades que são tabus da vida moderna *e que sutilmente passam a funcionar como sabedorias próprias à vida brasileira.* "E AGORA?// Ontem estivemos lá/ Está mais animado/ Teve muita dor".[32] Note-se que a perplexidade do título vem depois do alívio, o qual, contrariamente ao que seria de esperar, só agravou (prolongou?) o problema. A excelência de um poema tão sem ênfase, tão de vanguarda na busca da desconvencionalização, custa a se impor. A simplicidade como que espacial da disposição dos termos do impasse, que entretanto estão no tempo, é um alto momento de consciência materialista.

Ao assimilar-se ao mundo da informalidade, com o qual compartilha a nota diminuída, o achaque adquire cor nacional. Como indica o título — "TE CONTAR" —, trata-se da paciência posta à prova. O sentimento da vida física reflete uma forma de sociabilidade: a dorzinha enjoada e chata, de que não há como livrar-se e que é preciso aguentar, tem figura de pessoa reconhecida, da parentela, no sentido ampliado e brasileiro do termo. Veja-se o assunto em versão social direta. "IRANI, MANDA GILSON EMBORA// Eu mando/ mas ele não vai".[33] O drama supõe a propriedade, mas na versão precária (antiquada? a única verdadeira?), que não independe do apoio da força. A moça de nome brasileiramente indígena, que pode ser filha, parente pobre, empregada ou agregada, manda em sinal de obediência. Quanto a Gilson, não há como determinar os seus motivos para desobedecer. Pode ser amor de primo, apego canino de empregado ou morador, desespero de quem não tem para onde ir. A insubordinação é muda, porém determinada e desarmante. Que fazer com o moço que não aceita ser

32. Id., ibid., p. 90.
33. Id., ibid., p. 79.

mandado embora? O mando que não se completa na obediência tem a sua graça, pois humaniza o mandante, que não dispõe livremente da propriedade e é obrigado a conviver com a relatividade dela e, naturalmente, com a teima do mandado. A dorzinha que é um zé-ninguém e que não dá para extirpar, embora não tenha direito de cidade, tem algo de um povo de casa, que não pode ser despedido e a que é preciso ceder um pouco. Salta aos olhos o inconveniente imobilista dessa limitação (em perspectiva burguesa), tanto quanto a sua lógica diferente, que impõe outro parâmetro à liberdade. Isso se a correlação de forças não for muito desigual — como entretanto sói ser — e se o paternalismo não trocar a sua face amável pela outra, do proprietário moderno, sem restrições.

No corpo a corpo com o achaque, que não deixa de ser um toma-lá-dá-cá sem pauta fixa, e também um chora-menos-quem--pode-mais, a vítima empenha os seus recursos de vontade, paciência, adaptação, humor etc., tudo sob a pressão da natureza e a certa distância benfazeja do certo e do errado na sua acepção universalista. Algo paralelo ao que ocorre diante de Gilson, que não quer ir embora, ou com o negócio, que "depois a gente acerta", ou também na guerra doméstica: "Quanto mais você fala/ mais eu faço".[34] É como se abaixo da linha do direito, da ciência, da autonomia, da gramática, do progresso e dos demais imperativos modernos se abrisse outra civilização mais plástica e menos abstrata, comandada pelo relacionamento entre as pessoas, incluído aí o uso arbitrário de força e poder, cujas satisfações anacrônicas parecem fazer falta à vida dentro dos constrangimentos da norma civil *reificada*. Ora, essa civilização extraoficial e inframodelar, algo vexaminosa mas com potencial utópico *por contraste*, é a dimensão não burguesa da reprodução da sociedade

34. Id., ibid., p. 13.

burguesa no Brasil: uma dimensão inferior mas necessária, e portanto sábia, e, conforme o gosto, até superior. Os seus muitos lados, que vão do simpaticíssimo ao horrendo, são a substância e o problema do que a experiência histórica brasileira tem a oferecer.

Segundo esteja a serviço de uma classe ou outra, a informalidade muda de feição. Quando ajuda a driblar as privações da pobreza pós-colonial, desprovida de direitos civis e de trabalho assalariado, *mas sacramentada no formalismo despropositado da lei*, ela tem conotação popular, civilizadora a seu modo. O seu olho para os estragos causados pelas abstrações burguesas é um elemento de humanidade e razão, a que se prende — por momentos — certa graça inconfundível na fala, nas condutas e letras brasileiras. Veja-se o caso de um português jeitoso, ex-feirante, que "criou uma sobrinha/ que lhe deu netos".[35] Mas ela costuma também funcionar como álibi ideológico para que os de cima fiquem à vontade para desconsiderar e atropelar os de baixo. Em sintonia com o tempo, a tônica do livro é esta segunda, sem que faltem os exemplos da primeira. "FACTÓTUM// Pior coisa/ é dever um favor a alguém/ Olha Virgílio/ a mim você não deve nada não/ Só a sua perna e".[36] A fala inicial sublinha a humilhação dos favores recebidos, suficiente para azedar a vida. Na resposta, para amenizar o caso, ou para espicaçar e agravar o débito, o patrão diz a seu agregado de nome romano que este não lhe deve nada, "Só a sua perna e". Imprimindo o clima ignóbil ao diálogo, a coisa não dita fica por conta da imaginação do leitor, que pode escolher entre as desgraças específicas a esse universo, passíveis de serem evitadas pela intervenção de cima: cadeia, mutilação, morte, desonra da filha e o que mais for. A nota de paternalismo perverso, entretanto, está menos aí que na iniquidade contábil, de armazém

35. Id., ibid., p. 37.
36. Id., ibid., p. 50.

de fazenda, que se impõe desde que reflitamos sobre o título. Depois de uma vida de serviços prestados, o faz-tudo continua em dívida, ao passo que seu protetor não lhe deve nada e muito menos sente obrigação ou humilhação. É uma versão de nosso *double bind* entre dependentes e proprietários, em que a dívida dos primeiros é da ordem da obrigação pessoal e infinita, e não do dinheiro, enquanto a dos segundos é da ordem da conveniência e do cálculo, já que estes últimos circulam em dois mundos e podem ir e vir, à escolha, entre os papéis de fiel protetor e de indivíduo desobrigado e objetivo. Nos dois casos, a informalidade faculta aos de cima a estampa da civilidade amena, encobrindo o abismo social.

A variante nova do assunto, que reflui sobre as demais, encontra-se nos poemas ligados a Brasília, ao poder, ao tempo da ditadura e ao medo. Aqui a dimensão burocrática e estatal faz que prospere o lado maléfico da informalidade, produzindo o paradoxo de um personalismo meio anônimo, que rebaixa o país a submundo. Ao despir o antigo invólucro patriarcal e rural, a informalidade passa a oprimir a todos, inclusive os seus beneficiários. "ARQUIVO// não pode ser de lembranças".[37] Por que não poderia? O pano de fundo da blague é a polícia política, que torna temível a noção de arquivo, e fútil a noção de lembrança. A frase pode ser humor negro de uma vítima potencial, ou também de um adepto da repressão. "CHIADO// Às vezes corre notícia/ dessas menos agradáveis/ e o ouvido chia".[38] Quais seriam essas notícias? Como em "FACTÓTUM", ou em "MAS", também aqui a parte silenciada é a principal. O observador escaldado não se arrisca a entrar em matéria, usa do eufemismo e limita o comentário político à comunicação de seus reflexos nervosos, aquém da responsabilidade pessoal, assimilados ao incômodo causado por um rádio mal ajustado.

37. Id., ibid., p. 66.
38. Id., ibid., p. 52.

Em "SOMBRA", um "edifício negro/ na sombra amarela, imensa/ assombra toda a cidade// A ti não".[39] Com deliberação tremenda, o poeta se exclui do rol dos assombrados, fazendo a si mesmo a grave acusação de estar entre os que *sabem* (mas sabem *o quê?*) e por isso mesmo *devem* (*a quem?*) — modalidade atualizada do envolvimento do dependente, sobretudo o esclarecido, com o poder. Uma vez mais, tudo está no silêncio com referente social terrível. Em suma, são figuras da constelação muito familiar e ainda assim mal conhecida em que estão associados, por dentro, meandros do paternalismo, porões do Estado, brigas de casal, negócios irregulares, hábitos da doença, liberdades com a lei, euforias da beleza, displicências gramaticais, culpas de classe etc.

* * *

Mais difíceis de apreender, essas linhas do conjunto têm tanta realidade quanto os poemas um a um. Em parte são construções intencionais, em parte subprodutos extraprograma, igualmente sugestivos. Apesar do risco de interpretação excessiva, vale a pena fixá-las e comentá-las, se não quisermos passar ao largo de aspectos capitais. Note-se a propósito que o artista é mestre não só no desbastamento e na configuração sibilina, como também na *escolha*, a que no caso cabe um papel estruturador, próximo da seleção de episódios num romance realista — cujo tecido conjuntivo fosse virtual e ficasse por conta do leitor. Depois de garimpar trivialidades memoráveis e de reduzi-las ao núcleo ativo, o poeta vai preferir alguns desses nadas, fazer o vácuo à sua volta e deixá-los sozinhos na página, para que produzam o estranhamento, se relacionem entre si e se ponham a fazer revelações, além de significarem o país, com as oscilações de voltagem correspondentes a

39. Id., ibid., p. 51.

esses desempenhos. Arbitrário e contingente no ponto de partida, pois as falas aproveitadas podiam ser outras, o procedimento no entanto é disciplinado pela intenção sistemática de apanhar a nacionalidade pelo ouvido, que é quem sabe.

A sequência dos poemas é fruto de muito cálculo, tem o caráter propositado da montagem e obedece a maquinações de encenador, de panfletário, de artista viajado, de intérprete da ideia nacional etc. Trata-se de *instalar* um campo de experiência cujos elementos de realidade são os poemas, que funcionam como arte e como documento; ou, ainda, de organizar uma exposição pública (embora em formato limitado de livro) do caráter não público do Brasil. A empresa tem riscos, pois o nosso *país do jeitinho* é uma dessas generalidades duvidosas que tanto comportam a intuição aguçada, que animou a pesquisa de um batalhão de artistas, historiadores e sociólogos, quanto o clichê. A gama das instâncias achadas ou construídas em torno da ideia mestra é de profundo interesse, escapando à circunscrição convencional e amena do assunto. Quase uma tese, a simplificação vanguardista está aí, no seu radicalismo, embora em versão de segundo tempo, sem perspectiva revolucionária, já não como projeção explosiva de um mundo superior e mais transparente. Ela agora é resultado da escuta, que a identifica *de facto* e reconhece nela, humildemente, o pouco a que acabamos reduzidos — numa espécie de implosão de identidade que é sinal dos tempos.

Além de princípio de escolha, a informalidade funciona como um princípio de recusa, dotado de consequência estrutural. Sob pena de desafinação, ficam à margem ou são relativizadas as irradiações do dever, no discurso e nos atos. Observada com rigor, a determinação antirrigorista imprime ao todo a sua fisionomia histórico-social inconfundível. A nota do imperativo interior nem por isso desaparece: excluída como assunto, ela volta na objetividade severa do trabalho artístico e em suas descobertas, além de planar como uma assombração incômoda, de outros hemisférios — onde se supõe que ela vigore. Dito isso, sendo embora consistente, o conjunto não existe como corpo autossuficiente, em esfera estanque. A maior parte dos termos, das ações e das coisas que o compõem — a parte *modernizada*, quer dizer, sem mancha colonial visível — não tem corte próprio, ou melhor, tem o corte do mundo de que discrepa, a decalagem dependendo apenas de *diferenças de funcionamento*, que ocasionam uma espécie de cor local abstrata. Díspares e correlativos, os universos sociais de periferia e de centro se interpenetram sob um céu comum. Por isso mesmo, qualquer insuficiência da especificação não seria menos perceptível e artisticamente fatal aqui do que em prosas muito características e apartadas do uso dominante, como — suponhamos — *Macunaíma* ou *Grande Sertão: Veredas*, a meio caminho inventivo entre dialeto e idioleto, sustentadas por peculiaridades lexicais, gramaticais e ortográficas. É como se, a despeito de si mesmo, o país modernizado desenvolvesse um feitio fora de esquadro, à maneira do regionalismo, no presente do mundo presumidamente homogêneo. A disciplina literária requerida por essa diferenciação é da maior sutileza.

Para não decepcionar, as ironias da composição precisam estar à altura das desilusões trazidas pelo curso real das coisas. A tarefa figurativa e as conclusões desabusadas do realismo oitocentista funcionam como patamar de lucidez, embora condensadas ao extremo, além de afastadas do dinamismo interno que noutro momento — em especial no pré-64, nos anos de radicalização do populismo desenvolvimentista — elas alimentaram. Os miniepisódios aspiram a certa representatividade solta, com um tanto de capital e província, Brasil e Europa, casa-grande e senzala, família tradicional e anonimato urbano, decoro e barra pesada etc., sobre fundo elíptico de questão social pendente. Respeitada essa ordem de proporções, os poemas poderiam ser outros, desde que o toque da informalidade entre em constelação com as variantes vizinhas, fazendo que o todo tenha não apenas a tônica de um denominador comum, mas a envergadura material e o sem-número de dimensões de uma formação histórica e de um universo romanesco. A nota nova no caso não vem nos grandes contrastes, bem conhecidos, mas em certa modificação nos nexos, que a tensão transformadora e integradora — a dialética — parece ter desertado. O presente ampliou-se no espaço, no tempo e na ordem social, incluindo elementos a que ainda há pouco se opunha, ou que imaginava superar. Algumas falas remontam ao fim da escravidão, outras à República Velha, muitas enfim ao país modernizado, do qual fazem parte os nossos anos de chumbo e o posterior período de abertura política ("Na época das vacas magras/ redemocratizado o país", conforme explica um ex-governador).[40] Apesar da diversidade, fácil de ordenar segundo a sucessão dos períodos históricos, o acento está na *constante*, suscitando o sentimento contraintuitivo — a constatação? — da mudança que não fez diferença. O passado não passou, embora já não ajude — como ainda outro dia — a inventar o futuro, que não está à vista. A sua persistência marca o presente como distinto, porém mais *em falta* do que propriamente original, ou atrasado, ou em vias de recuperação. Ao passo que o presente faz ver no passado sobretudo o prenúncio do impasse atual, impugnando as evidências externas de progresso.

Analogamente, o jogo entre informalidade e norma perdeu o vetor temporal, ligado às promessas da modernização. A informalidade não está vencida, a norma não está no futuro, ou, ainda, a norma é que pode ser coisa do passado, enquanto a informalidade se instalou a perder de vista. À primeira leitura, por exemplo, induzida pelos poemas contíguos, o "Mas se todos fazem"

40. Id., ibid., p. 21.

parece um argumento exótico, de outro tempo, permitido pela redoma provinciana; basta entretanto repeti-lo com voz refletida, de sonegador de impostos, suponhamos, para que a proteção da distância e do riso se desfaça, reaproximando e despolarizando o passado e o presente, a província e a capital, a ex-bobinha e o esperto homem de bem. Uma vez afrouxada a tensão superadora, o contraste com as nações-modelo muda, mas não se atenua (isso enquanto o poeta não dá a palavra a estas últimas, que então se desqualificam por seu lado, complicando de vez o horizonte, pois mesmo assim não deixamos de estar a reboque).

Observe-se ainda que o fundo estático dessa dinâmica é um parente silencioso dos achados escandalosos do tropicalismo de três décadas atrás. Estes fixavam consequências estéticas da contrarrevolução de 1964 e da modernização conservadora subsequente. A imagem-tipo inventada naquela ocasião, sobretudo em cinema, teatro, canção e artes gráficas, alegorizava o *absurdo* brasileiro, entendido como a reprodução ultramoderna do atraso social, ou como um amor incompreensível pela reincidência. A sua fórmula metodizava a vizinhança incongruente e *despolarizada* entre elementos do universo patriarcal-personalista — ultrapassado, derrisório e mais vivo que nunca — e padrões internacionais de modernidade — igualmente discutíveis.[41] Um lado a lado pitoresco, estridente, inglório e verdadeiro, sem ponto de fuga pela frente, dizendo a seu modo que a hipótese de uma articulação histórica em plano superior saíra de cena. O paralelo das receitas artísticas e dos momentos respectivos merece reflexão.

As operações formais com que Francisco Alvim trabalha são incisivas. Por depuração, isolamento na página, justaposição, recorte, desmembramento analítico etc., um repertório de cenas e

---

41. Roberto Schwarz, "Cultura e Política, 1964-1969", em *O pai de família*. Rio de Janeiro: Paz e Terra, 1978, pp. 73-8.

falas marcadamente brasileiras é sujeitado a coordenadas imprevistas, de alcance e teor problemático alto, armadas a partir dele mesmo. O desnível interno causado pelo procedimento é a dificuldade dessa poesia *fácil* mas substanciosa. Em lugar de versos e estrofes, e da correspondente tradição de ofício, entra o tino para a língua viva e a sua apresentação escrita; ou, ainda, o ouvido para as ironias objetivas da fala cotidiana, apuradas até o osso — o que no fim das contas não é nada mais, e nada menos, que a consciência histórica esteticamente apurada. O que está em curso é a desconvencionalização da forma, o seu desconfinamento e a dispensa de sua componente esotérica, a bem de um estatuto aberto e anfíbio, em que processo poético e ordem real estão em ligação ativa. O impulso não é de renúncia à forma e à sua eficácia, nem ao requinte. Muito pelo contrário, trata-se de *atualizá-la*, como aliás indicam a nitidez dos procedimentos e o gume novo quanto a conteúdos e materiais. Assim, o artifício formal a) desencrava e tensiona as falas, transportando-as para um espaço de liberdade combinatória; b) traz à berlinda o seu tom nacional, metade reconhecimento de uma nota familiar, metade opção alegorizante e fabricação de identidade; c) descobre nelas uma complicação real inadvertida, a que a continuidade com o poema-piada modernista multiplica a irradiação literária e cultural; e d) alimenta o sentimento de estranheza a respeito, uma consciência diferencial cujo campo é propiciado pelo adensamento contemporâneo da experiência internacional. Arejadas pela alternância de prismas, com parada obrigatória nos perfis localista, nacional e cosmopolita, com sinal positivo ou negativo segundo o ângulo do momento, as falas de uso comum adquirem uma reverberação vertiginosa, que dispensa a metáfora e que é metáfora e poesia ela mesma. Com horizonte diverso, as marcas do *ready made* e do *pop* são notórias. No caso, porém, os objetos quaisquer a contemplar não se referem à civilização industrial, mas ao funcionamento próprio à sociedade periférica, fixado enquanto tal, como foco *moderno* de perplexidade. "A poesia existe nos fatos."[42]

Nada mais social, como se sabe, que a naturalidade. Esta supõe o à vontade com o próximo, com a linguagem e com a natureza, exterior e interior, que não cai do céu. Ela não significa o mesmo em esfera familiar, ou parafamiliar, e em âmbito nacional, onde envolve sempre questões de classe e hegemonia. Aqui, as superações a que deve o desembaraço e o valor dizem respeito à estrutura cindida da sociedade moderna, com as dissociações correspondentes no campo da cultura e no trato com a natureza. Assim, longe de ser um registro retórico entre outros, ela é um resultado substantivo, seja porque aparou arestas paralisantes — isto é, civilizou —, seja porque encobriu antagonismos sociais. No Brasil, as tentativas de obtê-la tiveram de se haver com as feridas deixadas pela exploração colonial, que a nação independente não foi capaz de regenerar, salvo numa ou outra prática, uma ou outra instituição, e em algumas obras de arte e construções intelectuais. Em versões várias, a ideia utópica (ou conservadora) de modernizar e estetizar a informalidade, para que ela faça frente, *de um mesmo golpe*, à desgraceira colonial e aos malfeitos de classe do capitalismo, ainda por vir, foi uma bandeira dos modernistas. Baste lembrar a obra de Gilberto Freyre, no que tem de invenção civilizadora e de ideologia regressiva. A seu modo, a poesia de Francisco Alvim repassa o mesmo universo, agora objetivado pela redução a minimodelos e ampliado pela inclusão inovadora e contraideológica de âmbitos negativos, ligados à contravenção, à ditadura e ao Estado. A reconfiguração do campo faz que a naturalidade infalível do poeta encene o esgotamento, a incapacidade de regeneração desse mundo, que não obstante continua a crescer.

42. Oswald de Andrade, "Manifesto da Poesia Pau-Brasil", em *Do Pau-Brasil à antropofagia e às utopias*. Rio de Janeiro: Civilização Brasileira, 1978, p. 5.

Numa resenha de primeira hora, escrita com propósito demolidor, um crítico apontou a ligação entre a poesia de Alvim e uma linha de reflexão sobre o Brasil, devedora do modernismo e retomada na elaboração estética e teórica de grupinhos universitários politizados.[43] A observação é exata, mas a objeção surpreende. Não convém à poesia pensar sobre o país? A intimidade do poeta com o debate social e político diminui o alcance do que escreve? A tentativa de dar consequência ao universo modernista em circunstâncias mudadas é em si mesma um defeito? É claro que seria possível considerar que o "sentimento íntimo de seu tempo e de seu país", recomendado por Machado de Assis e intensamente cultivado neste *Elefante,* não passe de uma mitologia saudosista de poucos. Haveria aí uma certa verdade se a nação tivesse mesmo deixado de existir, o que não é evidente, nem tira valor ao desejo histórico de que ela existisse. Aliás, o enfraquecimento do pulso nacional não deixa de ser matéria poética e de reflexão por sua vez.

Dito isso, há outra vertente no livro, composta de poemas propriamente líricos, a que nada do que viemos dizendo se aplica, ao menos diretamente. Aqui a mitologia e a linguagem são pessoais, a intenção é expressiva, a potência transfiguradora da imaginação existe em alto grau e o assunto é a primeira natureza, e não a segunda. Ou seja, trata-se de luz e sombra, água, areia e vento, animais e paisagens, mais que do sistema de nossos constrangimentos sociais. São poemas difíceis, de grande beleza, que requerem uma segunda rodada de comentários, que ficam para outra ocasião. Por agora não iremos além de algumas indicações. Tudo está em entender as razões que levaram o poeta a combinar formas de imaginação tão discrepantes. É como se ele dissesse que longe do

---

43. Paulo Franchetti, "O 'poema-cocteil' e a inteligência fatigada". Caderno 2, *O Estado de S.Paulo*, 5 de novembro de 2000.

chão comum e das anotações realistas o seu voo lírico gira em falso, ou melhor, que o ambiente formado pela realidade corrente é necessário à integridade do seu lirismo, ou ainda, que este deve ser visto como personagem do outro universo, com o qual forma uma unidade. Se for assim, qual o nexo entre esses dois mundos, de tonalidade tão díspar? O que dizem um do outro? A título de sugestão, perguntemos pela relação que possa existir entre o universo social rebaixado e as visões "africanas" do elefante, do rinoceronte ou do mar, gigantes cuja escuridão tem luz, cuja massa imponente e una faz bem à nostalgia e cuja arremetida parece mais destinada a fecundar e a reparar que a destruir. Também o sofrimento moral intenso que domina os poemas finais pode ser visto como parte do mesmo universo social, neste caso como a sua verdade. Assim, a vertente lírica do livro ocuparia no conjunto um lugar de revelação análogo ao que tem no romance realista populoso a aventura das personagens centrais, a qual corresponde aos constrangimentos das secundárias, mesmo quando umas e outras não sabem disso.

Para concluir, a poesia de Francisco Alvim é um pouco posterior ao concretismo, com o qual tem alguns impulsos em comum, solucionados de modo diferente. Penso na busca de unidades mínimas e na sua utilização construtiva. Centrado na fala, e não na palavra, o seu minimalismo dá campo ao tempo específico de uma formação social, o mesmo que seus predecessores imediatos aboliram. Há pouco Flora Süssekind escreveu, com toda razão, sobre a grande presença do tempo na poesia espacializante de Augusto de Campos. Por exemplo, o jogo de variações gráficas sobre a página, que permite à palavra "pluvial" transformar-se na palavra "fluvial" e vice-versa, envolve uma certa experiência de tempo. O que Flora poderia acrescentar é que se trata de um tempo reversível, do qual está excluída a história, ou cujo conteúdo histórico é esta ausência.[44] — Como os Concretos e a geração posterior, Francisco Alvim foi à escola de João Cabral, com quem aprendeu a disciplina da brevidade, da variação e da construção límpida. O lugar ocupado pela estruturação entretanto não é o mesmo. Em Cabral ela é o produto da aplicação concentrada e rigorosa da vontade construtiva. Na poesia de Chico, é o resultado da escuta, que decanta no real a ordem — de rigor cabralino — a que aspirava, na qual entretanto nos reconhecemos sem triunfo, pois trata-se de um problema. O despojamento despiu-se da ostentação. — Até onde sei, Francisco Alvim é o poeta de minha geração que mais profundamente assimilou a lição dos modernistas. A mudança de horizonte, no entanto, é completa. Basta pensar no deslumbramento com que estes descobriram, assumiram e quiseram transformar em saída histórica as nossas peculiaridades sociais e culturais, "tão Brasil".[45] Em *Elefante* elas existem, estão sistematizadas, têm uns poucos e finos momentos de encantamento lúdico, mas no essencial formam a nossa pesada herança político-moral. Como diz o próprio Chico, trata-se de Oswald revisto à luz de Drummond, ou do encontro com o problema que estava escondido no pitoresco.

(2002)

44. Flora Süssekind, "Augusto de Campos e o Tempo", em *A voz e a série*. Rio de Janeiro: Sette Letras, 1998.
45. Ver Manuel Bandeira, "Não sei dançar", em *Libertinagem* (1930).

Cetim laranja sobre fundo escuro

Leite derramado, o novo romance de Chico Buarque, é um livro divertido que se lê de um estirão. O título refere-se a um casamento estragado pelo ciúme e, indiretamente, ao curso das coisas no Brasil. Aos leitores mais atentos o romance sugere uma porção de perspectivas meio escondidas, que fazem dele uma obra ambiciosa. Os amigos de Machado de Assis notarão o paralelo com *Dom Casmurro.*

Entre as façanhas da narrativa está a figura de Matilde, uma garota incrivelmente desejável feita de quase nada. Quando ela entra no mar, daquele jeito dela, é "como se pulasse corda". "Saía da igreja como quem saísse do cinema Pathé" e circulava pela fila de pêsames "como se estivesse numa fila de sorveteria". O ciúme que ela desperta no marido-narrador, Eulálio d'Assumpção (com p, para não ser confundido com os meros Assunção), é o pivô do livro e dá margem a sequências e análises memoráveis.

Note-se, para contrabalançar a impressão de encantamento juvenil, que o narrador é um homem de cem anos, internado à força num hospital infecto. Entre gritos, vizinhos entubados e baratas andando na parede ele recorda — a oitenta anos de distância — o breve casamento em que foi feliz e traído (em sua opinião). De tempos em tempos a boa lembrança ainda é capaz de transformar o macróbio acamado em "maior homem do mundo", metáfora que é uma indecência alegre. Por sua vez, o feitiço irreverente de Matilde, entre modernista e patriarcal, também foge ao decoro: a esposa perturbadora não tem ginásio completo, é mãe aos dezesseis anos e assobia para chamar os garçons, além de ser aluna-problema do Sacré Coeur e congregada mariana.

Como tudo que é interessante, o ciúme e o amor não se esgotam em si mesmos. Entre várias irmãs claras, Matilde é a única escura, para desgosto da sogra, que entretanto tem um irmão beiçudo. Mais adiante se saberá que a moça é filha adotiva duma escapadela baiana do pai. Os seus conhecimentos de francês e a sua cultura geral deixam a desejar, envergonhando o marido, que nos momentos de ciúme acha que casou com uma mulher vulgar. Para educá-la ou humilhá-la ele gosta de encher a boca "para contar como é um transatlântico por dentro". Em plano diferente mas aparentado, a pele "quase castanha" da menina combina com cetim laranja, o que deslumbra e enfurece Eulálio, que preferiria que ela usasse roupa mais fechada, de tons mais discretos. Em suma, tanto o amor como o ciúme se alimentam da desigualdade de classe e de cor, que segundo a ocasião funcionam como atrativo ou objeção. Estamos em plena comédia brasileira.

Quando é abandonado por Matilde, que vai embora sem dar explicação, Eulálio não se desinteressa das mulheres. Como Dom Casmurro ele recebe visitas femininas em seu casarão, às quais pede que vistam as roupas da outra, insubstituível. A relação desigual, em que nome de família, dinheiro e preconceito de cor e classe se articulam com desejo e ciúme, forma um padrão consistente, que vira cacoete. Os seus desdobramentos mais reveladores ocorrem no hospital, onde o patriarca centenário, agora já sem tostão, faz a corte a praticamente todas as enfermeiras de turno, a que promete casamento, roupas finas, nome ilustre, palacete e baixelas, desde que se dediquem só a ele. A uma delas, como um eco dos atritos com Matilde, ele garante que não irá perguntar o que ela faz durante as suas tardes, quando não está com ele, nem vai se envergonhar dela em sociedade.

Por momentos Eulálio acha que está ditando as suas memórias às enfermeiras, em cuja gramática não confia. Como elas não lhe dão maior bola, o leitor conclui que estão apenas preenchendo o prontuário hospitalar, pedindo o ano de nascimento e a filiação do paciente que fala pelos cotovelos. Seja como for, entre anedotas familiares, lembranças e digressões, ele vai desenrolando a história dos Assumpção, começando no século xv e chegando a um incerto tataraneto em 2007.

Quanto aos antepassados, as memórias têm algo dum samba do crioulo doido da classe dominante. Depois de chegar ao Brasil na comitiva de Dom João vi, quando um trisavô serviu de confidente a Dona Maria, a Louca, a família dedica-se ao tráfico negreiro e, mais adiante, a negociatas propiciadas pelo Abolicionismo, visando repatriar os negros à África. Já na República, o pai de Eulálio é um senador *belle époque*, fixado em loiras e ruivas, de preferência sardentas, além de ser homem de confiança dos armeiros franceses, que através dele vendem canhões obsoletos ao Exército brasileiro. Quanto aos descendentes, a filha baixa o nível ao casar com um filho de imigrante, o neto sai comunista da linha chinesa e o bisneto, nascido na cadeia onde o pai esteve preso e foi morto, é um crioulo, pai por sua vez de um garotão traficante de drogas, que aparecerá no *Jornal Nacional* de cara encoberta pela jaqueta. Do ângulo senhorial, a degringolada não podia ser maior. Do ângulo a que o livro deve a sua acidez e qualidade, alguma coisa na família pode ter melhorado, nada piorou, e no essencial ficaram elas por elas.

A nulidade do próprio Eulálio é quase total, uma verdadeira proeza artística a seu modo. Como ele mesmo é o narrador, temos uma situação literária machadiana, em que a crítica social não se faz diretamente, mas pela autoexposição "involuntária" de um figurão. Recapitulando sua vida com propósito sentimental, ele sem querer vai entregando os segredos de sua classe, em especial os podres. O pressuposto desta solução formal — trata-se de uma forma em sentido pleno — é uma certa conivência maldosa entre o autor e o leitor esperto, às expensas do canastrão que está com a palavra. O virtuosismo com que Chico encarna em primeira pessoa a mediocridade e os preconceitos oligárquicos de seu narrador, tornando-o extremamente interessante, e aliás sempre engraçado, é notável. Além da referência machadiana, provavelmente deliberada, há uma afinidade de fundo com a ficção de Paulo Emilio Salles Gomes, outro mestre na denúncia travestida de recordação.

Assim, quando perde o pai, Eulálio trata de lhe seguir os passos ilustres. Enverga uma das gravatas inglesas do senador, vai tomar cafezinho com políticos nos respectivos gabinetes, passa pelo escritório da Le Creusot, a firma francesa cujas negociatas o grande homem facilitava, leva bombons à secretária, fuma uns charutos, dá uma chegada no banco e antes das quatro volta para casa. Como não é senador, agora ficou tudo mais difícil e precisa ele mesmo fazer a fila para desembaraçar a mercadoria na alfândega. As coisas já não funcionam como antes, mas ainda assim o esquema da família "cujo nome abre portas" é luminoso como um sonho e vale uma citação extensa. À maneira do Machado da "Teoria do medalhão", o romancista fixa um tipo nacional:

> Mas eu não tinha dúvidas de que, para mim, a porta certa se abriria sozinha. De trás dela, me chamaria pelo nome justamente a pessoa que eu procurava. E esta me anunciaria com presteza à pessoa influente, que desceria as escadas para me buscar. E me

abriria seu gabinete, onde já me aguardariam várias chamadas telefônicas. E pelo telefone, poderosas pessoas me soprariam as palavras que desejavam ouvir. E de olhos fechados, eu molharia pelo caminho as mãos que meu pai molhava. E pelo triplo do preço tratado me comprariam os canhões, os obuses, os fuzis, as granadas e toda a munição que a Companhia tivesse para vender. Meu nome é Eulálio d'Assumpção, não por outro motivo a Le Creusot & Cie. me confirmou como seu representante no país.

Dito isso, há um ponto em que Eulálio não é medíocre. O seu gosto pelas mulheres é forte e lhe dita condutas e análises surpreendentes, em dissonância com a sua frouxidão geral, com seus preconceitos de toda ordem e as obnubilações do ciúme. Longe de ser um erro na construção da personagem, o desnível compõe um tipo. Ainda aqui estamos em águas machadianas, onde também a fibra amatória é a exceção que escapa a certo rebaixamento genérico e derrisório imposto pela condição de ex-colônia às elites brasileiras. Como marca local, a desproporção entre a intensidade da vida amorosa e a irrelevância da vida do espírito é uma caracterização profunda, com alcance histórico, a que o romance de Chico Buarque acrescenta uma figura.

O núcleo romanesco da intriga — o seu elemento de sensação — é o desaparecimento inexplicado de Matilde. Ela se foi com o engenheiro francês? Fugiu aos ciúmes do marido? Caiu na vida? Pegou uma doença e quis morrer fora da vista dos seus? Morreu num acidente de carro, acompanhada de um homem? Ao sabor da oportunidade, as explicações são adotadas pelo próprio marido, pela sogra, pela mãe adotiva, pela filha, pelas coleguinhas desta, pelo pároco da Candelária, que veio tomar chá, e pela voz anônima da cidade. Como em *Dom Casmurro*, não há resposta segura para o traiu-não-traiu, e o livro é construído de maneira a alimentar o ânimo fofoqueiro dos leitores. Em duas ocasiões antológicas, atormentado pelo ciúme, que o empurra a barbarizar, Eulálio vê a sua certeza se desfazer em nada. Por outro lado, se a incerteza dos fatos, da cronologia e da memória está no centro da intriga, a realidade que se forma à sua volta é clara e sólida, sem nada de indecidível, e as dúvidas do narrador se encaixam nela com naturalidade, compondo um panorama social amplo, de muita vivacidade. A carpintaria atrás do jorro aleatório das recordações é realista e controlada até o último pormenor.

Pelo foco nos Assumpção, pelo arco de tempo abarcado e pelas questões de classe e raça, *Leite derramado* pareceria ser um romance histórico ou uma saga familiar, coisas que não é. Como nos filmes em que a ambientação diz tanto ou mais do que a intriga, o pano de fundo contemporâneo talvez seja a personagem principal, a que Eulálio, a despeito das presunções, se integra como um anônimo qualquer. A pretexto disso e daquilo, da petulância popular de Matilde, das surras de chicote que são tradição na família, do horror aos hospitais públicos ou do samba na vitrola, o que se configura é a modernização na sua variante brasileira, em que tudo desemboca.

Os Assumpção, que passam de acompanhantes de d. João VI a barões negreiros, a aproveitadores do Abolicionismo e a traficantes de influência na República Velha, são antes uma categoria social do que uma família, e importam menos do que o tempo que os atravessa. Não há encadeamento interno individualizando e separando as estações, as quais compartem a condição antediluviana, recuada de uma era. Elas funcionam como o passado senhorial em bloco por oposição ao presente moderno, ou também, pelo contrário, como a prefiguração deste e de sua desqualificação. A tônica recai na diferença entre os tempos? na superação de um pelo outro? na decadência? na continuidade secreta? Quem configura a resposta, que não é simples, é o vaivém entre antes e agora, operado pela agilidade da prosa. Os jardins dos casarões de

Botafogo são substituídos por estacionamentos, os chalés de Copacabana por arranha-céus, as fazendas por favelas e rodovias, e as negociatas antigas por outras novas, talvez menos exclusivas. A relação desconcertante dessa periodização com as ideias correntes de progresso — ou de retrocesso — faz a força do livro, que é brincalhão, mas não ingênuo.

As flutuações entre presente e passado, realidade e fantasia, ângulo familiar e ângulo público são caucionadas, no plano da verossimilhança psicológica, pela confusão mental do narrador. No plano da técnica narrativa elas são asseguradas, com total precisão, pela maestria literária de Chico Buarque, o romancista, para quem o narrador de anteontem é um artifício que permite sobrepor e confrontar as épocas. É claro que não se trata aqui das derivas da memória de um ancião, mas de invenções do artista, sempre intencionais, carregadas de humorismo e ambiguidade. Para não perder a nota específica, ligada à história nacional, é preciso ter em mente a substância polêmica de cada situação, com a sua parte de alta comédia. O barão negreiro, por exemplo, foi uma glória da família, continua a sê-lo para Eulálio, mas é um malfeitor para os pósteros. Mesma coisa para o avô abolicionista, um benfeitor tão problemático quanto o outro: em vez de integrar os negros à sociedade brasileira, como quer a consciência de hoje, ele quer devolvê-los à África e ganhar dinheiro na operação. Já o pai senador, um pró-homem da República, representa bem o que pouco tempo depois se chamaria um lacaio do Imperialismo. Assim, trazendo escravos ou mandando-os de volta, cobrando e torrando comissões ilegais, os Assumpção vão cumprindo o seu papel de classe dominante, europeizadíssimos e fazendo tudo fora da lei. A dissonância entre a autoimagem e a imagem que a história fixaria deles em seguida — mas será que fixou? — impregna a narrativa de comicidade politicamente incorreta do começo ao fim.

O padrão da prosa, que tem correspondência profunda com esse quadro geral, é muito brilhante. Por um lado, a fala de Eulálio é salpicada de expressões um pouco fora de uso, indicando idade e privilégio social; por outro, a sua leveza e alegria são netas do modernismo e de uma estética contrária à afetação. Assim, a fala é e não é de Eulálio, ou melhor, ela é uma imitação cheia de humor, impregnada de senso crítico. O seu andamento ligeiro dissolve as presunções senhoriais, que se transformam em ilustrações quase didáticas dos despropósitos de outrora. "Nunca uma nódoa, uma ruga na roupa, meu pai de manhã sai do quarto tão alinhado quanto entrou de noite, e quando menor eu acreditava que ele dormia em pé feito cavalo."

Esquematizando, digamos que os termos antigos ora são de gente graúda, marcando autoridade ou truculência, ora são familiares, marcando a informalidade também tradicional. Esta segunda vertente envelheceu menos e guarda parentesco de fundo com a familiaridade sem família de nossos dias, representada no caso pela TV sempre ligada no mais alto, pela polícia trafegando na contramão, pela desgraceira nos hospitais populares, pela trambicagem geral, pela cidade que não termina, pela sem-cerimônia em público, pela gramática desautorizada. É como se o presente continuasse a informalidade do passado patriarcal, multiplicando-a por mil, dando-lhe a escala das massas, para melhor ou para pior. Talvez seja isso o *leite derramado* que não adianta chorar: persistiu a desigualdade, desapareceram o decoro e a autoridade encasacada, e não se instalaram o direito e a lei. É o que no interregno entre antigamente e agora se chamava modernização sem revolução burguesa. Sem saudosismo nem adesão subalterna ao que está aí, a invenção realista de Chico Buarque é uma soberba lufada de ar fresco.

(2009)

Prefácio a Francisco de Oliveira, com perguntas

Venceu o sistema de Babilônia
e o garção de costeleta
Oswald de Andrade, 1946

O poema em epígrafe condensa, em chave debochada, a decepção de um poeta modernista e libertário com o curso do pós-guerra. As derrotas do nazifascismo na Europa e da ditadura Vargas no Brasil haviam sido momentos de esperança incomum, que entretanto não abriram as portas a formas superiores de sociedade. No que nos tocava, a vitória ficara com o *sistema de Babilônia*, quer dizer, o capitalismo, e com o *garção de costeleta*, quer dizer, a estética kitsch. O resultado da fermentação artística e social dos anos 20 e 30 do século passado acabava sendo esse.

Um ciclo depois, guardadas as diferenças de gênero, os ensaios de Francisco de Oliveira expõem um anticlímax análogo, ligado ao esgotamento do *desenvolvimentismo*, que também vai se fechando sem cumprir o que prometia.[1] Escritos com trinta anos de intervalo, a "Crítica da razão dualista" (1972) e "O ornitorrinco" (2003) representam, respectivamente, momentos de intervenção e de constatação sardônica. Num, a inteligência procura clarificar os termos da luta contra o subdesenvolvimento; no outro, ela reconhece o monstrengo social em que, até segunda ordem, nos transformamos. Note-se que o primeiro título aludia à *Crítica da razão dialética*, o livro então recente em que Sartre procurava devolver à atualidade o marxismo, a própria dialética e a revolução, sob o signo de uma filosofia da liberdade. Ao passo que a comparação com o ornitorrinco, um bicho que não é isso nem aquilo (um "herói sem nenhum caráter"?), serve ao crítico para sublinhar a feição incongruente da sociedade brasileira, considerada mais no que veio a ser do que nas suas chances de mudar. O ânimo zoográfico da alegoria, concebida por um petista da primeira hora na própria oportunidade em que o Partido dos Trabalhadores chega à Presidência da República, não passará despercebido e fará refletir. O paralelo com Oswald, enfim, interessa também porque leva a recapitular a lista comprida de nossas frustrações históricas, que vêm do século XIX, sempre ligadas ao desnível tenaz que nos separa dos países-modelo e à ideia de o transpor por meio de uma virada social iluminada.

A transformação do Brasil em ornitorrinco se completou, segundo Francisco de Oliveira, com o salto das forças produtivas a que assistimos em nossos dias. *Este foi dado pelos outros e não é fácil de repetir.* A Terceira Revolução Industrial combina a mundialização capitalista a conhecimentos científicos e técnicos, *os quais estão sequestrados em patentes*, além de submetidos a um regime de obsolescência acelerada, que torna inútil a sua aquisi-

---

1. Francisco de Oliveira, *Crítica da razão dualista, O ornitorrinco*. São Paulo: Boitempo, 2003.

ção ou cópia avulsa. Do ponto de vista nacional, o desejável seria incorporar o processo no seu todo, o que entretanto supõe gastos em educação e infraestrutura que parecem fora do alcance de um país pobre e incapaz de investir. Nessas circunstâncias de neoatraso, os traços herdados do subdesenvolvimento passam por uma desqualificação suplementar, que compõe a figura do ornitorrinco.

No campo dos trabalhadores, a nova correlação de forças leva ao desmanche dos direitos conquistados ao longo da quadra anterior. A extração da mais-valia encontra menos resistência e o capital perde o efeito civilizador que pudesse ter. A tendência vai para a informalização do trabalho, para a substituição do emprego pela ocupação, ou, ainda, para a desconstrução da relação salarial. A liga do trabalho rebaixado com a dependência externa, consolidada na semiexclusão científico-técnica do país, aponta para a sociedade derrotada. As reflexões do autor a esse respeito e a respeito das novas feições do trabalho abstrato darão pano para discussão.

Também do lado da propriedade e do mando há reconfiguração, que reflui sobre o passado. Contra as explicações automáticas pelo interesse material imediato ou pela tradição, o acento cai no aspecto consciente das escolhas, dotadas de certa liberdade, o que aliás só lhes agrava o teor. Para o período do subdesenvolvimento, Francisco de Oliveira insiste na *opção* das classes dominantes por formas de divisão do trabalho que preservassem a dominação social corrente, ainda que ao preço de uma posição internacional medíocre. Retoma o argumento de Fernando H. Cardoso, que pouco antes do golpe de 1964 dizia, contrariando a voz comum na esquerda, que a burguesia industrial havia preferido a "condição de sócio menor do capitalismo ocidental" ao risco de ver contestada a sua hegemonia mais à frente. Diante dessa desistência *histórica*, o candidato a levar avante o desenvolvimento econômico do país passaria a ser a massa urbana organizada.

"No limite a pergunta será então, subcapitalismo ou socialismo?"[2] A quarenta anos de distância, Francisco de Oliveira vai catar naquela mesma desistência um inesperado grão de otimismo, mas de otimismo para o passado, que por contraste escurece o presente: se houve escolha e decisão, a "porta da transformação" estivera aberta.[3] Mesmo não aproveitadas, ou deliberadamente recusadas, as brechas do período circunscrito pela Segunda Revolução Industrial — quando ciência e tecnologia ainda não estavam monopolizadas — existiam. Conforme notou Paulo Arantes num debate sobre "O ornitorrinco", o raciocínio alimenta alguma saudade do subdesenvolvimento e de suas lutas, justificada em retrospecto pelo cerco atual.

A tese mais polêmica e contraintuitiva do ensaio refere-se à formação de uma nova classe social no país. Como a análise de classe está fora de moda, não custa reconhecer o interesse fulminante que lhe é próprio, desde que não se reduza à recitação de um catecismo. A partir das "recentes convergências programáticas entre o PT e o PSDB" e do "aparente paradoxo de que o governo de Lula realiza o programa de FHC, radicalizando-o", o autor observa que "não se trata de equívoco, mas de uma verdadeira nova classe social, que se estrutura sobre, de um lado, técnicos e intelectuais *doublés* de banqueiros, núcleo duro do PSDB, e operários transformados em operadores de fundos de previdência, núcleo duro do PT. A identidade dos dois casos reside no controle do acesso aos fundos públicos, no conhecimento do 'mapa da mina'".[4]

O leitor julgará por conta própria a força explicativa da hipótese, as observações sociais e históricas em que se apoia, as suas

2. F. H. Cardoso, *Empresário industrial e desenvolvimento econômico*. São Paulo: Difusão Europeia do Livro, 1964, pp. 186-7.
3. Francisco de Oliveira, op.cit., p. 132.
4. Id., ibid., p. 147.

consequências para uma teoria atualizada das classes, a sua originalidade e coragem intelectual, e sobretudo as implicações que ela tem para a política. De nossa parte, assinalamos apenas a sua ironia objetiva.

Para decepção dos socialistas, o centro-esquerda formado na luta contra a ditadura não resistiu aos anos da redemocratização. A divisão cristalizou-se no antagonismo partidário-eleitoral entre esquerda e centro-direita, acompanhado das correspondentes adjetivações recíprocas. Agora, passados dez anos de governo do centro-direita, a vitória de Lula nas eleições pareceria um ponto alto desse enfrentamento. Não obstante, à luz das primeiras medidas do novo governo, Francisco de Oliveira estima que o núcleo dos partidos adversários na verdade compõe duas faces de uma nova e mesma classe. Suscitada pelas condições recentes, esta faz coincidirem os ex-aliados, que no momento da abertura política, diante da tarefa de corrigir os estragos da ditadura e do milagre econômico, se haviam desunido. O reencontro, dentro da maior contrariedade e antipatia mútua, não se deve às boas tarefas antigas, mas a uma pauta nova, ditada pelas necessidades presentes e sempre antissociais do capital, cujo domínio se aprofunda. Ainda nessa direção, o autor observa que os principais fundos de inversão do país são propriedade de trabalhadores, o que faria um desavisado imaginar que está diante de uma sociedade socialista. Acontece que o ornitorrinco não dispõe de autocompreensão ético-política e que a economia dos trabalhadores é empregada como se não fosse nada além de capital, o que não deixa de ser, por sua vez, uma opção. O paralelo se completa com a conversão tecnocrática da intelectualidade peessedebista, vinda — vale a pena lembrar — das lutas sociais contra o regime militar e da anterior militância de esquerda.

Num sentido que mereceria precisões, o ornitorrinco deixou de ser subdesenvolvido, pois as brechas propiciadas pela Segunda Revolução Industrial, que faziam supor possíveis os indispensáveis avanços recuperadores, se fecharam. Nem por isso ele é capaz de passar para o novo regime de acumulação, para o qual lhe faltam os meios. Restam-lhe as transferências de patrimônio, em especial as privatizações, que não são propriamente acumulação e não diminuem as desigualdades sociais. Trata-se de um quadro de "acumulação truncada" — cuja mecânica econômica eu não saberia avaliar — em que o país se define pelo que não é; ou seja, pela condição subdesenvolvida, que já não se aplica, e pelo modelo de acumulação, que não alcança.[5]

Este não-ser naturalmente existe, embora a sua composição interna e sua dinâmica ainda não estejam identificadas, razão pela qual ele é comparado a um bicho enigmático e disforme. Seja como for, não há uma estrada conhecida, e muito menos pavimentada, que leve da posição atrasada à adiantada, ou melhor, da perdedora à vencedora. Se é que o caminho existe, ele não obedece às generalidades ligadas a uma noção universalista do progresso, à qual bastasse obedecer. Pelo contrário, é no curso normal deste, em sua figura presente, reduzida à precedência dos preceitos do mercado, que se encontra o motor do desequilíbrio. A consideração dialética do progresso, visto objetivamente pelos vários aspectos que vai pondo à mostra, sem ilusão providencial ou convicção doutrinária a seu respeito, sem ocultação de suas consequências regressivas, é uma das qualidades do ensaio. Para fazer a diferença, lembremos que em nossa esquerda e ex-esquerda o caráter progressista do progresso é artigo de fé, meio inocente e meio ideológico.

De outro ângulo, note-se como é vertiginoso e inusitado o andamento das categorias: estão em formação, já perderam a atualidade, não vieram a ser, trocam de sentido, são alheias etc. O desencontro é a regra. Uma classe-chave perde a relevância, entra em cena outra nova, de composição "chocante"; o desenvolvi-

5. Id., ibid., p. 150.

mento das forças produtivas desgraça uma parte da humanidade, em lugar de salvá-la; o subdesenvolvimento deixa de existir, mas não as suas calamidades; o trabalho informal, que havia sido um recurso heterodoxo e provisório da acumulação, transforma-se em índice de desagregação social, e assim por diante.

No estilo da dialética esclarecida, o limiar das mudanças é exato, não é determinado por uma construção doutrinária, mas é sim fixado no bojo de uma totalização provisória e heurística, a qual se pretende ligada ao curso efetivo das coisas. Trata-se de um raro exemplo de marxismo amigo da pesquisa empírica. O privilégio definitório do presente é forte ("O crítico precisa ter a atualidade bem agarrada pelos chifres", Walter Benjamin), mas não é guiado pelo desejo de aderir à correlação de forças dominante, ou de estar na crista da onda, nem muito menos pela vergonha de chorar o leite derramado ou pelo medo de dar murro em ponta de faca (pelo contrário, o sociólogo no caso tem perfil quixotesco). O atualismo reflete uma exigência teórica, bem como a aspiração à efetividade do pensamento, como parte de sua dignidade moderna. À sua luz, desconhecer a tendência nova ou a data vencida de convicções que estão na praça seria uma ignorância. Nem por isso o presente e o futuro são palatáveis, ou *melhores* que as formas ou aspirações que perderam o fundamento. As denúncias que as posições lançam umas contra as outras devem ser acompanhadas sem preconceito, como elementos de saber. Esse atualismo sem otimismo ou ilusões é uma posição complexa, profundamente real, base de uma consciência que não se mutila, ao mesmo tempo que é rigorosa.

Em certo plano, a definição pelo que não é reflete um momento de desagregação. Em lugar dos impasses do subdesenvolvimento, com a sua amarração conhecida e socialmente discutida, organizada em âmbito nacional, vêm à frente os subsistemas mais ou menos avulsos do conjunto anterior, que por enquanto impressionam mais pelo que já não virão a ser do que pela ordem alheia e pouco acessível que passaram a representar. Por outro lado, a situação convida a uma espécie de atualismo curto, avesso à preocupação nacional e à memória da experiência feita, as quais acabam de sofrer uma desautorização histórica. Pois bem, o esforço de Francisco de Oliveira, energicamente voltado para a identificação da nova ordem de coisas, não acata esse encurtamento, que seria razoável chamar positivista, a despeito da roupagem pós-moderna. A resistência confere ao "Ornitorrinco" a densidade problemática alta, em contraste com o rosa *kitsch* e o "é isso aí" do progressismo impávido. Trata-se de aprofundar a consciência da atualidade através da consideração encomprimida de seus termos, que reconheça a base que eles têm noutra parte, no passado, noutro setor do campo social, no estrangeiro etc. Assim, não é indiferente que o capital se financie com dinheiro dos trabalhadores, que os operadores do financiamento sejam sindicalistas, que os banqueiros sejam intelectuais, que a causa cristalizadora da nova fragmentação seja um progresso feito alhures. São determinações reais, cuja supressão produz a inconsciência social, algo daquela indiferenciação em que Marx via o serviço prestado ao establishment pela economia vulgar. Ao insistir nelas e na irracionalidade social que elas tornam tangível, Francisco de Oliveira procura trazer a consciência à altura necessária para criticar a ordem. Ou procura dar à consciência razões claras de revolta, remorso, vergonha, insatisfação etc., que a inquietem.

Numa boa observação, que reflete o adensamento da malha mundial e contradiz as nossas ilusões de normalidade, o autor aponta a marca da "exceção permanente" no dia adia brasileiro.[6] Com perdão dos compatriotas que nos supõem no Primeiro Mundo, como não ver que o mutirão da casa própria não vai com

6. Id., ibid., p. 131.

a ordem da cidade moderna (embora na prática local vá muito bem), que o trabalho informal não vai com o regime da mercadoria, que o patrimonialismo não vai com a concorrência entre os capitais, e assim por diante? Há um inegável passo à frente no reconhecimento e na sistematização do contraste entre o nosso cotidiano e a norma supranacional, pela qual também nos pautamos. O avanço nos torna — quem diria — contemporâneos de Machado de Assis, que já havia notado no contrabandista de escravos a exceção do *gentleman* vitoriano, no agregado verboso a exceção do cidadão compenetrado, nas manobras da vizinha pobre a exceção da paixão romântica, nos conselhos de um parasita de fraque a exceção do homem esclarecido. A dinâmica é menos incompatível com a estática do que parece. Dito isso, há maneiras e maneiras de enfrentar o desajuste, que a seu modo resume a inserção do país (ou do ex-país, ou semipaís, ou região) na ordem contemporânea.

Concebido em espírito de revisão conclusiva, "O ornitorrinco" não nega as perspectivas da "Crítica da razão dualista", mas aponta razões para a sua derrota. A reunião dos dois ensaios num volume representa, além de um novo diagnóstico de época, o estado atual das esperanças do autor: uma prestação de contas teórica e uma auto-historicização, em linha com o propósito de trabalhar por formas de consciência expandida. Indicada a diferença, é preciso convir que a "Crítica", escrita com grande fibra combativa no auge da ditadura militar, em pleno milagre econômico e massacre da oposição armada, já lutava em posto semiperdido. A sua descrição da barbárie do processo brasileiro só não quadrava com a imagem de um monstro porque vinha animada pela perspectiva de autossuperação.

A tese célebre da "Crítica da razão dualista" dizia algo inusitado sobre o padrão primitivo da agricultura brasileira da época, bem como sobre a peculiar persistência de formas de economia de subsistência no âmbito da cidade grande, ou sobre o desmoralizante inchaço do terciário etc. Para o autor, contrariando o senso comum, estes não eram vestígios do passado, mas partes funcionais do desenvolvimento moderno do país, uma vez que contribuíam para o baixo custo da mão de obra em que se apoiava a nossa acumulação. O lance era dialético e de mestre, com repercussão em duas frentes. Por um lado, a responsabilidade pelo teor precário da vida popular era atribuída à dinâmica nova do capitalismo, ou seja, ao funcionamento contemporâneo da sociedade, e não à herança arcaica que arrastamos mas que não nos diz respeito. Por outro, essa mesma precariedade era essencial à acumulação econômica, e nada mais errado que combatê-la como uma praga estranha ao organismo. Muito pelo contrário, era preciso *reconhecê-la* como parte de um processo acelerado de desenvolvimento, no curso do qual a pobreza quase desvalida se elevaria ao salário decente e à cidadania, e o país conquistaria nova situação internacional. *A pobreza e a sua superação eram a nossa chance histórica!* Sem entrar no mérito fatual da hipótese, a vontade política que ela expressa, segundo a qual os pobres não podem ser abandonados à sua sorte, sob pena de inviabilizar o progresso, salta aos olhos. Em lugar do antagonismo assassino entre Civilização e Barbárie, que vê os pobres como lixo, entrava a ideia generosa de que o futuro dependia de uma milagrosa integração nacional, em que a consciência social-histórica levasse de vencida o imediatismo. Uma ideia que em seu momento deu qualidade transcendente aos escritos de Celso Furtado, às visões da miséria do Cinema Novo, bem como à Teoria da Dependência.

Com originalidade conceitual e afinidades populares trazidas talvez do Nordeste, no polo oposto ao progressismo da ditadura, Francisco de Oliveira imaginava um esquema moderno de viabilização nacional, que convocava o país à consciência inclusiva — por oposição a excludente —, como momento de autotransformação. Do ponto de vista econômico tratava-se de criticar o dualismo da Cepal, que separava a modernização e os setores tradicionais da sociedade, embora considerando que os benefícios da primeira, caso houvesse *ética*, poderiam proporcionar assistência humanitária, remédio e ensino à leseira dos segundos. De passagem, pois o adversário não merecia respeito, tratava-se também de refutar os economistas do regime, segundo os quais era preciso fazer crescer o bolo do setor adiantado, para só depois reparti-lo na área do atraso, tese cínica em que ninguém acreditava.

No plano teórico, a "Crítica" aderia à apropriação não dogmática do marxismo que estivera em curso na USP desde antes de 1964 e que vinha adquirindo relevância política no Cebrap, onde se refugiou durante os anos de chumbo. Política, economia e classes sociais deviam ser analisadas articuladamente, ao contrário do que pensavam os especialistas em cada uma dessas disciplinas. Nas águas da Teoria da Dependência, Francisco de Oliveira definia o subdesenvolvimento como uma posição desvantajosa (de ex-colônia) na divisão internacional do trabalho, cimentada por uma articulação interna de interesses e de classes, que ela cimentava por sua vez. Daí a importância atribuída ao entrevero de ideias e ideologias, pois os seus resultados ajudam a desestabilizar, além do iníquo equilíbrio interno, a posição do país no sistema internacional, permitindo lutar por outra melhor. Vem daí também a naturalidade pouco usual entre nós com que o autor critica os seus melhores aliados, de Celso Furtado a Maria da Conceição Tavares, José Serra e Fernando H. Cardoso, num belo exemplo de discussão comandada por objetivos que vão além da pessoa. Inesperadamente, o valor da luta de classes é dessa mesma ordem. Francisco de Oliveira não é bolchevique, e a sua ideia de enfrentamento entre as classes é menos ligada ao assalto operário ao poder que ao autoesclarecimento da sociedade nacional, a qual através dele supera os preconceitos e toma conhecimento de sua anatomia e possibilidades reais, *podendo então dispor de si.*

Nada mais distante do autor que os sonhos de Brasil-potência e que o desejo de passar a perna nos países vizinhos. Contudo é possível que, em versão sublimada, o seu recorte permaneça tributário do aspecto competitivo dos esforços desenvolvimentistas. Por outro lado, como não seria assim? Num sistema mundial de reprodução das desigualdades, como não disputar uma posição melhor, mais próxima dos vencedores e menos truncada? Como escapar à posição prejudicada sem tomar assento entre os que prejudicam? A reflexão sobre a impossibilidade de uma competição sem perdedores, ou por outra, sobre a impossibilidade de um nivelamento por cima — mas que por cima é este? —, impele a questionar a ordem que engendra o problema. Aqui, depois de haver ativado a disposição política em âmbito nacional, a reflexão dialética passa a paralisá-la na sua forma corrente, ou melhor, passa a solicitar um tipo de política diversa, meio por inventar, para a qual a questão nacional é relativa. A seu modo, a superconsciência visada nos esforços do autor, para a qual, audazmente, a iniquidade é uma tarefa e uma chance, tem a ver com isso. Assim também as suas reflexões sobre a desmercantilização, desenvolvidas no ensaio sobre o "antivalor".[7] Um dos eixos do "Ornitorrinco" é a oposição entre Darwin e Marx, entre a seleção natural, pelo jogo imediatista dos interesses, e a solução consciente dos problemas nacionais e da humanidade. Ora, na esteira do próprio Marx, os argumentos de Francisco de Oliveira estão sempre mostrando que nada ocorre sem a intervenção da consciência; porém... Presente em tudo, mas enfeitiçada pelo interesse econômico, esta funciona *naturalmente* e sustenta o descalabro a que ela poderia se contrapor, caso crescesse e mutasse.

(2003)

7. Francisco de Oliveira, *Os direitos do antivalor.* Petrópolis: Vozes, 1998.

Adendo. Transcrevo em seguida um artigo-homenagem de 1992, escrito por ocasião do concurso de Francisco de Oliveira para professor titular da USP.[8] Sem prejuízo das ironias que o tempo acrescentou, espero que combine com o que foi dito até aqui.

VALOR INTELECTUAL

Além de muito bons, os ensaios de Chico de Oliveira sobre a atualidade política são sempre inesperados. Isso porque refletem posições adiantadas, de que no fundo não temos o hábito, embora as aprovemos da boca para fora. A começar pelo seu caráter contundente, e nem por isso sectário, o que a muitos soa como um despropósito. Faz parte da fórmula dos artigos de Chico a exposição de todos os pontos de vista em conflito, sem desconhecer nenhum. Mas então, se não é sectário, para que a contundência? A busca da fórmula ardida não dificulta a negociação que depois terá de vir? Já aos que apreciam a caracterização virulenta o resumo objetivo dos interesses contrários parece supérfluo e cheira a tibieza e compromisso. Mas o paradoxo expositivo no caso não denota motivos confusos. Na verdade ele expressa adequadamente as convicções de Chico a respeito da forma atual da luta de classes, a qual sem prejuízo da intensidade não comporta a aniquilação de um dos campos.

Em várias ocasiões Chico acertou na análise quase sozinho, sustentando posições e argumentos contrários à voz corrente na esquerda. O valor dessa espécie de independência intelectual merece ser sublinhado, ainda mais num meio gregário como o nosso. Aliás, o desgosto pela tradição brasileira de autoritarismo e baixaria está entre os fatores da clarividência de Chico. Assim,

---

8. Roberto Schwarz, "Valor intelectual", Caderno Mais!, *Folha de S.Paulo*, 25 de outubro de 1992.

como não abria mão de levar em conta o que estava à vista de todos, o seu prognóstico sobre o governo Collor foi certeiro, antes ainda da formação do primeiro ministério.[9] Também a sua crítica ao plano Cruzado, publicada em plena temporada dos aplausos, foi confirmada pouco depois.[10] Nos dois casos Chico insistia numa tese que lhe é cara, segundo a qual a burguesia brasileira se aferra à iniciativa unilateral e prefere a desordem ao constrangimento da negociação social organizada. Ainda nesse sentido, quando tudo leva a culpar o atraso de Alagoas pelos descalabros de Collor, Chico explica o "mandato destrutivo" que este recebeu da classe dominante "moderna", aterrorizada com a hipótese de um metalúrgico na presidência.

O marxismo aguça o senso de realidade de alguns, e embota o de outros. Chico evidentemente pertence com muito brilho ao primeiro grupo. Nunca a terminologia do período histórico anterior, nem da luta de classes, do capital ou do socialismo lhe serve para reduzir a certezas velhas as observações novas. Pelo contrário, a tônica de seu esforço está em conceber as redefinições impostas pelo processo em curso, que é preciso adivinhar e descrever. Assim, os meninos vendendo alho e flanela nos cruzamentos com semáforo não são a prova do atraso do país, mas de sua forma atroz de modernização. Algo análogo vale para as escleroses regionais, cuja explicação não está no imobilismo dos tradicionalistas, mas na incapacidade paulista para forjar uma hegemonia modernizadora aceitável em âmbito nacional. Chico é um mestre da dialética.

(2003)

9. Cf. *Novos Estudos Cebrap*, n. 26, São Paulo, março de 1990.
10. *Folha de S.Paulo*, 16 de março de 1986.

Por que "ideias fora do lugar"?

O ensaio que é tema desta mesa sempre deu margem a equívocos, dos quais gostaria de comentar alguns.[1] O mal-entendido principal nasceu do próprio título. Este último teve sorte, pois se tornou conhecido, mas também atrapalhou bastante, pois fixou a discussão num falso problema, ou no problema que o ensaio procurava superar. Até hoje aqui e ali alguém me pergunta se a ideia A ou B não estará fora do lugar, e às vezes sou convidado a contribuir para que as ideias sejam postas no seu lugar devido. Ora, é claro que nunca me ocorreu que as ideias no Brasil estivessem no lugar errado, nem aliás que estivessem no lugar certo, e muito menos que eu pudesse corrigir a sua localização — como o título sugeriu a muitos leitores. Ideias funcionam diferentemente segundo as circunstâncias. Mesmo aquelas que parecem mais deslocadas, não deixam de estar no lugar segundo outro ponto de vista. Digamos então que o título, no caso, pretendeu registrar

1. "Ideas fuera de lugar?", 5ᵃˢ Jornadas de Historia de las Izquierdas, 13 de novembro de 2009, Buenos Aires.

uma sensação das mais difundidas no país e talvez no continente — a sensação de que nossas ideias, em particular as adiantadas, não correspondem à realidade local —, mas de modo nenhum expressava a opinião do autor.

Na realidade, a convicção de que as ideias avançadas da Europa estejam fora do lugar na atrasada sociedade brasileira, à qual não serviriam, não tem nada de nova: ela é um dos pilares do pensamento conservador no Brasil. Desde a Independência, em 1822, que como vocês sabem não aboliu o trabalho escravo, instituído durante a Colônia, os beneficiários da ordem escravista opinavam que as novas ideias europeias, ligadas ao trabalho livre, à igualdade perante a lei e à autonomia do indivíduo não tinham cabimento em nosso país. A própria Constituição, relativamente liberal, que acompanhou a Independência, era sentida como um corpo estranho. Como escreveu um poeta romântico e político importante em 1840: "Estrangeiras são as nossas instituições, mal e intempestivamente enxertadas, avessas aos nossos costumes e naturais tendências, e em desacordo com a vastidão de um terreno sem amanho e com diferenças inconciliáveis de classes".[2] Também no século xx foi comum o mesmo sentimento de que os avanços europeus ou norte-americanos em matéria de direitos sociais, de costumes ou de arte moderna seriam absurdos no país, uma espécie de importação desprovida de critério, incompatível com as nossas feições autênticas.

Sendo assim, não teria sentido que um crítico literário de esquerda, no começo dos anos 1970, amigo das vanguardas e contrário a mitologias nacionalistas, viesse repetir um dos piores lu

---

2. Domingos José Gonçalves de Magalhães, "Memória histórica e documentada da revolução da província do Maranhão desde 1839 até 1840", *Revista Trimensal de História e Geografia*, 3º trimestre 1848. Transcrito em *Novos estudos Cebrap*, n. 23, mar. 1989.

gares-comuns do nacionalismo conservador. E de fato, o problema do ensaio — a que o título aludia ironicamente, com distanciamento brechtiano — era outro: tratava-se de esclarecer as razões históricas pelas quais as ideias e as formas novas, indispensáveis à modernização do país, causavam não obstante uma irrecusável sensação de estranheza e artificialidade, mesmo entre seus admiradores e adeptos. Como explica uma formulação clássica de Sergio Buarque de Holanda, que não era dado ao saudosismo e que afinava com a revolução modernista: "Trazendo de países distantes nossas formas de vida, nossas instituições e nossa visão do mundo e timbrando em manter tudo isso em ambiente muitas vezes desfavorável e hostil, somos uns desterrados em nossa terra".[3] Se a "nossa terra" for entendida como uma expressão da geografia e do clima, estaremos diante de um determinismo antigo, para o qual a organização europeia da vida será sempre estrangeira no trópico. Se entretanto entendermos a expressão em sentido coloquial, como a designação de uma localidade historicamente formada, os "desterrados em nossa terra" serão seres divididos entre as realidades da existência local e os países-exemplo, em que buscam os seus — os nossos — modelos de vida.

Em suma, o propósito do ensaio não foi de afirmar, pela enésima vez, que as instituições e ideias progressistas do Ocidente são estrangeiras e postiças em nossos países, mas sim de discutir as razões pelas quais parece que seja assim. Por que a marca de inadequação nessas tentativas de modernidade? Assim, quando alguns críticos me atribuíram a tese de que as ideias liberais no Brasil estavam fora de lugar, erraram o alvo.[4] A convicção não era mi-

---

3. Sergio Buarque de Holanda, *Raízes do Brasil*. *Rio* de Janeiro: José Olympio, 1956, p. 15.

4. Ver Maria Sylvia de Carvalho Franco, "As ideias estão no lugar", *Cadernos de debate 1*. São Paulo: Brasiliense, 1976, e Alfredo Bosi, "A escravidão entre dois liberalismos", em *Dialética da colonização*. São Paulo: Companhia das Letras, 1992.

nha, ela era um fato social de existência indiscutível, amplamente documentado ao longo de mais de um século e meio de vida nacional, numeroso a ponto de formar uma ideologia influente, a qual justamente tratei de analisar. A reflexão a respeito me conduziu às linhas abrangentes da história, que no caso não se deviam limitar ao país.

Sumariamente, a causa do mal-estar ideológico mencionado está no processo internacional iniciado com a descolonização, ou, trocando o ângulo, com a Independência. Como todos sabem, esta se apoiou em ideias e instituições variadamente liberais, de inspiração europeia e norte-americana, ao mesmo tempo que conservou muito das formas econômicas da Colônia, como não podia deixar de ser, produzindo um desajuste de base. Noutras palavras, as novas elites nacionais, de cuja identidade o liberalismo e as aspirações de civilização e modernidade faziam parte nalguma medida, buscavam inserir-se no concerto das nações modernas mediante a continuação e mesmo o aprofundamento das formas de exploração colonial do trabalho, aquelas mesmas que o ideário liberal deveria suprimir. Em lugar de superação, persistência do historicamente condenado, mas agora como parte da pátria nova e de seu progresso, o qual adquiria coloração peculiar, em contradição com tudo que a palavra prometia. O paradoxo era gritante no Brasil, onde o trabalho escravo e o tráfico negreiro não só não foram abolidos, como prosperaram notavelmente durante a primeira metade do século xix. Assim, a convivência cotidiana e acomodada do ideário moderno e do complexo de relações sociais ligado à escravidão era um fato de estrutura, para não dizer um defeito característico da vida nacional. Noutro plano, entretanto, a dissonância vexatória integrava-se ao contexto mais abrangente, dizendo respeito à nova divisão internacional do trabalho ou à própria ordem mundial que se estava implantando, de que era uma verdade. Seja como for, as ex-colônias não eram nações como as outras, que lhes serviam de exemplo e a que se queriam equiparar. A diferença não era um vestígio do passado, em vias de desaparecer, nem um acidente, mas um traço substantivo da atualidade periférica, com muito futuro pela frente. Daí uma comédia ideológica original, distinta da europeia, com humilhações, contradições e verdades próprias, que no entanto não dizia respeito apenas ao Brasil, como pareceria, mas ao conjunto da sociedade contemporânea, da qual era uma parte específica, tão remota quanto integral. As implicações deste quadro levam longe e vou me limitar, em seguida, a apontar algumas, um pouco ao acaso.

Digamos então que as ideias modernas entre nós estavam numa constelação prática *sui generis*, que era tanto uma feição própria como uma característica do presente mundial, de cuja ordem assimétrica decorria mais ou menos diretamente *e a qual expressava*. Vale a pena insistir nessa dupla inscrição, pois ela não costuma ser levada em conta. Vocês notaram que nossa explicação partiu de uma peculiaridade corrente do país e em seguida buscou chegar ao movimento contemporâneo do mundo. Se for conduzido de maneira convincente, esse procedimento — que é a dialética em ato — tem o mérito de superar o fosso entre a singularidade nacional e o rumo geral do presente, introduzindo a crítica nos dois termos. A sua vantagem para a reflexão estética é óbvia, pois manda entender o dado local como parte da atualidade em sentido amplo, e não como nota pitoresca, de interesse apenas provinciano. Nesse sentido, a dialética desprovincianiza e desaliena as nossas histórias — e as nossas literaturas — nacionais. Repisando, o dado de observação tem horizonte local, mas o horizonte último da análise é globalizador e ironiza o primeiro, que pode ironizá-lo por sua vez.

A inserção de nossas peculiaridades de nação periférica no presente do mundo cria uma situação intelectual-política de alto interesse, que contraria as divisões estabelecidas. Se for levada a cabo sem complexo de inferioridade de ex-colônia e sem exaltação patriótica tola, ela permite a reflexão livre sobre o curso real das coisas — ideológicas, estéticas e sociais —, com base em experiências feitas, historicamente sedimentadas. A articulação interna das esferas que a divisão do trabalho intelectual costuma apartar — história nacional de um lado, história contemporânea do outro — abre campo para a avaliação da experiência local à luz do presente mundial, mas também vice-versa, para a avaliação do presente mundial à luz da experiência local, que é um espaço com força própria. O valor crítico dessa dessegregação dos âmbitos ainda não foi devidamente explorado. Não se trata apenas de relativizar a oposição de local e universal, mas também de ver as reciprocidades perversas entre ex-colônia e nações imperialistas, subdesenvolvidos e desenvolvidos, periféricos e centrais etc., oposições politicamente mais relevantes e carregadas. A própria distância entre a herança social-econômica da Colônia e os avanços da civilização, geralmente sentida como quase irremediável, por momentos pode aparecer como margem de manobra e como oportunidade para um salto inovador.

Mas voltemos às "ideias fora do lugar". Como tratei de explicar, ideias sempre têm alguma função, e nesse sentido sempre estão no seu lugar. Entretanto, as funções não são equivalentes, nem têm o mesmo peso. Considere-se, por exemplo, que o ideário liberal na Europa oitocentista correspondia à tendência social em curso, a qual parecia descrever corretamente, inclusive do ponto de vista do trabalhador, que vende a sua força de trabalho no mercado. Mesmo a crítica marxista, que desmascara a "normalidade" da relação salarial, reconhece que ela tem fundamento nas aparências reais do processo, ou seja, no trabalho livre. Ora, nas ex-colônias, assentadas sobre o trabalho forçado, o liberalismo não descreve o curso real das coisas — e nesse sentido ele é uma ideia fora do lugar. Não impede contudo que ele tenha outras funções. Por exemplo, ele permite às elites falarem a língua mais adiantada do tempo, sem prejuízo de em casa se beneficiarem das vantagens do trabalho escravo. Menos hipocritamente, ele pode ser um ideal de igualdade perante a lei, pelo qual os dependentes e os escravos lutam. A gama de suas funções inclui a utopia, o objetivo político real, o ornamento de classe e o puro cinismo, *mas exclui a descrição verossímil do cotidiano*, que na Europa lhe dá a dignidade realista. É claro que em abstrato todas as funções existem e que a neutralidade científica manda reconhecê-las e não condená-las. Em princípio, por que a função de prestígio valeria menos do que a função descritiva? Entretanto, não vivemos num mundo abstrato, e o funcionamento europeu do liberalismo, com sua dimensão realista, se impõe, decretando que os demais funcionamentos são despropositados. As relações de hegemonia existem, e desconhecê-las, se não for num movimento de superação crítica, é por sua vez uma resposta fora do lugar.

(2009)

PS (2011): Estas linhas já estavam escritas quando saiu o novo livro de Alfredo Bosi, Ideologia e contraideologia *(São Paulo: Companhia das Letras, 2010), que retoma a discussão. No essencial, o seu ponto de vista é o seguinte: não cabe caracterizar o liberalismo no Brasil Império como farsa, disparate, "ideia fora do lugar" etc., pois a ideologia liberal era hegemônica no Ocidente, "massacrando tanto o trabalho escravo das colônias e ex-colônias como o trabalhador assalariado nos países em vias de industrialização. Ou seja, o capitalismo em ascensão nesse período extraía sistematicamente a mais-valia do trabalho, justificando ideologicamente a sua violência, quaisquer que fossem as suas manifestações. Centro e periferia, Velho e Novo Mundo, viveram, em ritmos diferentes, a exploração da força de trabalho e a exclusão política peculiares ao sistema"* (p. 400).

Dizendo de outro modo, *"a exploração da força de trabalho e a exclusão política peculiares ao sistema",* justificadas pelo liberalismo, formam o denominador comum entre o escravo e o trabalhador assalariado, entre as colônias, ex-colônias e países em industrialização, todos vivendo o mesmo sistema em ritmos diferentes. Pois bem, que pensar dessa desdiferenciação geral? Será certo que o funcionamento das ideias liberais é o mesmo na Inglaterra do trabalho livre e no Brasil do clientelismo e da escravidão? ou que a diferença entre escravidão e trabalho assalariado é uma questão de ritmo? Basta formular as perguntas para saber que não é assim.

Até onde vejo, para Bosi as ideias liberais no Brasil estão *"no lugar"* e não são uma farsa porque têm funcionalidade para a opressão. Ora, uma coisa não exclui a outra e é possível uma ideia ser funcional e grotesca ao mesmo tempo. Aliás o humor negro machadiano depende dessa combinação (por exemplo na extraordinária abertura de *"Pai contra mãe",* que glosa a funcionalidade, para a ordem social escravista, de correias e coleiras de ferro, ou de máscaras de folha de flandres, que protegem os negros contra o vício da bebida). De modo geral, quando exemplifica o conservadorismo dos proprietários defensores da escravidão, perfeitamente adequado a seus fins, Bosi involuntariamente alimenta o repertório das ideias fora do lugar. Assim, quando o marquês de Olinda responde à consulta de D. Pedro II sobre a conveniência de abolir o trabalho escravo: *"Os publicistas e homens de Estado da Europa não concebem a situação dos países que têm escravidão. Para cá não servem as suas ideias"* (p. 346). As ideias não servem, são alienígenas, mas estão aqui, no caso alojadas na cabeça de nosso bom Imperador, vexado pelo abolicionismo europeu e pressionado pelas circunstâncias locais. Se isto não for comédia ideológica...

Agregados antigos e modernos
(Entrevista)

Na homenagem que lhe prestou Chico de Oliveira, ele diz que tomou o seu ensaio "Fim de século" como espécie de plataforma de pesquisa que viria a dar no "Ornitorrinco". Ali, no seu texto, aparece um tipo social novo, que o senhor chama de "sujeito monetário sem dinheiro". O senhor poderia explicar?

O "sujeito monetário sem dinheiro" não é uma expressão minha, é de Robert Kurz. Ela designa as massas humanas deixadas ao deus dará pelas industrializações interrompidas do Terceiro Mundo. No período anterior, do desenvolvimentismo, a esperança de emprego e de integração à vida moderna havia atraído os pobres para as cidades, arrancando-os ao enquadramento rural. Quando o motor desenvolvimentista não teve força para absorver essas populações, estava criada a figura do sujeito monetário sem dinheiro: multidões "modernizadas", quer dizer, cujas vidas passam obrigatoriamente pelo dinheiro, as quais entretanto não têm salário, sem falar em cidadania plena.

O "Ornitorrinco" de Chico de Oliveira fez um retrato atualizado desse bicho que não é isso nem aquilo e que somos nós. Uma sociedade que já não é subdesenvolvida, não porque se desenvolveu, mas porque deixou de ser tensionada pelo salto desenvolvimentista; e que não é desenvolvida, pois continua aquém da integração social civilizada.

Os "sujeitos monetários sem dinheiro" seriam os (des)agregados de hoje?

De fato, os excluídos de hoje são consumidores sem meios para consumir, o que os obriga a algum grau de ilegalidade. Se não há emprego e tudo tem preço, como vão fazer? O paralelo com a categoria dos "agregados", característicos de nosso século xix escravista, é possível, se forem guardadas as diferenças. Também eles subsistiam no interior da economia monetária e meio à margem dela. Ermínia Maricato viu a continuidade entre os dois momentos, ligada ao interesse que o sistema de poder sempre teve em manter os pobres na precariedade, pendentes de alguém com mando. No começo do processo, em 1850, a Lei de Terras dificultou a pequena propriedade rural, que seria um fator de legalidade civil. E até hoje não houve vontade política para regularizar a propriedade em favelas e cortiços, onde a massa pobre vive imersa na ilegalidade, achacada de inúmeras maneiras e naturalmente achacando por sua vez.

Como explica Maria Sylvia de Carvalho Franco, os agregados eram homens livres e pobres vivendo como podiam no limbo social deixado pela ordem escravista. Se o grosso do serviço cabia aos escravos, os demais pobres ficavam sem meio regular de ganhar o seu sustento. Nem escravos nem senhores, eles eram economicamente supérfluos, o que os levou a desenvolver traços peculiares.

No mundo rural, a sua figura elementar era o morador, vivendo de favor na terra de um proprietário, a quem devia gratidão e contraprestações, e de quem não recebia salário, no máximo alguns cobres. No mundo urbano, extensão do rural, essa relação se entrelaçou com a civilização moderna, diversificando-se notavelmente, mas conservando o traço básico. Persistiam o paternalismo, a patronagem, o clientelismo, o apadrinhamento, o filhotismo, o personalismo etc. — cuja verdade, no polo fraco da relação, eram a dependência pessoal e a falta de garantias. Especialmente no Rio de Janeiro, a massa sem ocupação certa, obrigada a levar a vida ao acaso dos serviços, dos favores, das proteções e das gatunagens criou um modo de ser próprio, analisado por Antonio Candido em "Dialética da malandragem". A apropriação do mundo moderno dentro das pautas do clientelismo e da informalidade locais, um processo vasto e surpreendente, produziu uma nota "nacional" inconfundível, explorada em profundidade por Machado de Assis.

Basta ler o teatro de Martins Pena ou as *Memórias de um sargento de milícias* para saber que em meados do século xix o entra-e-sai brasileiro entre os campos da norma e da infração, entre o modelo europeu e os desvios locais, já era uma trivialidade conhecida de todos. Se estou lembrado, há uma baronesa em Martins Pena que tem empenhos na alfândega para levar para casa os melhores escravos apreendidos do contrabando. Assim, a irregularidade e o salve-se-quem-puder em que vivem os pobres é um lado da moeda; o outro é a prerrogativa que têm os ricos de abusar e transgredir, "legitimada" às vezes pelo exemplo popular.

Dito isso, a exclusão não é a mesma em nossos séculos xix e xxi, embora haja em comum a falta de dinheiro e de direitos. Num caso, o contexto era a sociedade escravista, que a certa altura se torna abolicionista e, decênios depois, desenvolvimentista, aspirando à dignificação do trabalho e à superação da herança colonial; no outro, o contexto é a vitória avassaladora do capital sobre os movimentos operários, carregada de consequências sociais regressivas, entre as quais uma certa desmoralização de alto a baixo, proveniente da nova unilateralidade. Com idas e vindas, abolicionismo e desenvolvimentismo eram ascensionais; ao passo que o movimento atual, a despeito de dois presidentes originários da esquerda, participa da vaga mundial de aprofundamento do capitalismo e de sua destrutividade social.

As relações de que participam os "sujeitos monetários sem dinheiro" significam uma superação da relação perversa do favor? Que nova forma de relação é essa?

A troca de favores em si não tem nada de perverso. É uma relação de prestação e contraprestação em que não entra o dinheiro. Quando é decente, é das coisas boas da vida. Ela fica perversa quando é muito desigual, como entre um proprietário e um desvalido, ou quando é uma cumplicidade antissocial entre ricos, para burlar a lei e levar vantagem. Quando serve à contravenção dos pobres também não é bonita, mas não é o mesmo, pois ajuda os de baixo a contornar a necessidade e a desigualdade.

O que tornava perversa a relação, no século XIX brasileiro, era algo mais particular. Como o essencial do serviço era feito por escravos, o mercado de trabalho era incipiente, obrigando os homens pobres a buscar a proteção de um proprietário para tocar a vida. O proprietário, por seu lado, ficava à vontade para favorecê-los, como um senhor personalista, à antiga, a que é devida gratidão, ou para desconhecê-los, como um cidadão moderno, que não está nem aí, ou melhor, que não deve nada a ninguém. Essa assimetria vertiginosa entre as classes, em que, dependendo do capricho dos ricos, os pobres podiam ser favorecidos ou resvalar para o nada, de fato tornava a relação de favor iníqua. Tratava-se de uma perversão estrutural, que Machado explorou como ninguém.

Você pergunta se essa relação foi "superada" pelos sujeitos monetários sem dinheiro. Acho exagero falar em superação onde o ruim foi substituído pelo que não é bom. Superação civilizadora teria havido se o paternalismo e as relações de clientela tivessem sido derrotados pela generalização do trabalho assalariado, com sindicalização maciça, conquista de direitos sociais e renegociação da parte do trabalho na vida nacional. Não foi o rumo que a história tomou. Algo desse tipo talvez tenha estado na ordem do dia no começo dos anos 1960. Quem tem idade lembra da grita da classe média que via secar o reservatório das empregadas domésticas. Mesmo com salário menor, as moças tinham orgulho de ser operárias. Preferiam o jugo impessoal na fábrica aos caprichos humilhantes das patroas.

Como hoje está na moda achar que 1964 não foi nada, não custa lembrar que Lincoln Gordon, o embaixador americano na época, reconheceu que o golpe militar brasileiro foi um momento importante da Guerra Fria. Refletindo sobre o golpe à luz da irrisão tropicalista, que veio na sua esteira, um "brazilianista" me observou que nossa virada à direita teve papel precursor e deu ensejo à ordem pós-moderna, o que achei inesperado e sugestivo. Seja como for, estavam se instalando as condições de despolitização e ulterior administração da pobreza. Para não perder o pé, é preciso reconhecer que esta — a administração da pobreza — é melhor do que nada, e que a miséria na favela é preferível à miséria rural. É o gênero de comparação entre patamares de desgraça que esvazia a ideia de progresso, mas que ainda assim é indispensável. Reconhecida pois uma espécie de progresso nesses decênios, digamos que o que desapareceu foi a perspectiva do progresso orientado e acelerado, fruto do conflito e da consciência coletiva, que tornasse o Brasil um país decente em tempos de nossa vida. Mal ou bem, era essa a aspiração da esquerda.

Como se passou de uma forma social — a do favor — a essa outra? Qual o significado dessa mudança?

Quando escrevia os seus extraordinários artigos abolicionistas, Joaquim Nabuco tinha claro o laço entre escravidão, latifúndio e degradações ligadas à dependência pessoal, no campo e na cidade. Nas palavras incisivas do próprio Nabuco, era um quadro que diminuía o valor de nosso título de cidadão. Desde então, até a crise do nacional-desenvolvimentismo, nos anos 1970, a transformação dos excluídos em assalariados rurais, operários e cidadãos fez parte do ideário progressista. Sobretudo através da industrialização e da reforma agrária, que prometiam reformar o país, acabando com a liga de mandonismo, miséria, clientelismo, subcidadania etc., que nos separavam da modernidade. Com a globalização, essas expectativas passaram por uma redefinição drástica. Para desconcerto geral da esquerda, a modernização agora se tornava excludente e reiterava a marginalização e a desagregação social em grande escala. Para quem não sabia, o progresso do capital e o progresso da sociedade podiam não coincidir.

A superação da marginalidade pelo trabalho ordeiro é um tópico antigo. Todos conhecem o samba getulista da conversão do malandro: "Quem trabalha é que tem razão / Eu digo e não tenho medo de errar / O bonde São Januário / Leva mais um operário / Sou eu que vou trabalhar". A letra gabava o trabalhador à custa do malandro, mas os dois lados da alternativa eram simpáticos. Ora, o testemunho dos artistas recentes aponta numa direção mais escura. No romance de Paulo Lins assistimos à substituição da favela pela "neofavela", em que os traços comparativamente amenos da marginalidade tradicional são escorraçados pela violência nova e maciça do narcotráfico, em contexto de exclusão com consumismo. Em *Carioca*, o corajoso CD de Chico Buarque, o cantor empresta a voz, como se fosse um telão, ao avesso fosco e temível da Cidade Maravilhosa, que não convida ao canto. A postura é ainda mais admirável num artista que tem tanto público para perder.

No seu ensaio "Cultura e política", o senhor apresenta o uso de ideias desenvolvidas antes de 1964, no período democrático, pela esquerda no período entre o golpe e 68. Está correto pensar esse uso como correlato à lógica das "ideias fora do lugar" do século XIX?

A derrota da esquerda foi tão completa, primeiro pelo golpe militar, depois pelas armas e enfim pelo curso das coisas, que hoje parece extravagante valorizar a sua contribuição intelectual. Mas não creio que esta última tenha sido uma "ideia fora do lugar", uma fachada caricata, alheia às necessidades e aos sofrimentos reais. Há um bom livro à espera de ser escrito, que sintetize com isenção a obra por assim dizer coletiva de Caio Prado Jr., Celso Furtado, Antonio Candido, Fernando Henrique Cardoso, Paulo Emilio Salles Gomes, Fernando Novais e certamente outros que conheço menos. Com ponto de fuga socialista, o conjunto colocou em pé uma ideia complexa e muito real de subdesenvolvimento, alcançada a força de independência de espírito e abertura para a realidade. Saiu a campo contra o conservadorismo brasileiro, a esclerose comunista, o peso ideológico do establishment internacional, com passos adiante em cada uma dessas frentes. Não se tratava mais de identidade nacional como anteriormente, mas de assumir uma posição particular e estrutural no capitalismo contemporâneo, com impasses que não são apenas sinais de atraso, deficiências locais, mas pontos de crise e limites da ordem mundial. Foi um alto momento de inserção e de desprovincianização da vida intelectual brasileira.

Em 1964 uma parte da esquerda se concentrou na crítica aos compromissos e às ilusões do Partido Comunista no período anterior, que haviam conduzido à debacle. Em política, sob influência de Cuba, a radicalização levou à luta armada, duramente batida. No campo estético ela se diversificou e teve resultados notáveis, como os filmes de Glauber Rocha e Joaquim Pedro de Andrade, as canções de Caetano Veloso e Chico Buarque, os espetáculos dos Teatros de Arena e Oficina em São Paulo, a teorização de Sérgio Ferro sobre arquitetura.

Seja como for, estamos longe da comédia ideológica, do arranjo do liberal-escravismo clientelista designado nas "ideias fora do lugar".

Esta nova ordem (a atual, digamos, a dos "sujeitos monetários sem dinheiro") produziu (é capaz de produzir) uma forma literária que dê conta de suas relações?

Por que não colocar a pergunta ao contrário? Digamos que a nossa narrativa custou a entrar em sintonia com a nova ordem e a receber as suas energias.

No seu discurso de posse, em 1995, Fernando Henrique Cardoso sustentou que o Brasil não era mais um país subdesenvolvido, e sim um país injusto. Noutras palavras, os impasses estruturais seriam coisa do passado e o que viria pela frente seria uma sociedade mais racional e tranquila, inserida no progresso mundial. O otimismo não convenceu todo mundo, mas no geral o debate político e estético seguia morno.

Nesse ambiente, o filme de Sergio Bianchi, *Cronicamente inviável*, foi um pequeno escândalo que fez renascer a discussão. O desconforto e o interesse despertado indicavam que a forma artística havia restabelecido o contato com a realidade.

Em lugar de luta de classes, o filme mostrava a desigualdade social degradada, em que os dois polos haviam virado lúmpen e se mereciam mutuamente — uma posição inédita na cultura brasileira, que sempre confiara seja na pureza popular, seja na missão tutelar das elites. De um lado, trabalhadores desmoralizados pelo desemprego e rendidos ao imaginário burguês; de outro, uma burguesia ressentida e lamentável, invejosa de suas congêneres do Primeiro Mundo, queixosa de não morar lá, além de amargada com a insegurança local, que azedara os seus privilégios.

Em suma, Bianchi recolheu os resultados não programados da abertura econômica de Collor, com a qual se iniciara o período contemporâneo do Brasil. As classes sociais haviam sido expostas à competição global: os trabalhadores perdiam as condições de luta, ao passo que o projeto nacional deixava de ser uma carta no jogo da burguesia. Com variações, uma constelação desse tipo rebaixado conferiu atualidade e gume a uma batelada de filmes e de espetáculos off-teatrão do período.

Com grande sucesso mas sem causar muita discussão, esse ângulo politicamente incorreto havia sido antecipado por Chico Buarque, em *Estorvo*. Ele vem sendo explorado com maestria artística notável no minimalismo poético de Francisco Alvim.

Em relação à noção de "ideias fora do lugar", ela pressupõe uma perfeita adequação entre estrutura e superestrutura que talvez só tenha ocorrido nos textos de Marx (e em alguns pontos da Europa)... O resto do mundo não estaria então fora do lugar? Esse ponto de vista não acaba reforçando uma visão eurocêntrica marxista, a ver o Brasil como um defeito?

É como você diz, o resto do mundo estava fora de lugar. Em palavras de Gilberto Freyre, o século XIX vivia "sob o olho do inglês", ou também do francês. O modelo liberal era inalcançável para a grande maioria das demais nações, cujas condições eram outras, mas era também indescartável, porque representava a tendência de ponta no sistema internacional. São contradições objetivas. Em *Origens do totalitarismo* Hannah Arendt menciona o ressentimento contra o padrão inglês e francês na Europa de Leste e vê nele uma predisposição para o fascismo. No século xx o modelo norte-americano e ultimamente a fórmula neoliberal funcionaram de maneira análoga, como paradigmas quase incontornáveis.

Parafraseando Marx, as ideias da classe dominante na nação hegemônica do período tendem a ser dominantes ou pelo menos presença obrigatória nas nações periféricas. Quem as adota tais e quais é apologista ou deslumbrado. Quem pensa que as pode desconhecer coloca-se intelectualmente fora do mundo. Dentro do possível, tudo está em relacionar-se com elas de maneira judiciosa, reconhecendo a sua parte de necessidade, mas sem perder de vista as realidades e os interesses próprios. Na verdade, quem foi eurocêntrico e depois impôs o padrão americano foi o capitalismo. O marxismo, que é a sua teoria crítica, acompanha a voragem concentradora, mas não adere a ela.

Sua crítica ao tropicalismo foi realizada "a quente", sob forte influência de uma visão de esquerda. Censurava no movimento o seu "esnobismo de massa", sua tendência a fixar a imagem do Brasil como absurdo, sem apontar para o futuro. Você faria reparos a essa perspectiva? Se apontasse para o futuro (para a revolução socialista, afinal, como Vandré e outros faziam) o tropicalismo não perderia interesse e não deixaria de ter sido o movimento rico e interessante que foi? Como recebeu a leitura que o próprio Caetano fez do processo em Verdade tropical?

Com sua licença, vou desfazer alguns mal-entendidos em sua pergunta. Não tenho nada contra o esnobismo, muito menos contra o esnobismo de massa, que são formas de insatisfação e de atualização. Também não censurei a alegoria tropicalista do Brasil absurdo. Pelo contrário, procurei mostrar o seu fundamento histórico e seu acerto artístico. Deliberadamente ou não, ela fixava e fazia considerar a experiência da contrarrevolução vitoriosa, ou da modernização conservadora, que em vez de dissolver o fundo arcaico do país o reiterava em meio a formas ultramodernas. As alegorias do absurdo-Brasil, com seu poço de ambiguidades, com seu vaivém entre a crítica, o comercialismo e a adesão, são o achado e a contribuição do movimento. Ainda assim, em estética, e não só nela, os acertos têm o seu custo, que é parte do problema. É esse o campo explorado pela análise dialética, que procura desentranhar alguma verdade do emaranhado artístico. Se não me engano, a sua pergunta cedeu ao estereótipo do que seja a crítica de esquerda.

Verdade tropical é uma obra incomum, que vai ficar. A sua qualidade é feita, entre vários méritos, de suas fraquezas. Quem não tenha olho para estas passará batido pelo incômodo e pelo alto grau de contradição do livro. São eles a sua principal força, a sua energia histórica, maior do que os seus méritos literários óbvios. Algo semelhante vale para o próprio tropicalismo.

(2007)

Gilda de Mello e Souza

1. AUTONOMIA INCONTROLÁVEL DAS FORMAS

Outro dia um amigo comentava que a prosa do novo livro de Gilda de Mello e Souza, *A ideia e o figurado*, chega a ser humilhante de tão boa.[1] É claro que ninguém imagina que dona Gilda escrevesse para diminuir o próximo, mas a observação não deixa de acertar. A musicalidade das argumentações e da sintaxe, as palavras sempre bem achadas, as comparações cheias de interesse, como aquela — genial — entre Fred Astaire, Carlitos e Beckett, a liberdade com que os ensaios circulam entre as várias artes e a vida social, tudo isso dá um sentimento de plenitude, que é raro. Sem descolar do chão sóbrio da prosa, a qualidade da escrita faz que o leitor levite um pouco e se aproxime da poesia por um percurso inesperado. Note-se ainda nessa linha que citar dona Gilda é uma lição de modéstia, pois as formulações dela trazem um tom

---

1. Gilda de Mello e Souza, *A ideia e o figurado*. São Paulo: Duas Cidades / Editora 34, 2005.

particular e tendem a não se fundir no comentário, que fica monótono e burocrático por comparação. Com certeza ela ocupa uma posição própria no ensaísmo brasileiro, que começa a ser estabelecida.

Devo o primeiro contato com a literatura de dona Gilda ao Bento Prado, que por volta de 1965 me passou a monografia sobre *A moda no século* xix.[2] No clima uspiano da época, que era inteligente e inovador, ao mesmo tempo que antiliterário e antiensaístico, além de um pouco acanhado, o trabalho destoava. É um desencontro que merece reflexão. Se escrever mal e usar jargão era meio caminho andado em matéria de seriedade científica, a prosa assumidamente literária de dona Gilda, que colava a escrita às aparências e às contradições em que estava a vida de seu assunto, só podia ser um equívoco. Era como se o conhecimento rigoroso — na acepção que prevalecia — não tivesse lugar para os termos correntes, da vida real, nem para as formulações dos grandes ficcionistas a respeito, amplamente utilizadas por dona Gilda. Para o Bento e para mim, alunos descontentes com o divórcio entre a ciência e as letras, a prosa esteticamente ambiciosa, e ainda assim disciplinada e funcional, foi uma revelação.

Numa passagem que admirávamos, dona Gilda enumerava maneiras femininas de dizer juntamente não e sim, de "combinar a oferta e a negativa", para fazer frente à pouca opção que o século anterior permitia às mulheres. Uma dessas maneiras era "o ritmo sinuoso do andar",[3] em que "os vestidos colantes travavam os membros, imprimindo à figura um ritmo pélvico roubado das grandes *cocottes* da época".[4] A bravura da escrita, que combina aptidões

---

2. Gilda de Mello e Souza, "A moda no século xix", *Revista do Museu Paulista*. Nova Série, v. v, 1950. Reeditado com título *O espírito das roupas*. São Paulo: Companhia das Letras, 1987. As citações são tomadas à nova edição.
3. Id., ibid., p. 92.
4. Id., ibid., pp. 92-3.

que a especialização universitária manda separar, é notável. Digamos que o olho certeiro e o traço justo pertencem ao crítico de arte bem treinado. A intimidade imaginativa com o assunto é de ficcionista. A satisfação de assinalar que as senhoras de bem copiavam a elegância das transviadas é de intelectual de esquerda. E o conjunto, que articula um figurino da moda, uma técnica do corpo e as contradições gerais da situação feminina oitocentista, tudo apoiado na pesquisa histórica, é uma bela peça de elucidação crítica do tecido social. O *frisson* maior naturalmente estava no "ritmo pélvico", na tensão entre a objetividade do termo culto, anatômico e científico, e a objetividade igualmente forte da comédia erótico-social, arrepiada tanto por tabus como pela presunção de objetividade extramoral da ciência. Assim, a prosa de ensaio de dona Gilda não recua diante de configurações melindrosas, ao mesmo tempo que lhes dá expressão civilizada e audaz. Como a elegância discreta da Autora está fora de nossos hábitos, é possível que o seu teor de enfrentamento não se notasse o bastante. Em seguida, vou lembrar alguns momentos combativos e ousados de sua prosa, que transmitem à elegância a sua energia.

Os artigos sobre o Cinema Novo reunidos nos *Exercícios de leitura* são um bom exemplo.[5] A pressão do golpe de 1964 e das tentativas de resposta da esquerda é palpável, assim como uma certa dose de conflito de gerações, tudo no âmbito da discussão estética. A crítica a *O desafio,* o filme *à la* Antonioni de Paulo César Saraceni, começa pelo reconhecimento de sua importância, para em seguida lhe apontar três fraquezas: "má escolha do diálogo, inadequação entre o diálogo e a imagem, tensão contraditória entre um projeto e uma realização".[6] Má escolha do diálogo, porque o cineasta, desejoso de ser politicamente claro, faz que o seu

---

5. Id., *Exercícios de leitura.* São Paulo: Duas Cidades, 1980.
6. Id., ibid., p. 182.

herói explique tudo, o que em arte é uma inocência, pois as palavras são sempre qualificadas pelas situações e nunca querem dizer o que querem dizer. Em cinema elas são qualificadas pela imagem, e essa relação é a segunda fraqueza do filme. Enquanto as palavras do herói são explícitas demais, expondo a crise de um intelectual pequeno-burguês, revoltado contra o golpe antipopular, as imagens são requintadas, alusivas e elípticas, mais presas à figura apolítica da mulher burguesa com que o rapaz tem um caso. A linguagem artisticamente atrasada cabe ao militante progressista, e a linguagem inteligente e inventiva, embora silenciosa, cabe à classe com que ele precisa romper. O contrassenso formal é claro. A terceira fraqueza, a mais interessante, é sugerida por dona Gilda de modo muito engenhoso. Bastaria projetar o filme sem o som, para verificar que o primeiro plano, reservado pelo diálogo à figura masculina, às voltas com o engajamento político, na verdade pertence à figura feminina, que encarna trunfos da abastança. A imagem desdiz a palavra, e sob o projeto revolucionário tosco transparece, mais forte que ele, a admiração pelos valores do campo adversário. Comentário final de dona Gilda: "É que a despeito das boas intenções, a criação artística tem dessas armadilhas".[7]

Vale a pena insistir nessa frase, que esclarece alguma coisa do estilo crítico da Autora. Se for apenas um elemento entre outros, a intenção do artista não tem a última palavra, a qual pertence à configuração, mais substanciosa do que a intenção ela própria. A discussão desloca-se do que o artista quis ou não quis dizer para o que efetivamente se configurou e que só se explicita através da análise formal. É uma posição crítica avançada, que concebe o trabalho artístico como um processo de conhecimento que escapa aos propósitos do criador. Daí, ao menos em tese, a objetividade

---

7. Id., ibid., p. 185.

e a urbanidade *sui generis* da discussão crítica, mesmo quando incisiva, pois esta se fixa nas formas e não briga com pessoas. Dito isso, "a distância entre um projeto e uma realização", que é como dona Gilda designa a fraqueza principal de *O desafio,* não se esgota num problema de inadequação de meios, ou de construção errada. Embora seja um *defeito,* a falta de funcionalidade artística é interessante por sua vez, cheia de verdade política involuntária, apontando para as ambivalências de classe da esquerda daquele tempo. É a isso que alude — suponho — a ironia da frase final, sobre as armadilhas da criação artística. Ora, o caráter duplo do erro técnico, que além de uma imperfeição é também uma verdade histórica substanciosa, se repete no plano da discussão crítica, cuja explanação de questões de coerência artística é indiretamente um comentário da realidade.

Assim, trata-se de um tipo de análise interna, ou estética, que tem ressonância externa, no caso, política. É como se o tanto de realidade e de verdade que o trabalho artístico apreende em suas formas lastreasse a prosa crítica, além de lhe dar um aval incerto, ligeiramente profético, para falar obliquamente do mundo histórico. Vocês devem estar achando isso um pouco esquisito, mas leiam o artigo de dona Gilda sobre *Terra em transe* e verão do que estou falando.

No ponto de partida estão formulações notáveis sobre a apresentação glauberiana do povo, a qual, além de "cruel e desmistificadora",[8] seria calcada no calvário de Cristo. O comício populista de *Terra em transe* é ele próprio um caminho da cruz:

> [...] todos se apressam em defender o povo, mas afinal, quando o chamam e ele sobe ao palanque, é para desfiar de maneira incoordenada o seu rosário de misérias que ninguém está disposto a

8. Id., ibid., p. 191.

ouvir. Os que o empurram para a frente querem defendê-lo, ou estão, como os fariseus, expondo-o à multidão, para que ela o insulte? [...] Aqui não há nenhum disfarce, tudo é seco e rápido como uma execução. O estilo se tornou elíptico e cheio de abreviaturas, os contrastes se sucedem com visível intenção grotesca, como a figura desfeita e patética do operário, opondo o seu lamento à arenga do orador decrépito, entalado no colarinho duro. Aos poucos os enquadramentos apertam as pessoas umas contra as outras, não deixando nenhuma brecha por onde o ar circule; e no espaço opressivo os homens se defrontam com ódio, cara a cara, mão contra o rosto. O povo escarnecido de Glauber Rocha, que se amordaça, que se faz calar com uma bala na boca e se abandona estendido no chão — objeto que o olhar curioso percorre — não ficaria mal ao lado da série terrível de Cristos ultrajados que a pintura flamenga nos legou, de Bosch a Ensor.[9]

É claro que essas imagens estão no filme, e que é com apoio nele que elas chegam à escrita. Isso posto, bem pesada a incrível probidade das expressões-retrato, acharemos pouca coisa na literatura brasileira de força comparável no assunto. São coisas que se filmam, que se fotografam, mas não se dizem, e que aqui estão ditas. É um exemplo do rendimento propriamente literário da transcrição crítica, quando ela se deixa guiar pela pauta formal que soube reconhecer.

Mas voltemos à delegação levemente profética que a organização das obras, com seus pontos de fuga nem sempre conscientes, oferece à escrita crítica. O final do artigo sobre Glauber diz o seguinte:

Mas não será artificial aproximar o cinema da pintura e, sobretudo, descabido comparar Glauber Rocha a Jerônimo Bosch? Não

9. Id., ibid., pp. 192-3.

sei. Sinto um parentesco latente entre essas cenas de *Terra em transe*, o *Ecce Homo* de Frankfurt e *O caminho da Cruz* de Gand. Terá muita importância o fato de Bosch exprimir "o sentimento de mal-estar e de inquietação que paira sobre os campos e as cidade do Norte da Europa por volta do ano de 1500", e Glauber insistir no presente e na América Latina? As duas visões traem a desesperança, e a de Bosch (como a crítica nos informa) deriva da obsessão do fim de alguma coisa, que tão cedo não será compensada pelo advento de nenhum acontecimento extraordinário.[10]

O zigue-zague é vertiginoso: primeiro o sentimento de que há algo comum entre o povo ultrajado de Glauber e o Cristo escarnecido de Bosch. Em seguida, o mal-estar e a inquietação no Norte da Europa por volta de 1500. Depois a desesperança presente da América Latina, que naqueles anos entrava em seu período de trevas, que seria longo. E, concluindo, a transferência para o nosso continente e os nossos dias da atmosfera quinhentista norte-europeia, segundo a qual já não haveria mais milagres e "tão cedo não acontecerá nada de extraordinário". As analogias artísticas e as analogias históricas evidentemente são arriscadas, mas são perspectivas ancoradas no sentimento meditado do presente e da história da arte, a qual é uma avalista pouco consultada, mas com certeza considerável. Note-se ainda a percepção nova e surpreendentemente descomplexada do tempo e do país: o argumento insere em grandes linhas mundiais o filme recém-saído de um rapazinho, obra de uma cinematografia nacional em seus começos; também as desgraças recentes do Brasil e do continente, às quais não temos o costume de reconhecer relevância para o mundo, subitamente parecem fazer parte dele. Alguma coisa estava mudando.

10. Id., ibid., p. 193.

Quanto a visões rivais, a caracterização do povo como joão-ninguém destratado e torturado — o ponto alto da arte de Glauber — é contraposta a uma outra, que Boal e Guarnieri encenavam na sua nova peça *Arena conta Tiradentes*. Esta exaltava o herói da Inconfidência como exemplo para a luta contra a ditadura, e procurava — nas palavras de Dona Gilda — "elevar à categoria artística o chavão patriótico dos livros de leitura e do quadro de Bernardelli. É o povo na sua concepção mais melodramática, eu diria mesmo a mais *kitsch*, de herói, que renasce eternamente de suas mil mortes". As duas formas de caracterizar o povo "traem a raiz comum e remota do Cristo — mas se o teatro preferiu o Cristo triunfante na sua versão *mass-media*, o cinema escolheu o Cristo escarnecido da linhagem flamenga".[11] A contraposição era dura e exata. Eu, que admirava o trabalho do Teatro de Arena, perguntei a dona Gilda se ela não estava sendo unilateral. Boal era um encenador altamente imaginoso, além de tremendo agitador. Havia um chefe da repressão, o coronel Erasmo, que ia à TV para denunciá-lo, reclamando que tudo em que ele punha a mão virava subversivo — o que aumentava o meu apreço. Seria o caso de pensar que a invenção cênica abundante e mordaz podia não excluir uma dose de simplicidade política? Dona Gilda, amiga de seus alunos, prontamente se dispôs a cortar o parágrafo — eu é que tinha encomendado o artigo para a revista *Teoria e Prática* —, mas é claro que não era isso o que eu queria. O episódio é interessante porque mostra o choque, a força educativa da crítica estética, que não se basta com as intenções do artista e vai além delas. Aí estava um rapaz que era e é adepto desse tipo de objetivismo crítico, tomando um susto quando o objetivismo se voltava contra o próprio rapaz ou contra os seus companheiros. Retomando a expressão de dona Gilda, "a criação artística tem dessas armadi-

11. Id., ibid., pp. 191-2.

lhas". Aliás, em chave um pouco diversa, Anatol Rosenfeld estava chegando a uma conclusão semelhante a respeito da peça.

O terceiro artigo discute a obra de Joaquim Pedro de Andrade, em particular *Os inconfidentes*. A descrição das cenas, os resumos de sequência, a verificação do uso da documentação, tudo isso é feito e expresso com um cuidado único, raro em qualquer parte. Mereceria por sua vez um estudo minucioso, já que a minúcia chama a minúcia. Ao ultrapassarem a medida comum, o detalhe e o virtuosismo do procedimento como que se expõem sobre a mesa, convidando à anatomia do trabalho crítico.

No centro do ensaio está um certo desequilíbrio do filme na utilização do material histórico, às vezes tratado com complexidade, às vezes submetido à simplificação de combate. Esta consiste em igualar os poetas árcades e os seus amigos como covardes políticos, por oposição ao herói popular Tiradentes. Ora, é verdade que no interrogatório vários dos acusados bem-postos fraquejaram, mas não Tomás Antonio Gonzaga, que foi irreprochável. Ao passo que Tiradentes foi heroico, mas não deixou de mostrar limitações e inseguranças. Ao passar por cima das diferenças o filme operava um achatamento, condenando os intelectuais em conjunto, como indignos, e exaltando a coragem patriótica do homem do povo. Retomando a linha do Teatro de Arena, o cineasta estava aderindo "à visão *obreirista* dos acontecimentos".[12] Ao escolher o termo moderno — "obreirista" —, dona Gilda explicitava o segredo conhecido de todos, a referência contemporânea do filme e da peça. Noutras palavras, os remotos interrogatórios do século XVIII estavam ocorrendo na cidade naqueles mesmos dias, assim como os poetas que fraquejavam eram os intelectuais presos que falavam sob tortura, e o Tiradentes era o povo trabalhador que a tudo saberia resistir. Passado o aperto, o

12. Id., ibid., p. 207.

lado mítico e mistificado dessa construção dispensa comentários, e era a ela, em especial à condenação suicida da intelectualidade pela intelectualidade mais jovem, que dona Gilda se opunha no calor da hora.

Ainda aqui, entretanto, verdade que sob pressão máxima, a política era parte de um argumento estético, e era discutida porque tinha implicações para a qualidade do filme. Este aspirava com força à integridade artística, e só em parte tomava o partido da simplificação, que não afinava com a outra busca. A ilustração dessa discordância, através do tratamento que o filme dá ao problema do negro, é um grande momento de crítica de arte, aliás apoiado num grande momento de cinema. Como mostra dona Gilda, a questão é exposta "de maneira intermitente, em quatro tempos". O primeiro é uma lição de piano, em que o mestre de música mulato repreende a aluna e é repreendido pela mãe dela, que o põe no seu lugar. Segundo momento, Gonzaga vai visitar o amigo Cláudio, que está deitado com a amante escrava. Esta sai nua da cama e vai para um canto, enquanto os amigos conversam sem olhar para ela. Comentário lacônico de dona Gilda, articulando os dois episódios: "o amor não confere ao negro um privilégio maior do que a arte". Terceiro momento, quando Tiradentes "já sem dinheiro e fugindo da polícia, resolve vender o escravo", mostrando que "o próprio povo põe o negro à margem do processo revolucionário, da mesma forma que a classe dominante o expulsa do processo artístico e amoroso". Quarto e último passo "é a hora do enforcamento, onde a tarefa ignominiosa é confiada a um preto. A troca de perdões entre a vítima e o algoz põe afinal comovedoramente o alferes, que é um homem do povo, ao nível do pária. Mas a sorte já está lançada e a conclusão violenta desse raciocínio em quatro tempos é a tomada da execução com a bela imagem do carrasco, a cavaleiro sobre o corpo do condenado".[13] Espero que vocês tenham sentido como eu, que a síntese intelectualiza o processo e tem uma qualidade estética própria, que é alta, e que decorre da divergência com o esquema maniqueísta.

Na frase final do ensaio, dona Gilda toma o partido de Joaquim Pedro contra Joaquim Pedro, do artista contra o inculcador. "O destino da arte de Joaquim Pedro de Andrade é, ao contrário [da simplificação doutrinária], confiar no poder evocativo da imagem e na liberdade do público de apreender o sentido na desordem aparente das formas".[14] Naquele momento, era um apelo para que o artista não fizesse à ditadura ou à luta política o sacrifício da arte, a qual não existe sem a liberdade do espectador e do leitor. Vista à distância, contudo, a chance do conselho era pequena, pois o "obreirismo" no caso correspondia a uma experiência histórica feita, não da eficácia de Tiradentes, mas da acomodação de fundo das classes ilustradas. Por que confiar na liberdade delas? Poucos anos depois, o mito obreirista que parecera a solução sairia de cena por seu turno, e a polarização ela mesma ficava parecendo de outro tempo. Entretanto, o envelhecimento das palavras de ordem políticas, das obras de arte ligadas a elas e dos ensaios estéticos correspondentes não é simultâneo. Ao mostrar no detalhe e com maestria que "a intenção do criador é precária diante da autonomia incontrolável das formas",[15] o ensaísmo de dona Gilda, que quisera contribuir para a lucidez dos cineastas da nova geração, ilumina trechos do impensado de nosso tempo, diante do qual segue nos colocando.

(2006)

13. Id., ibid., p. 209.
14. Id., ibid., p. 210.
15. Gilda de Mello e Souza, "Variações sobre Michelangelo Antonioni", em *A ideia e o figurado*. São Paulo: Duas Cidades / 34 Letras, 2005, p. 170.

2. RENOVAÇÃO DO TEATRO EM SÃO PAULO

Foi boa a ideia de programar um ciclo de discussões sobre o ensaísmo de Gilda de Mello e Souza.[1] Aproveitando a sugestão dos organizadores, vou comentar as reflexões com que ela saudou a encenação de *A moratória* cinquenta anos atrás. Gilda considerava a peça "a primeira obra-prima do moderno teatro brasileiro".

O ensaio chama-se "Teatro ao Sul", para marcar a dimensão regional da novidade.[2] O título estabelece o contraste entre a dramaturgia de Jorge Andrade, ligada a São Paulo e ao café, e os romances do Nordeste, ligados à civilização do açúcar e do cacau. Escrita em seguida à estreia da peça, a saudação assumia a tarefa de lhe indicar a originalidade e de situá-la na história e na cultura do país.

O trabalho, que é muito bonito, dá uma bela ideia do que pode a crítica literária, como esforço de conhecimento e como escrita. Como às vezes acontece aos ensaios, é ele mesmo uma peça de boa literatura. Em seguida vou repassar algumas passagens, para que vocês vejam do que estou falando.

No conjunto, "Teatro ao Sul" circula livremente entre as observações estéticas e as reflexões sociais, fazendo que umas beneficiem a compreensão das outras. Quando é bem-sucedida, como é o caso aqui, essa agilidade é um dos pulos do gato da crítica literária, a qual ganha em relevância nos dois tablados. Sem nada de automático, a relação entre as análises internas, de composição, e a consideração da história em sentido amplo é cheia de surpresas, e o tino para estas é um sinal seguro da crítica de primeira qualidade.

A tônica da análise da *Moratória* está em certa despersonalização. Conforme nota a ensaísta, a própria peça evita as personagens ou situações de exceção e busca o registro relativamente im-

---

1. "Gilda, a paixão pela forma". Sesc Araraquara, agosto-setembro 2007.
2. Gilda de Mello e Souza, *Exercícios de leitura*. São Paulo: Duas Cidades, 1980.

pessoal e esquemático dos grandes lugares-comuns. Isso que poderia ser um defeito, um traço tosco, é na verdade uma virtude artística, pois a substância real no caso não são os indivíduos, mas "o tempo da fazenda", ou melhor, o tempo da perda de uma fazenda, ao qual os indivíduos pertencem. Assim, na superfície assistimos à irritação e à luta entre as personagens, que entretanto — olhando melhor — estão todas expressando diferentes aspectos de um mesmo processo. A tal ponto que

> pai e filho não se opõem propriamente, antes se completam: são a mesma personagem tomada em dois momentos diversos da história do grupo. E quando em face um do outro ajustam as contas, numa das mais belas e pungentes cenas da peça, a acusação mútua que fazem soa como exame de consciência de uma classe que sente o seu momento ultrapassado. Rompidos os quadros em que ambos se apoiavam, não poderão mais se acomodar à nova ordem. Seu destino será, daí em diante, negá-la. Não tem outro sentido a revolta de Quim, a bebedeira de Marcelo, que assim estão exercendo, num esforço derradeiro, o que ainda lhes resta de liberdade.

Vocês observem que passamos, levados pela análise, do antagonismo entre personagens a um coro involuntário, em que cada qual à sua maneira todos são porta-vozes de um mesmo grupo e, mais geralmente, "de uma classe que sente o seu momento ultrapassado". Esse deslocamento do significado das falas, assinalado pelo crítico, certamente corresponde à intenção profunda — consciente ou semiconsciente — do dramaturgo. Ao ser fixado pela reflexão, contudo, o sentido latente adquire nova saliência e conduz a uma percepção com novo teor: o que está em jogo no enfrentamento entre o patriarca mandão e o filho bêbado não é a autoridade paterna, nem tampouco a sobriedade, mas a derrocada de uma classe, com seu acordo de fundo entre os antagonistas, todos perdedores.

Do indivíduo ao grupo e deste à classe, a distância transposta é considerável. Ela está conservada na alta qualidade da prosa ensaística, que vocês terão sentido na passagem que li. É certo que uma parte dessa qualidade se deve simplesmente à sintaxe flexível e ao vocabulário certeiro, ou por outra, ao que se poderia chamar a redação cultivada. Outra parte contudo se deve à incorporação dos resultados analíticos, à ampliação da consciência crítica, as quais permitem ouvir "o exame de consciência de uma classe que sente o seu momento ultrapassado" onde tudo levava a não enxergar senão um ajuste de contas entre pai e filho. A introdução do resultado crítico no tecido da prosa descritiva produz uma escrita tonificada e heterogênea, caucionada pelas verdades latentes da forma artística, que lhe elevam o patamar. O resultado ultrapassa o assunto imediato, esclarecendo ao mesmo tempo a obra e, indiretamente, o mundo. Para dar um exemplo, o uso inesperado mas consequente da palavra "liberdade", para designar a inadaptação do pai e a bebedeira do filho, capta uma das revelações da peça, que é uma revelação também sobre a crueldade da história quando as alternativas se fecham.

Na década de 1950, época do ensaio, corria na Universidade um conceito da Nova Crítica americana segundo o qual a paráfrase das obras literárias é uma heresia: *the heresy of paraphrase*. De seu ponto de vista, o resumo solto de uma obra ou de seus conteúdos, sem atenção especial à estrutura, seria sempre um equívoco, além de uma redundância. Antes ler os próprios romances e poemas. Pois bem, quanto à necessidade de analisar e levar em conta as estruturas, não há dúvida. O que deixa reticente, ao menos a mim, é a omissão de uma outra possibilidade: a de uma paráfrase informada pela análise estrutural. Ou ainda, a possibilidade de que resumos e comentários sejam disciplinados, e mesmo inspirados, pela própria forma das obras, pelo esforço de conhecimento objetivado na consistência formal, com o que se afastam da literalidade dos conteúdos e deixam de ser redundantes. Digo isso porque acho que a qualidade da prosa de ensaio de Gilda tem a ver com essa variante. Trata-se muitas vezes de paráfrases e extrapolações pautadas pelo sentimento preciso da forma, cujo balizamento as impulsiona e ilumina. Em vez de heresia, seria o caso talvez de falar numa arte superior da paráfrase. O parágrafo seguinte ao que já comentamos permite observações semelhantes. Vou ler:

> Na ordem que esboroa Lucília é o último esteio. A literatura sociológica já nos alertara para este fenômeno da acomodação feminina nos momentos de crise. Ser secundário, de existência subalterna, não lhe é tão penoso trocar uma sujeição por outra, o domínio do pai ou do marido pela escravidão da máquina de costura. Pois assim como a fazenda desenvolveu em Quim o instinto do mando e em Marcelo o ódio a qualquer sujeição, treinou Lucília nas tarefas miúdas de dentro de casa, nos pequenos gastos, na economia cotidiana. A sua força é a da criatura sem liberdade, empenhada nos compromissos, na aceitação do mundo e do presente. Por isso, apenas ela conseguirá se libertar da fazenda e penetrar no novo universo que se constrói.

Vocês terão percebido a nota pouco acomodatícia desse elogio da acomodação. Em vez dos lugares-comuns sobre a flexibilidade feminina, sobre a doçura e a capacidade de adaptação, que poderiam vir ao caso, a escrita se atém a termos ditados pela posição efetiva da mulher na peça e na estrutura patriarcal. Aí estão as palavras penosas sobre o "ser secundário, de existência subalterna", que troca "uma sujeição por outra, o domínio do pai ou do marido pela escravidão da máquina de costura". São expressões contraideológicas, na contramão das autoidealizações senhoriais. A conclusão, que está na frase final do parágrafo, vem em linha reta, com alcance literário em aberto: "Por isso, apenas ela [Lucília] conseguirá se libertar da fazenda e penetrar no novo universo que se constrói". Noutras palavras, os requisitos da nova liberdade são negativos por sua vez.

Dito isso, a parte mais brilhante do ensaio é a sua abertura, que deixamos para o fim. A capacidade que já vimos de aderir de perto ao texto artístico, em especial onde ele se afasta das certezas batidas, aplica-se agora a movimentos mais amplos, envolvendo tanto a arte como a sociedade. O surgimento de *A moratória*, a peça de Jorge Andrade que retrata a crise do café em São Paulo, permite a Gilda uma série de observações sobre o ritmo geral, ou melhor, sobre o andamento desencontrado, da cultura e da sociedade brasileiras. A decadência do açúcar no Nordeste havia suscitado as obras de Gilberto Freyre e José Lins do Rego na década de 1930. Em São Paulo a crise do café teve que esperar os anos 1950 para ver surgir o seu escritor, que não foi um sociólogo nem um romancista, mas um dramaturgo. Haveria motivos sociais para essa defasagem no tempo? Haveria motivos estéticos para que num caso o gênero fosse o romance, e no outro o drama? A reflexão delineava um objeto complexo — de complexidade modelar, talvez inédita entre nós na época — em que o curso irregular das coisas e das respostas culturais que elas suscitavam compunha um sentimento vivo e problemático do presente, entendido com maior abrangência. O ensaio de Gilda trazia explicações interessantes para cada uma das questões levantadas.

Antes de comentá-las, quero assinalar que essa ordem de encadeamentos desiguais e de conjunto, bem como as explicações a respeito — que se podem chamar de dialética —, têm uma poesia própria, de alto quilate. Com efeito, ao meditar sobre os descompassos das decadências e dos reerguimentos no interior de um mesmo país, e sobre a presteza e a qualidade das respostas artísticas da região mais atrasada, ou ainda, sobre a morosidade da região mais adiantada, o ensaísta dialético desencravava de seu isolamento as partes da nação e as respectivas produções culturais, colocando umas à disposição das outras, como soluções e como problemas. A seu modo, essa fluidificação intensifica juntamente a consciência estética e a consciência nacional, permite um certo autoconhecimento e uma certa noção de totalidade e plenitude, que dão mais margem à liberdade e se fazem acompanhar de um sentimento poético substantivo. Tudo isso pode parecer sobrecarregado, mas vocês pensem bem, e talvez achem que é assim mesmo.

Retomando o argumento de Gilda, a decadência do açúcar no Nordeste foi um processo longo no tempo, que ocupou a cena sozinho e especializou os seus observadores, os quais o conheciam como a palma da mão. O ponto alto dessa lucidez é o romance de Lins do Rego. Já em São Paulo, a quebra do café e a perda de prestígio dos fazendeiros foram concomitantes de contratendências fortes, como a urbanização, a industrialização e a ascensão econômica e social do imigrante. "Presenciava-se, sem fôlego, uma substituição simétrica de estilos de vida e não o lento desaparecimento de um mundo cuja agonia se pudesse acompanhar com lucidez." É uma realidade misturada, de muitas faces, que não se presta ao romance, pelo menos na sua tradição brasileira, linear, pitoresca ou apenas psicológica. Noutras palavras, a complexidade, o dinamismo e o relativo adiantamento de São Paulo dificultaram o surgimento da narrativa sobre o café, ao passo que a estagnação do Nordeste se pôde superar — no âmbito literário, mas não na realidade — por um grande ciclo de romances. Mais um exemplo de dialética.

Num dos passos mais fortes do ensaio, Gilda retrata o destino urbano envenenado, a esterilidade cultural dos ex-integrantes do mundo da fazenda.

[...] a competição que logo se estabeleceu não poupava ninguém. Dilacerado entre as imposições do presente e a saudade do passado, o sobrevivente nostálgico escorregava sem sentir para o emprego modesto da grande cidade. Então a nostalgia da antiga ordem se revelava, quando muito, no ressentimento incontido, primeiro contra o filho de italiano, depois contra o filho do sírio ou judeu e, sem forças para se realizar na arte, apenas divagava pelas páginas da Genealogia Paulistana. Agentes do correio, funcionários de banco, escriturários subalternos, chefes de seção, todos guardavam no anonimato da grande cidade a lembrança viva da ascendência ilustre, formando a numerosa galeria dos vencidos. Do naufrágio iriam salvar-se apenas os "viajantes sem bagagem", isto é, aqueles que perdendo a memória de grupo puderam acomodar-se às oportunidades novas das profissões liberais e da técnica. E assim, o equilíbrio social do Sul e o seu progresso econômico se deram em detrimento da literatura.

Não será fácil encontrar um parágrafo comparável na ficção ou nos estudos sociais brasileiros.

A relação da peça de Jorge Andrade com esse universo fechado é intrincada. Em certo sentido, *A moratória* é uma culminação dele, que por fim acha forças para sair de seu confinamento. Entretanto, como nota Gilda, a peça já traz em si um certo distanciamento, de que deriva a sua força: Jorge Andrade como que cruza os braços diante dos conflitos e deixa que eles cumpram seu destino, sem tomar partido. Além do que, usa um recurso moderno do teatro americano — a coexistência de presente e passado em cena —, e conta com a competência dos encenadores e técnicos estrangeiros que estavam renovando o teatro brasileiro na São Paulo daqueles anos de pós-guerra. Assim, a recriação sem mescla do amado universo da fazenda é bastante mesclada. Ao estudar essa ordem de conexões, Gilda lhes acrescenta referências ao Brasil contemporâneo, aos estudos sociais e, sobretudo, reinscreve a perplexidade da peça numa perspectiva decididamente progressista, que o tempo confirmou só em parte.

Visto de longe, um dos aspectos surpreendentes do ensaio é o elogio franco de São Paulo, porém feito em espírito contrário ao paulistismo tradicional, à nostalgia rural dos fazendeiros ou ao ressentimento dos revoltosos de 1932. A causa do entusiasmo era o momento que a cidade atravessava depois da guerra, na década de 1950, em especial "o grande surto de progresso do teatro e do cinema, ligado ao desenvolvimento urbano de São Paulo" — leia-se a criação do Teatro Brasileiro de Comédia e da Companhia Cinematográfica Vera Cruz. As novas circunstâncias prometiam muito. A literatura deixaria de ser uma atividade lateral, relegada às horas que sobrassem do trabalho para a sobrevivência. Na qualidade de autor teatral ou de roteirista de cinema, o artista "podia fazer da fantasia a sua profissão", ou, ainda, tinha "a primeira oportunidade de harmonizar o mundo da imaginação com o imperativo profissional". Completando essa pequena utopia paulista, as novas formas de arte ofereciam a "experiência inédita do trabalho grupal de criação, mais coerente com a vida urbana", além de integrar à cultura do país o técnico estrangeiro recém-chegado, cuja experiência artesanal era indispensável às novas formas de espetáculo. Coroando as expectativas, a conjugação dessas linhas de força "apresentava-se [...] como um símbolo de que os antigos ressentimentos haviam sido ultrapassados e caminhávamos agora para a construção de um novo mundo". Algo desse mesmo otimismo, que também a minha geração ainda chegou a conhecer, existiu na Faculdade de Filosofia da USP. As promessas democráticas da profissionalização do intelectual, da superação do individualismo no trabalho de equipe, da superação da xenofobia e do bairrismo, apontavam para uma sociedade melhor. É um ciclo que se encerrou com o golpe de 1964, quando — para uso dos brasileiros — o progresso deixou de ser inocente.

(2007)

Às voltas com Bento Prado

Nos anos 1960 e 70, a resistência à ditadura deu projeção extrauniversitária a alguns professores de esquerda, permitindo que mais adiante, na hora da abertura política, eles se candidatassem a cargos eletivos. O exemplo inicial em São Paulo foi Fernando Henrique Cardoso, que se elegeu suplente de senador. O salto da Faculdade de Filosofia ao parlamento, sem a passagem prévia pelo liquidificador da política profissional, criava expectativas altas e agitava os espíritos. O hábito dos estudos e da discussão, a intimidade com as ciências sociais e com o marxismo fariam diferença no governo?

Na ocasião, Bento Prado inventou um slogan para divertir os amigos: "Quem sabe escrever sabe governar; Bento Prado para senador". A alegria foi geral na faculdade. A fórmula peremptória fazia rir por muitos lados. A sua inverdade clamorosa era uma piada, na verdade uma aula pela via paródica, oswaldiana ou brechtiana, sobre as presunções da oligarquia num país de alfabetização precária. Havia também o tempero biográfico. A inteligência incomum de Bento era uma unanimidade, assim como a sua inapetência para lidar com as complicações da vida prática. Além disso, ele era o descendente filósofo de uma família de fazendeiros quebrados pela crise de 29, aos quais o tom autoritário — tão bem imitado — pareceria natural. Enfim, se havia alguém que não aspirava ao mando nem queria ser mandado era ele. A malícia das malícias entretanto não estava aí. Se o slogan fazia troça com as pretensões políticas das classes que redigem bem, ele não obstante afirmava que, dentre os muitos candidatos, quem sabia escrever deveras era Bento Prado ele mesmo. Sob a autopropaganda humorística havia a estocada nos colegas menos sonhadores e estetas, ou mais afeitos à política real. Atrás de tudo, a equiparação cômico-polêmica entre as Letras e a Política: se as primeiras não levam ao senado, não cedem à segunda em valor, nem se deixam abafar. Um duelo nas nuvens, mas carregado de convicção.

O fato é que Bento escrevia admiravelmente e que a sua prosa se impunha — e se impõe — à primeira vista, por razões que aliás não são fáceis de explicar. A sua frase, de caimento sempre perfeito, é ampla, muito organizada e clara, ligeiramente retórica e fora de moda, com miolo filosófico moderno. O modelo com certeza é o Drummond do período classicizante, agilizado talvez pela multiplicação malabarística de aspectos, *à la* Sartre e Merleau-Ponty, além de acompanhado pelo culto parnasiano da visibilidade completa, que não deixa nada na sombra. O amor da clareza — uma forma de decoro, mas sobretudo de racionalidade e universalismo — era a feição dominante da elegância buscada por Bento. Aparecia igualmente na sua maneira muito correta e atenciosa de conversar, na pronúncia de professor que não engolia sílabas nem cedia a modismos e regionalismos, e também na bela caligrafia e nos envelopes bem sobrescritados. Do ponto de vista literário, remava na contracorrente do Modernismo, que pesquisava as irregularidades brasileiras, a gramática popular, a informalidade, a forma elíptica e fragmentária, o sujeito socialmente e nacionalmente marcado.

Entretanto, o universalismo de Bento não deixava de ter a sua fisionomia social. O refinamento sintático, a visão abrangente e concatenada, o vocabulário justo, a pitada de eloquência etc. tinham a nota senhorial — é claro que modificada pelo naufrágio histórico do senhor enquanto classe, e por um ajuste de contas filosófico com a sua figura. A seu tempo, a linguagem escoimada de brasileirismos, segura da gramática portuguesa e do latim, terá sido um padrão de autoridade, e não só um esforço cultural. A prosa de Bento lhe conservou o arcabouço, com suas possibilidades formais e sua altura, mas obedecendo a outro sujeito.

Entre os belos traços de Bento estavam o igualitarismo radical e a ira juvenil contra o privilégio, que faziam dele um homem indiscutivelmente de esquerda. Suponho que o objeto inicial de sua revolta tenha sido a prerrogativa oligárquica, à qual o secundarista convertido ao comunismo opunha a igualdade e a justiça. Contudo, como ele logo notou, o autoritarismo e o conchavo que o indignavam na oligarquia eram a norma também no Partido Comunista, o que o colocou para sempre à margem da política prática.

A conversação com Bento era algo especial. Ele era brincalhão e farsante, mas sobretudo sério. Na discussão gostava de um pouco de esgrima, mas não se tratava de jogo apenas. Havia o desejo real de esclarecer as questões, e não lhe ocorria levar a melhor de qualquer jeito. A lealdade e o *fair play* eram parte absoluta do processo, que ultrapassava a dimensão pessoal e, meio metaforicamente, representava o interesse coletivo. O espírito democrático, que na política tinha pouca chance, aqui dava fruto e criava padrão. Assim, na segunda edição de seus ensaios ele publicou como posfácio uma discussão muito crítica — embora notavelmente compreensiva — de Paulo Arantes a seu respeito. Na mesma linha, quando saiu o meu primeiro livro Bento publicou um excelente artigo que o questionava no essencial. São procedimentos que vale a pena mencionar por não serem habituais em nosso meio.

Quando tínhamos vinte anos, Bento me fez a comunicação formal de sua repulsa pelo antissemitismo. Era parte da consolidação de nossa amizade, e uma afirmação de suas convicções universalistas, para as quais o preconceito contra os judeus era o arquétipo de todos os preconceitos. Como eu não corria o risco de ser antissemita, mas nem por isso tinha grande opinião de meus patrícios, a conversa tomou rumo engraçado, com o gói advogando a causa do opositor. Outra vertente de seu universalismo era o absoluto respeito pela desgraça. Tendo bastante de príncipe, ele não se achava melhor do que ninguém. Num fim de noite, quando os bares decentes já haviam fechado, ele me arrastou para um boteco atrás da praça da República, onde a sua atenção se fixou na munheca fechada e nas unhas sujas de um pobre homem adormecido, que por um bom momento resumiram para ele a angústia da existência.

Como combinar o cultor da clareza superlativa, o farsante e o notívago atormentado, que preferia que a noite não terminasse e que temia a luz do dia seguinte? Lutavam, um derrubando o outro, mas não se misturavam, e naturalmente compunham um enigma para os amigos e para ele mesmo. A poesia de Bento, que não está reunida, dá testemunho do impasse reinante no seu *Laboratório de Metafísica Geral* — expressão dele. Ele gostava de recitar o "Relógio do Rosário" de Drummond, especialmente os versos seguintes: "[...] E nada basta, / nada é de natureza assim tão casta // que não macule ou perca sua essência / ao contacto furioso da existência. // Nem existir é mais que um exercício / de pesquisar de vida um vago indício, // a provar a nós mesmos que, vivendo, / estamos para doer, estamos doendo".

Que falta o Bento faz!

(2007)

Aos olhos de um velho amigo

Michael Löwy é muito conhecido como historiador das ideias da esquerda, e praticamente desconhecido como militante do surrealismo. Para corrigir essa unilateralidade, vou colocar em epígrafe de minha homenagem uma tragédia surrealista em dois atos, que ele escreveu quando tinha dezoito ou dezenove anos. Ato i: Adão surpreende Caim tentando fazer amor com Eva; o filho leva uma tremenda surra. Ato ii, depois da sova: Caim pergunta a Adão, "mas pai, quando Deus ainda não tinha formado a minha mãe com a sua costela, como é que você fazia?". Adão, com ar culpado, olha as mãos. Fim da tragédia. Atrás da brincadeira de colegial já estava a aposta no valor artístico da profanação.

Como conheço o grande homem desde criança, achei que seria boa ideia começar lá atrás. Fizemos amizade aos 15 anos, numa colônia de férias judaica, em Campos do Jordão. Nós nos descobrimos logo, já na viagem de ônibus, porque os dois queríamos discutir assuntos que do ponto de vista do rabino eram inconvenientes, tais como socialismo, psicanálise, literatura. Eu estava lendo as "Ficções do interlúdio" de Fernando Pessoa, cheias de decadência, reis que abdicaram, fontes que secaram, rosas murchas, horas pálidas e meninos mortos. Mostrei ao Michael, que não achou grande coisa. Ele em compensação me falou com entusiasmo de Vargas Villa e Pitigrilli, dois autores meio pornográficos, cínicos em assuntos de sexo, que na época se compravam em banca de jornal. Para dar uma ideia do gênero, lembro dois títulos que nunca esqueci, *Loira dolicocéfala* e *Virgem de dezoito quilates*, ambos de Pitigrilli. Fiquei de queixo caído diante da segurança com que o meu novo amigo torcia o nariz para obras consagradas e lhes preferia outras de reputação duvidosa, mas que falavam ao seu (ou nosso) interesse cru. Ponto para ele.

Aliás, até hoje essa reação direta mas nada convencional às obras de arte me surpreende e faz pensar. Para Michael, quem manda são os apetites da imaginação, que não pedem licença e cuja esfera é a vida corrente, sem cálculo estético, sem especialização de ofício e com pouca história da arte. O que conta, o que fala a seu coração é o que as obras trazem à luta socialista e à libertação do inconsciente. É uma espécie de preferência conteudista, mas como as demandas do socialismo e do inconsciente não coincidem, o resultado não é óbvio nem previsível. Além do que, Michael prefere a arte visionária ao realismo, o que mistura mais as cartas. Enfim, esse seu desdém pelas questões de forma muitas vezes me pareceu (e ainda me parece) um erro sem remédio, estrangeiro ao procedimento artístico e à maneira que a arte tem de conhecer. Mas também é certo que o descaso pela forma não deixa de ser uma opção formal, a manifestação de um interesse rebelde e indiscutível, que as considerações de forma edulcoram. Nesse sentido, o antiformalismo representa um gosto peculiar, uma espécie de plebeísmo libertário, uma inconformidade com o lado sublimador da literatura, ou com a literatura tal como ela é. Para encerrar esse capítulo, lembro mais um argumento a favor de Michael: é fato que as aspirações libertárias em matéria de política e sexo são infinitamente mais combatidas, perseguidas e recalcadas do que sabemos e do que podemos imaginar. De modo que ao tomá-las como a pedra de toque do interesse e o fio vermelho de sua pesquisa, Michael acaba entrando pelas portas certas, fazendo uma descoberta atrás da outra, mesmo em áreas ultrapesquisadas, em que parecia não haver mais nada a descobrir. Um exemplo é o bom livro sobre Kafka, que acaba de ser traduzido para o português e que, até onde sei, realmente inova. Michael foi atrás das inspirações anarquistas do escritor, levantou as suas simpatias pela causa feminina, os paralelos involuntários com a teoria weberiana da burocracia, e conseguiu nos apresentar um Kafka bem mais antiautoritário e mais plantado nos conflitos do mundo do que se costuma admitir.

Mas vamos voltar aos primeiros anos. Quando começou a cursar ciências sociais na USP, em 1957, Michael estava pronto e definido, e já havia encontrado a fórmula que não ia mudar mais: era militante socialista e surrealista, os dois ao mesmo tempo, o que correspondia profundamente a seu modo de ser. Como se sabe, o casamento dessas vertentes, que parecem incompatíveis, é uma das marcas registradas do trotskismo, o qual também se tornou parte dele. Para completar o quadro é preciso acrescentar que Michael era muito cumpridor de seus deveres e muitíssimo bem organizado.

Graças a isso ele tinha tempo para tudo. Era excelente aluno, lia e fichava o que os professores pediam, entregava os trabalhos na data prevista, era militante político assíduo, pontual nas passeatas, ia aos concertos, via os filmes, fazia a corte às moças, de meio-dia à uma ouvia a "Hora dos mestres", um programa de música clássica da Rádio Gazeta, gostava de jogar os jogos surrealistas, que ensinava a amigas e amigos, e até onde sei era um filho muito dedicado, o que se poderia chamar um bom menino. Vocês vão ver que não digo isso para desmerecer.

Insisti no cumprimento metódico das obrigações e na boa vontade básica porque, sem serem posições ideológicas, políticas ou estéticas, imprimem ao conjunto da figura uma nota especial. Tanto o socialismo revolucionário quanto o surrealismo são subversões que atacam a ordem na raiz, e dependendo das circunstâncias são casos de polícia, sempre sob a pressão da realidade a que se opõem. Pois bem, ligados à disciplina do estudante sério e à consciência limpa do moço bom, os impulsos subversivos gravitam num espaço aprovado, comparativamente desimpedido. É como se o coeficiente de atrito diminuísse, e o atrativo da radicalidade aumentasse. Dizendo de outro jeito, é como se o sistema dos interesses vulgares, quer dizer, a busca do mando, das vantagens materiais e de acomodações do desejo, ou também o medo, não estivessem em vigor. Ou ainda, como se o princípio de realidade estivesse atenuado, causando, aliás, tanto perdas como ganhos. Quero me explicar melhor.

Em linha com o surrealismo e com Michael, que gostam de jogos, vamos imaginar uma combinatória de três elementos, dois a dois, em que a revolução social, a revolução surrealista e o cumprimento das obrigações se modificassem reciprocamente. A combinação de surrealismo e de obrigação, com hora marcada e o guarda-chuva que Michael sempre trazia no braço, tinha alguma coisa de filme de Carlitos. Mas há também a modificação inversa, em que a vocação absoluta e o humor negro dos surrealistas tornam revolucionário ou imprevisível o cumprimento da obrigação, que não se sabe aonde pode chegar. A propósito, no ensaio de Walter Benjamin sobre o surrealismo há uma restrição interessante ao elogio que Breton faz à inatividade: diz Benjamin que os surrealistas desconheciam o valor místico do trabalho, uma objeção que não se aplica a Michael.

Algo parecido vale para a combinação de militância revolucionária e vida escolar bem planejada, em que a militância pauta os interesses acadêmicos do estudante, e a capacidade de estudo deste em pouco tempo o torna um agitador de ideias com repercussão internacional. Sem contar que o gosto da consequência o levava muito depressa da sala de aula para, por exemplo, as lutas explosivas das ligas camponesas. Para completar este jogo, é claro que o engajamento surrealista era um antídoto às degradações burocráticas e autoritárias da luta socialista, ao passo que o socialismo revolucionário barrava a regressão do surrealismo a simples estilo artístico entre outros. No conjunto, como salta aos olhos, são posições que não casam bem com o comunismo mais ou menos stalinista e com o populismo mais ou menos malandro que davam o tom ao grosso da esquerda brasileira da época.

Assim, Michael buscava sempre a extrema esquerda do espectro, quase que por tropismo, mas sem quebra do temperamento amável. O sujeito das convicções não anulava o rapaz comportado e este não impedia o outro. Por isso mesmo, Michael não gostava de atritos pessoais, e ficava constrangido quando falavam mal do próximo na frente dele; se no entanto a diferença fosse política, era capaz de ser absolutamente inflexível, também com amigos: o contrário do cidadão rixento no pessoal e espertalhão em política. Algo paralelo ocorria em relação ao surrealismo, cujo interesse quase científico pelos aspectos cabeludos do desejo e da imaginação Michael compartilhava e cujos experimentos e anedotas gostava de contar e comentar. Nessas ocasiões era notável a completa ausência da nota cafajeste ou degradante, o que num país malicioso e católico como o nosso não deixava de ser um milagre. Para me certificar de que não estou inventando, consultei as colegas da época, que confirmaram a impressão, com saudade. Noutras palavras, a dureza do socialista revolucionário não engrossava a voz do amigo e colega, cujo temperamento ameno, por sua vez, não enfraquecia a determinação do militante. Assim também o viés transgressivo dos jogos e das proposições surrealistas não naufragava na confusão de fraquezas e desejos na praça. O sujeito histórico e o sujeito privado não se confundiam, só atritavam em caso de necessidade, e a prioridade do primeiro era serena. Um arranjo incomum, em que estranhamente o dever, a fantasia e a revolução parecem não se opor uns aos outros, mas sim colaborar.

Enquanto muitos colegas, uma vez concluído o curso, entravam por rumos que não queriam, procuravam empregos que não desejavam, embarcavam em bolsas de estudo para lugares inóspitos e se enterravam em teses de assunto indiferente, Michael foi para a sua querida Paris, estudar com o seu admirado Lucien Goldmann, para pesquisar o seu assunto favorito e escrever a tese que queria, sobre a teoria da revolução no jovem Marx. Determinado como era, realizou em tempo relativamente curto um trabalho dos mais interessantes, que aliás até hoje se lê muito bem. Com a vantagem da pessoa que se achou cedo, Michael foi estudando em grande escala, organizando o que sabia e publicando os livros correspondentes, tornando-se um importante expositor e intérprete do ideário da esquerda.

As publicações vieram pingando, possivelmente formando blocos. Um primeiro de teoria revolucionária, centrado em Marx, Trótski, Lukács e Guevara, suponho que respondendo à parte final do ciclo de revoluções na periferia do capitalismo. Outro, mais metodológico, procura arguir a superioridade do marxismo sobre as teorias sociais concorrentes, em especial sobre o positivismo. E o terceiro, enfim, liga-se à etapa histórica atual, de baixa mundial do marxismo e também de crise das certezas do progresso. No belo estudo sobre a *Evolução política de Lukács*, que pertence ao primeiro bloco, Michael havia escrito um capítulo introdutório sobre a *intelligentsia* anticapitalista na Europa central, cujas razões estéticas, religiosas e morais podiam mas não precisavam levar ao marxismo e à revolução. Pois bem, na fase de decrepitude da União Soviética e de maré baixa da revolução mundial, este mesmo universo — em parte judaico — tornou-se uma grande moda internacional, em veia em geral conservadora, servindo como sucedâneo da revolução política. Michael, que já conhecia o assunto, procurou apropriá-lo em sentido contrário e politizado, como chão necessário e um tanto desconhecido do impulso revolucionário. Daí a sua incursão em grande escala pelos territórios do romantismo anticapitalista, do utopismo e do messianismo judaicos, em cuja crítica do progresso ele encontra um elemento de verdade contemporânea, importante para uma atualização do marxismo. Com maior diversidade de autores e amplitude histórica acrescida, é o impulso surrealista que se reapresenta, para fazer frente aos déficits que a evolução histórica recente apontava na teoria da revolução. Enquanto os blocos I e II, sobre teoria revolucionária e sobre a superioridade metodológica do marxismo, participavam de uma guerra em curso e tinham algo de fla-flu doutrinário, o bloco III, ligado aos impasses históricos dos outros dois, é escrito em espírito mais problematizador, o que lhe dá uma indiscutível superioridade literária. São paradoxos para pensar em casa. Vejam deste ângulo o último livro sobre Walter Benjamin, o *Alarma de incêndio*. Seja como for, com esses trabalhos Michael nos dá o exemplo pouco frequente e muito estimulante do intelectual que se aproxima dos setenta em franca evolução.

Para concluir com uma pergunta, quero partir de seu livro muito documentado sobre *A política do desenvolvimento combinado e desigual: a revolução permanente*. Como é sabido, são noções sistematizadas por Trótski, interessado inicialmente em incluir a Rússia retardatária no rol dos países com potencial revolucionário. O interesse dessas ideias para a esquerda dos países ditos atrasados é fulminante, pois elas recusam o marxismo do progresso linear, para o qual a revolução socialista só está na ordem do dia nos países adiantados. Tratava-se de sublinhar o caráter supranacional e desnivelado — ou dialético — do capitalismo, cujas rachaduras abrem à revolução possibilidades imprevistas, que o materialismo etapista, ou economicista, ou confinado à política nacional desconhece. Noutras palavras, as condições para a revolução não deveriam ser aferidas pelo adiantamento ou pelo atraso local, mas pelo contexto internacional, que é a dinâmica decisiva. Assim como o capitalismo aproveita os desníveis entre países para combiná-los e maximizar a exploração, os socialistas devem usá-los para levar adiante a revolução. O atraso material não exclui formas de organização popular adiantadas, e a combinação entre os dois, embora heterodoxa, pode conduzir à ruptura. Noutras palavras ainda, o país retardatário pode ser o elo fraco do sistema e desempenhar um papel de vanguarda na sua superação. Pois bem, até os anos 70 do século passado a série das revoluções em países periféricos pareceu dar certa razão a Trótski, no que respeita à conquista do poder. Na etapa subsequente, contudo, quando se tratava de construir a sociedade superior e alcançar o bem-estar dos países adiantados, o peso do determinismo econômico reapareceu com toda a força, ao passo que o voluntarismo revolucionário se mostrou insuficiente, quando não desastroso. Enquanto o desenvolvimento desigual e combinado do capitalismo se renovava e aprofundava velozmente, a política da revolução permanente chegava a um impasse, menos porque fosse impensável o assalto ao poder por uma vanguarda, e mais porque o caminho ulterior em direção do socialismo parece bloqueado. Vou parar por aqui.

(2007)

Saudação a Sérgio Ferro[1]

Caro Sérgio, caros amigos,

como todos aqui, estou feliz de participar desta inesperada homenagem oficial. Quero cumprimentar o nosso ex-vereador Nabil Bonduki pela iniciativa, e pela ideia generosa e heterodoxa que ele tem do que seja merecer a gratidão da cidade. Graças a essa ideia, faz pouco tempo o Chico de Oliveira, aqui presente, recifense e radical, também foi acolhido na galeria dos paulistanos ilustres, para satisfação da nossa intelectualidade não conformista.

Se não me engano, as intervenções mais salientes de Sérgio Ferro — aquelas que puseram a cidade em dívida com ele — foram quatro. Primeira: Muito cedo, antes ainda de 1964, ele e seus amigos Flávio Império e Rodrigo Lefèvre ensinavam que o teste

1. Sérgio Ferro foi distinguido pela Câmara Municipal com a Medalha Anchieta e o Diploma de Gratidão da Cidade de São Paulo, em 19 de abril de 2005. Na ocasião, houve um seminário na Faculdade de Arquitetura e Urbanismo da USP sobre a sua trajetória.

verdadeiro da modernidade para o arquiteto estava no problema da habitação popular. Segunda: Pouco depois de 1964 ele observou e logo escreveu que o golpe vitorioso da direita, bem como a derrota da esquerda, haviam mudado o sentido geral da modernização, inclusive da modernização em arquitetura. Terceira: Diante dessa mudança, Sérgio entrou para a luta armada contra a ditadura e pelo socialismo, o que lhe valeu uma temporada de cadeia. E quarta intervenção, unindo a análise do modernismo arquitetônico ao estudo econômico-social do canteiro de obras, ele concluiu, quanto ao primeiro, que se tratava de uma ideologia conformista, que recobria realidades de classe nada glamorosas ou adiantadas, muito distantes daquelas que a ideia de modernidade sugeria.

Convenhamos que as quatro intervenções são notavelmente críticas, para não dizer estraga-prazeres. Qual a ideia então de festejá-las e dá-las em exemplo? Seria o desejo de completar a reconciliação com as travessuras antigas de um respeitável sessentão cassado pela ditadura? Passado o tempo, que agora é outro, seria a vontade de reconhecer o valor histórico daquelas intervenções, para fazer delas uma parte assumida e legítima de nosso presente, apesar do incômodo causado em seu momento? Seria o sentimento de que as questões levantadas por Sérgio naquele tempo mal ou bem continuam vivas? Ou terá sido apenas um cochilo do establishment, que o Nabil aproveitou para fazer justiça com as próprias mãos? Suponho que de tudo isso haja um pouco, mas a resposta cabe à geração de vocês.

Em 1964, Sérgio estava com 25 ou 26 anos. Isso quer dizer que ele pertence à última geração que ainda carregou as baterias nos anos do desenvolvimentismo populista, em particular na fase radicalizada do final, quando durante um curto período pareceu que modernização, emancipação popular e emancipação nacional andavam de mãos dadas, sob o signo da industrialização.

O entusiasmo causado por essa convergência, ilusória ou não, em que a presença da luta popular e dos sindicatos tornava substantivas as ideias de progresso e de democracia, foi grande. As aspirações daquele momento, de legitimidade quase irrecusável, deram substância crítica e subversiva à vida cultural brasileira durante decênios, muito depois de desmanchada aquela convergência. Pois bem, é nessa atmosfera de confiança no futuro e na força racionalizadora e saneadora da industrialização que Sérgio, Rodrigo e Flávio dão um passo surpreendente: como a industrialização e as suas bênçãos iriam tardar, eles buscaram uma solução para a casa popular que fosse para já, barata, fácil e pré-industrial. As suas pesquisas sobre a construção em abóbada, apoiada em materiais correntes e baratos, e em princípios construtivos simples, fáceis de aprender e de ensinar, ligam-se a esse quadro. Tratava-se de democratizar a técnica, ou, também, de racionalizar a técnica popular por meio dos conhecimentos especiais do arquiteto. Encarada assim, a casa em abóbada — um abrigo, uma oca, um invento modernista — adquiria estatuto metafórico de protótipo para uma nova aliança de classe, para a aliança produtiva entre a intelectualidade e a vida popular, à procura de uma redefinição não burguesa da cultura. Pedro Arantes, que historiou bem esse percurso, observa que se tratou de uma primeira crítica à industrialização da construção, a ser retomada depois, e de uma primeira hipótese, ligada a circunstâncias sociais brasileiras, sobre a construção fora do âmbito das relações de produção capitalistas.[2]

Outro aspecto importante, também historiado por Pedro, é a ligação dessa "poética da economia", tão diferente do modernismo aparatoso de Brasília, com o experimentalismo vanguardista das cenografias de Flávio Império. Flávio trabalhava com estopa, papel de jornal, palitos, roupa velha etc., materiais que são quase

---

2. Pedro Fiori Arantes, *Arquitetura nova*. São Paulo: Editora 34, 2002.

nada, se nada for o que está aquém do preço e não circula no mercado. Por aí, há um parentesco também com a "estética da fome" de Glauber Rocha e com o clima geral do Cinema Novo. São relações importantes, em que a pobreza brasileira suscitava respostas intelectuais e artísticas ousadas, de vanguarda, que reatualizavam o espírito antiburguês e revolucionário das grandes vanguardas do primeiro decênio do século xx.

Seja como for, em 1964 houve a inversão da corrente, inversão aprofundada em 1968. As perspectivas da esquerda estavam cortadas. No que dizia respeito aos intelectuais, um conjunto amplo de apostas no futuro e alianças de classe efetivas, de convicções políticas, sociais, artísticas e outras, além de possibilidades profissionais e garantias materiais, foi posto em xeque, passando a se modificar em função das circunstâncias. Sérgio foi rápido para assinalar, num grande artigo, que a promessa de modernização, tão importante para o prestígio político dos arquitetos, mudava de horizonte ao separar-se, ou ao ser separada, do combate pelo progresso social.[3] A aura moderna da profissão não ia desaparecer, mas perdia o voo e trocava o rumo. Na mão dos mais fiéis, ou mais frustrados, o padrão estético moderno passava a funcionar como uma objeção cheia de quinas, moralista e simbólica, além de impotente, ao curso das coisas. O funcionalismo deixava de ser funcional, pois "o equilíbrio dinâmico entre ser e dever-ser", em palavras de Sérgio, se havia rompido. Para outros, a parafernália moderna era sobretudo a justificação da autoridade social dos que *sabem*, ou seja, dos tecnocratas em que eles mesmos estavam se transformando. Para outros, enfim, ela conferia o cachê do requinte a quem pudesse pagar. Diante do que considerava o esvaziamento da sua profissão, Sérgio concluiu que a luta não se podia confinar aos limites dela, e acompanhou a parte da

---

3. Sérgio Ferro, "Arquitetura nova" (1967), *Teoria e prática*, n. 1, São Paulo, s/d.

esquerda que se empenhou na luta armada. A facilidade com que esta foi derrotada, apesar da consequência pessoal dos que se engajaram, é um dado importante para a reflexão.

Não há tempo nem eu teria os conhecimentos para recapitular a luta contra a ditadura e para especificar as causas últimas de seu recuo. O fato é que ao longo da resistência, e do processo da abertura, um bom número de figuras destacadas da esquerda se qualificou socialmente para a liderança em vários planos, inclusive o plano político. Assim, em pouco tempo e sem que o país no essencial tivesse virado à esquerda, tivemos um presidente da República de boa formação marxista, outro de boa formação sindical, para não falar de ministros, senadores e deputados ex-comunistas e ex-guerrilheiros. Não custa lembrar também a origem esquerdista de um grande batalhão de professores titulares, entre os quais eu mesmo. O fenômeno é notável e não foi suficientemente discutido. Contudo, o grande sucesso social-político da geração da resistência teve o seu preço. Conforme esta ocupava as novas posições, deixava cair as convicções intelectuais anteriores — por realismo, por considerar que estavam obsoletas, por achar que não se aplicavam no momento, por concluir que sempre estiveram erradas, ou também por oportunismo. De modo que o êxito da esquerda foi pessoal e geracional, mas não de suas ideias, das quais ela se foi separando, configurando algo como um fracasso dentro do triunfo, ou melhor, um triunfo dentro do fracasso. Talvez se pudesse dizer também que parte do ideário de esquerda se mostrou surpreendentemente adequada às necessidades do capital. O respeito marxista pela objetividade das leis econômicas não deixava de ser uma boa escola. Seja como for, a tendência é tão numerosa, e aliás espalhada pelo mundo, que uma crítica de tipo moral não alcança o problema. Vou tocando pela rama estas vastas questões porque elas formam as coordenadas para situar a originalidade do percurso de Sérgio, que tomou a direção oposta. Diante da derrota, ele aprofundou a sua matriz intelectual marxista, o que lhe permitiu inovar e chegar à linha de frente da atualidade, é claro que noutro plano, sem abrir mão da crítica. Mas também ele pagou um preço.

Quando, a partir de 64, o racionalismo arquitetônico mostrou ser compatível com as necessidades da ditadura e da modernização capitalista do país, Sérgio resolveu examinar mais de perto as suas razões. Reatando com intuições anteriores a 64, que não viam como idênticas a causa da habitação popular e a causa da industrialização, *e portanto não acatavam o etapismo ritual dos Partidos Comunistas*, ele passou a estudar o canteiro de obras *na sua realidade*, fazendo dele uma pedra de toque.[4] A inspiração era claramente marxista: o segredo e a verdade da sociedade moderna estão no processo produtivo e na sua articulação de classe. Repetia o caminho expositivo de Marx, que apresentava a esfera da circulação de mercadorias como "o Éden dos Direitos Humanos", mas para ironizá-la e em seguida descer à esfera da esfola propriamente dita, que é o processo produtivo, onde a fachada civilizada e igualitária sofre um rude desmentido. É nesse espírito materialista e desmistificador que Sérgio arrisca um lance agudo, fazendo da situação da força de trabalho na construção civil, ou da realidade tosca e autoritária do canteiro de obras, o teste do racionalismo arquitetônico e de suas pretensões. A discrepância é grande entre o discurso dos arquitetos, claro, arejado, livre, enxuto, transparente, humanista, desalienador etc., e, do outro lado, os fatos da exploração, do ambiente atrasado, segregado e insalubre no próprio canteiro. Encarada com o distanciamento devido, a diferença se presta à comicidade brechtiana. Os resultados teóricos são de primeira linha, muito inovadores e penetrantes — até

---

4. Sérgio Ferro, "A forma da arquitetura e o desenho da mercadoria", *Almanaque*, n. 2. São Paulo: Brasiliense, 1976.

onde vê um leigo —, próximos dos achados decisivos da crítica de 68, que descobria e transformava em problema histórico-mundial o conteúdo político da divisão técnica do trabalho.

Em versão heterodoxa, vinham à frente Marx, a análise de classe e do fetichismo da mercadoria, o estudo social e relevante da forma artística, além de articulações muito sugestivas entre os aspectos bárbaros do processo produtivo e funcionamentos e patologias descritas pela psicanálise. No ponto de fuga, o questionamento das certezas acríticas quanto ao progresso, que animavam de modo razoavelmente semelhante os marxistas, os nacionalistas e os liberais. O alcance teórico e crítico dessas perspectivas, que estão apenas esboçadas, vai se mostrar no futuro, à medida que forem retomadas e reatualizadas pelos estudantes. O efeito imediato delas entretanto foi o encerramento da atividade de arquiteto de Sérgio, que ficou sem campo prático de trabalho e se recolheu ao ensino e à pintura. Foi o custo a pagar pela consequência, ou também o prêmio que esta lhe proporcionou.

Tomando recuo, digamos que há complementaridade entre os preços pagos por uns e outros, e também entre os prêmios obtidos. Em contato com as novas realidades do capital e diante da derrota das teses de esquerda no mundo, uma parte grande dos portadores do movimento crítico gestado à volta de 1964 pôs de parte as questões e os termos, a experiência histórica verdadeiramente rica em que se havia formado. Renunciava a dinamizá-los e a reinventá-los em função do presente, no qual acabava se inserindo nos termos do processo vencedor, que inesperadamente qualificava a geração batida para participar em posição saliente do curso *normal* da sociedade contemporânea. Mesmo quando os motivos foram razoáveis, a quebra com o passado existiu. No campo bem mais restrito dos que insistiram na perspectiva crítica, a recusa da ruptura não evitou por sua vez que esta reaparecesse noutro lugar, também cobrando o preço da derrota. É certo que a visão negativa da atualidade tinha e tem pertinência e algumas vantagens teóricas evidentes: os lados aberrantes da sociedade contemporânea não desaparecem por não serem designados teoricamente, e não se explicam sem a crítica ao capital. Mas o nexo com formas decisivas de prática deixou de estar à mão.

Para concluir, quero dizer que esta cerimônia, o interesse de grupinhos da nova geração pelo trabalho de Sérgio, a constituição de campos sociais em certa medida à margem do capitalismo, por força da dinâmica excludente deste último, tudo isso são indicadores de que o esmiuçamento social das realidades do capital deveria estar na ordem do dia. Pode estar fora de moda, mas entra em matéria e revela o que não quer e não vai calar.

(2005)

Um jovem arquiteto se explica[1]

Caro Pedro, quero cumprimentá-lo pelo seu trabalho de fim de curso, que é notável por muitas razões, especialmente pelo grau de consequência. Você tirou as suas conclusões a respeito da situação de classe da arquitetura em países como o nosso, tomou posição prática em função delas, indo trabalhar nos movimentos de moradia, e tratou de estabelecer o histórico do problema, de modo a esclarecer o quadro em que estamos. O resultado é uma história concisa, mas muito articulada, do impasse da arquitetura brasileira, de esquerda e moderna, diante das questões da habitação popular.

Essa história tem interesse nela mesma, pelo peso das dificuldades que envolve, pela inteligência e ousadia dos arquitetos que tentaram soluções, e também, por enquanto, pelo tamanho do fracasso. Ela tem interesse igualmente como parte da história

---

1. Arguição do Trabalho de Conclusão de Curso de Pedro Fiori Arantes, apresentado à FAU-USP em fevereiro de 2000. Posteriormente incluída como posfácio a *Arquitetura nova*, também de Pedro Arantes. São Paulo: Editora 34, 2002.

mais ampla do impasse social da própria modernização, no Brasil e no mundo. Nesse sentido, são problemas radicais e da maior relevância.

Eu sou leigo em arquitetura, e boa parte do que você expõe eu não saberia avaliar com independência. Vou me limitar a dar impressões e fazer algumas perguntas.

O seu trabalho poderia ser comentado como uma coleção de viravoltas, ou de ironias históricas: tudo dá no contrário, como aliás você mesmo assinalou na sua exposição inicial. Desse ponto de vista, o retrato de Vilanova Artigas é extraordinário, e poderia ser uma peça de ficção. Aí está um homem que apostou a fundo no funcionalismo dos arquitetos como metodologia para chegar a uma sociedade justa. Quais os resultados? Curiosamente, ou dialeticamente, a primeira vitória que o novo padrão moderno e vanguardista lhe proporcionou teve como vítima os trabalhadores, cuja competência tradicional ficava desqualificada. Na mesma direção, a racionalidade que deveria conduzir à sociedade sem classes assumia como a sua tarefa inicial reeducar — logo quem? — a burguesia, e convertê-la à sobriedade das casas de concreto, sem ornamentação. Essa ideia de ensinar sobriedade e rigor estético à burguesia valeu o que valeu, mas agora, virada a página, certamente deixou de prometer um mundo novo. Algo de mesma ordem afetou a aposta na industrialização, com a arquitetura se ligando cheia de esperança ao *design* e a suas implicações educativas. O design pouco existia na época, mas quase em seguida começou a funcionar como uma espécie de marca registrada de privilégio, ao contrário da vocação democrática, voltada para as massas, que postulava. Como não podia deixar de ser, a estrutura de classes brasileira se impôs, redefinindo em seus termos as aspirações vanguardistas europeias. Mas as inversões não terminaram aí.

Com o golpe de 64 o projeto dos desenvolvimentistas de esquerda aparentemente ficava inviabilizado, fora e dentro da arquitetura. Tanto que Artigas foi preso e passou pelo exílio. Pouco tempo depois, entretanto, desmentindo a expectativa, o modernismo arquitetônico parecia contar com mais chances do que antes. Os arquitetos eram bem aceitos na nova situação, e uma parte do programa da casa popular foi posta em prática, ao mesmo tempo que a industrialização da construção avançava um pouco. Desse ângulo, que por isso mesmo requer discussão, 64 pareceria ter tido os seus méritos.

A primeira reação de Artigas ao Golpe veio com a Casa Berquó. Uma casa bem pouco funcionalista, cujo comentário me pareceu um dos pontos altos de seu trabalho. Você nota que, abalado pela derrota histórica da esquerda, o arquiteto naquele projeto e naquele momento admitiu a hipótese de ver todo o seu passado como uma espécie de fantasia, que poderia ser tratada em termos pop. A incerteza foi breve e logo ele retomava as coordenadas anteriores, do racionalismo progressista dogmático, para chegar à conclusão final de que tudo é desenvolvimento, desde que haja progresso de alguma espécie que seja. Mal ou bem, este último justificava tudo, o que no momento da ditadura não deixava de ser uma posição complicada.

No capítulo seguinte entram em cena Flavio Império, Sérgio Ferro e Rodrigo Lefèvre, os discípulos do professor, que logo passam a discordar dele, sobretudo quanto ao caráter simples e linear da certeza progressista, que Artigas compartia com o Partido Comunista. Depois de alguma hesitação, Artigas havia entendido o Golpe de 64 como confirmação de suas convicções: nem mesmo os militares seriam capazes de deter o curso do desenvolvimento e, com ele, a missão da arquitetura funcionalista. O rumo da história era inelutável.

Outros setores da esquerda, ao contrário, influenciados pela heterodoxia dos anos 1960, passavam a entender o desenvolvimentismo como uma bandeira que se mostrara duvidosa e ambígua e que podia muito bem servir à direita, precisando urgentemente ser analisada e especificada em seu conteúdo de classe. Flavio, Sérgio e Rodrigo entraram por essa linha e lhe deram continuidade no âmbito da arquitetura, esboçando um redirecionamento que chamariam de "Arquitetura Nova". Será mesmo certo que funcionalismo, espírito crítico, revolução social, fortalecimento do Estado, anti-imperialismo, defesa do campo socialista etc. sejam quase que a mesma coisa, tudo sob o signo da Razão? Onde Artigas negava a existência de uma crise, os seus discípulos passavam a estudá-la.

Sérgio responderia à questão através de uma análise crítica das relações sociais e de poder no canteiro de obras, a cuja luz o mundo moderno e limpo das convicções funcionalistas faz uma figura pouco edificante, de ideologia da autoridade, encobridora de um imenso campo de irracionalidades e de abjeções, com pouco a ver com o curso real do processo da construção. Assim, embora fosse difícil de pôr em prática, a busca de um processo produtivo democrático trazia um ganho teórico e crítico palpável. Em decorrência desse avanço conceitual, os três — pela ironia das coisas — foram deixando de ser arquitetos. Um foi mais para o teatro, outro para a pintura, e todos para a luta política direta, a qual levou Sérgio e Rodrigo a um longo período de cadeia. Sérgio saiu dela para o exílio, onde procurou teorizar a experiência anterior. É claro que esses paradoxos, os encadeamentos reflexivos e práticos que tornam substancioso o debate arquitetônico, podem ser vistos também como parte — e parte interessante — de uma história mais ampla, dos desencontros da experiência de esquerda no século xx. No fim das contas, as contradições com que o progresso vem surpreendendo os seus adeptos socialistas são a substância de nossa experiência contemporânea e a matéria em relação à qual é preciso progredir.

No passo seguinte, que é o lance central de seu trabalho, você observa que a partir dos anos 1980 os movimentos de moradia estão recolocando na prática o problema com que se havia debatido o grupo da Arquitetura Nova. Há uma questão importante aqui, pois, como você assinala, a parte da deliberação e da consciência nessa continuidade foi pequena. O que houve foi a persistência da questão objetiva. O impasse quase absoluto a que os arquitetos haviam chegado, quando insistiram no abismo entre as condições de trabalho realmente existentes e as postulações do funcionalismo, não era um fim de linha. Ou melhor, foi um fim de linha no plano pessoal de cada um, mas o problema era real e continuou vivo, ressurgindo com outros arquitetos e a partir de outras posições, mesmo que sem maior consciência da continuidade histórica. O que foi fim de linha para uns será começo para outros. A sua tese contribui para estabelecer essas ligações, que aprofundam a nossa compreensão histórica do presente.

Para o leitor de minha geração naturalmente é um tônico ver que a experiência daquele tempo, dada como morta e encerrada, reencontra a vida e tem o que dizer aos mais moços. Suponho que também para a sua geração seja interessante saber que um problema que parece ter nascido agora, rente à prática, tem uma história longa, com seu currículo de sofrimentos, cadeia e elaborações teóricas. É fato que uma das ideologias da fase em que estamos, no Brasil e no mundo, afirma a descontinuidade entre o presente e as categorias e os enfrentamentos da história anterior do capitalismo, com objetivo de desonerar e desculpabilizar a ordem atual, que seria um marco zero. Daí que uma das tarefas críticas de nosso momento seja trabalhar na direção contrária, tratando de reencontrar no presente a conexão com as contradições antigas e irresolvidas.

Com feições de modéstia — se não for dogmatismo invertido —, há ousadia política e espírito crítico no ângulo que os jovens arquitetos de agora adotaram e que você sublinha. Como o Sérgio, pensam que têm mais que aprender que ensinar, ou que a verdadeira lição está no que o movimento popular pela moradia possa dizer sobre a atividade de projeto, e não vice-versa. A perspectiva inesperada e crucial para entender as contradições do progresso é esta, e não a contrária, que entretanto pareceria representar o caminho natural das Luzes. É claro que intuitivamente tudo leva o arquiteto de esquerda a valorizar as consequências de seu saber para o movimento popular: a missão do especialista é fazer, acontecer, dirigir etc., ao passo que o lado de lá aprende com ele. Agora você e os novos arquitetos, muito democraticamente, dizem: não, vamos tomar a relação pelo outro polo, vamos ver as implicações e as consequências do movimento popular para a atividade do arquiteto, tal como o sistema das atividades burguesas a configurou. A desconfiança em relação à autoridade e à distância social embutidas na atividade de projetar, que é talvez a intuição central do Sérgio, aí está de volta.

O Projeto, assim com p maiúsculo, é concebido pelo Sérgio como uma espécie de matriz, no âmbito da arquitetura, da cisão moderna entre trabalho manual e trabalho intelectual, entre trabalho com sentido e trabalho alienado. É uma tese histórica incisiva, cuja discussão exige conhecimento especializado, de que eu não tenho nem os rudimentos. Não obstante, para efeitos de debate, quero duvidar dela e dar a minha impressão de que o Sérgio atribuiu ao Projeto as divisões sociais causadas pelo Capital. Dizendo de outro modo, ele talvez não distinguisse o bastante entre a divisão social do trabalho e a divisão da sociedade em classes, de modo que a luta contra a segunda implicava, por assim dizer, a luta pela abolição da primeira. O Sérgio, que tinha uma aversão moral violenta à ordem burguesa e ao burguês que mais ou menos todos trazemos dentro de nós, procurou reinventar a atividade de arquiteto em termos que escapassem às atrocidades da dominação capitalista, nem que fosse ao preço de abrir mão de conquistas decisivas, tais como a capacidade de projetar e de abstrair, sem as quais é difícil imaginar soluções para o mundo moderno e os seus grandes números. Dito isso, a complementaridade entre os grandes projetos e a ordem do capital, com a sua disposição sobre massas de trabalho abstrato, existe e é preciso ter consciência crítica a respeito.

Mas vamos voltar aos ensinamentos inesperados que o movimento pela moradia pode oferecer ao desenho arquitetônico. Quanto ao Artigas, o efeito da inversão da perspectiva é duro, pois deixa muito clara a dimensão de autoridade, bem como de abstração das condições reais, envolvida em sua concepção de projeto. É o exemplo perfeito para as intuições críticas do Sérgio. Quanto às soluções tentadas pelos três arquitetos, a questão fica parada no ar, pois, como você observa, eles no essencial construíram casas para a burguesia, ainda que buscando soluções e critérios cuja aplicação plena só apareceria na construção de casas populares. Também o experimento com a democratização do canteiro não pôde ir longe.

Em suma, a experiência que eles tiveram em mente começou a se dar de maneira real agora, na geração de vocês, em ligação com os movimentos de moradia. Essa combinação do movimento de moradia com os arquitetos de esquerda monta um quadro extremamente radical, pois não só coloca em jogo a definição convencional da profissão, como movimenta a relação, ou a falta de relação, dos despossuídos com a arquitetura, com as vantagens da civilização contemporânea de modo geral, e com a ciência. São as grandes questões recalcadas de nosso mundo, que fazem ver a própria civilização como problema. Nesse sentido, o mutirão autogerido com assistência de arquitetos é, além de uma saída prática, uma metáfora poderosa e chamativa de saídas eventuais para o mundo contemporâneo, que naturalmente envolvem problemas por sua vez. Você observa, por exemplo, que nesses mutirões autogeridos a cisão entre trabalho e capital — o pecado básico da sociedade moderna — deixou de existir. Essa é a promessa digamos socialista da situação que você estuda e valoriza. Entretanto, não seria razoável imaginar que no caso a cisão apenas mudou de lugar, e que se ela não está *dentro* do processo de trabalho, ela agora está na distância entre o movimento de moradia e o conjunto dos meios técnicos da civilização contemporânea? A alienação moderna muda de face mas não desaparece por decisão heroica, e a própria tentativa de solucionar o problema coletivo da moradia sem recurso aos meios próprios da economia e da técnica modernas não deixa de representar uma limitação drástica, que não tem cabimento idealizar. A privação não pode ser tomada como positiva e é certo que por alguma janela o lado negativo dela volta.

Em linha com esse argumento, acho que faltou em seu trabalho um pouco de exame histórico-sociológico desse encontro entre povo mutirante e arquitetos. Na falta dessa análise, você corre o risco de imaginar uma autorregeneração algo mítica e a baixo custo da franja mais prejudicada de nossa sociedade, sem que houvesse maior transformação da sociedade abrangente. Você mesmo nota os maus-tratos envolvidos na situação de povo da periferia, o bombardeio devastador da mídia e da cultura de massas. São relações destrutivas que o ilhamento no mutirão pode atenuar, em certo sentido, mas não suprimir. Seria o caso de analisar a colaboração entre mutirantes e arquitetos de esquerda como uma aliança de classe no quadro da sociedade global e do padrão técnico e cultural moderno, sem o que a problemática política e cultural não se torna concreta.

Na mesma ordem de dúvidas, me ocorrem problemas óbvios, que você conhece melhor do que eu e que deveriam estar no seu trabalho. Qual a relação entre o mutirão autogerido e os equipamentos gerais da sociedade, que não podem funcionar segundo os termos apartados do processo que você está propondo? Como vão funcionar a eletricidade, os grandes encanamentos, enfim, os serviços gerais da cidade que não podem ser estabelecidos com os recursos dos mutirantes? É uma questão política importante, cuja discussão explícita ajudaria a dar mais realidade à visão do processo. Para terminar, como estou entre arquitetos, quero fazer uma observação geral de literato. Não sou um leitor assíduo de estudos de arquitetura e urbanismo, mas, como tenho amigos nessa área, alguma coisa sempre acabo lendo. A impressão que me fica é que o *mix* de reflexões com que o arquiteto de esquerda se debate, envolvendo estética, tecnologia, luta de classes voluntária e involuntária, finança, corrupção, política, demagogia, especulação imobiliária, planejamento, cegueira, enganação grossa, utopia etc., tem uma relevância notável, e que, a despeito da grossura escancarada, ou por causa dela, ele é como que o modelo para um debate estético realmente vivo. A diversidade, o peso e a incongruência atroz dos fatores que o debate dos arquitetos ambiciona harmonizar, naturalmente sem conseguir, são algo único. É o campo talvez em que a discussão estética de nosso tempo encontra, ou poderia encontrar, a sua expressão mais densa e propícia. Sem perder as proporções, acho que o seu trabalho beneficia da maré alta dessa sua matéria, razão pela qual ele se lê não só como uma informação interessante sobre as lutas em nossa história recente, mas também como um questionamento da civilização e da problemática estética de nosso tempo.

O neto corrige o avô
(*Giannotti* vs. *Marx*)

Peço licença para começar com uma história antiga. Algumas décadas atrás, quando éramos moços, aqui o nosso Giannotti me passou um trabalho que acabava de escrever. Li, gostei e disse que havia achado claro. Ele ficou desapontado e respondeu que o que estava fazendo agora era mais difícil.[1]

É claro que não se tratava para ele de preferir o incompreensível. Pelo contrário, Giannotti foi desde sempre um soldado da razão. O que a anedota mostra é o seu desejo de estar à frente, de se aventurar em áreas temíveis, que o comum dos professores não frequenta, de pensar o impensado. Dizendo de outro modo, Giannotti sempre teve a aspiração vanguardista, de ser ponta de lança, de formar entre os descobridores e de enfrentar as dificuldades correspondentes. Acho que a transmissão militante desse impulso aos amigos e aos alunos, às vezes até um pouco à bruta,

---

1. Mesa-redonda sobre *Certa herança marxista* (São Paulo: Companhia das Letras, 2000), de J. A. Giannotti. Participavam da mesa Bento Prado Jr., Jacob Gorender, Gilberto Dupas, Roberto Schwarz e o próprio Giannotti.

é um dos melhores itens do currículo dele. Eu mesmo sou beneficiário e vítima desse ideal.

Pois bem, a inciativa de formar um seminário para ler *O capital* de Marx, em fins dos anos 1950 — iniciativa importante para a nossa geração universitária —, teve muito a ver com essa disposição vanguardista. A lembrança de Giannotti hoje não é essa, e no seu novo livro, *Certa herança marxista*, ele escreve que desde o começo estudou *O capital* como um clássico, quer dizer, como um livro sem consequência especial para o presente. Com perdão dele, penso que isso é só meia verdade.

Naqueles anos, Giannotti voltara da França convertido às exigências da leitura estruturalista, para nós uma novidade, e é certo que convenceu os amigos a estudar Marx nessa perspectiva, digamos acadêmica. A ideia de entender o grande crítico de nossa ordem social por meio de um método a-histórico e descontextualizador não deixava de ser surpreendente. Mas ela apaixonou o grupo e se mostrou muito produtiva. De outro ângulo, contudo, do qual todos tinham consciência, tratava-se de uma ação política em sentido próprio. Ao encarar Marx com os olhos de um doutorando, comprometido com as razões do texto e mais nada, púnhamos em questão a leitura doutrinária e inculcadora praticada pelo Partido Comunista, e com ela a autoridade intelectual deste último — então ainda uma grande presença, embora já em descompasso absurdo com o padrão intelectual universitário e com a liberdade de pensar com a própria cabeça. Noutras palavras, os seminários de Marx, que em seguida pipocaram entre nós e em todo o mundo, foram uma das inúmeras manifestações da formação de uma nova esquerda, liberada do peso do stalinismo e do enquadramento soviético.

Também do ponto de vista da academia, a aposta no estudo de Marx representava um passo antiacadêmico. Na época, a teoria anticapitalista não fazia parte, por exemplo, do currículo de ciências sociais. Os professores influentes do Departamento eram de esquerda, mas os clássicos eram Durkheim, Max Weber e Karl Mannheim. Talvez se possa dizer que o mergulho no teórico das contradições, da crise e da superação do capitalismo vinha responder a uma dinamização geral em curso, palpável na radicalização do populismo e na presença crescente do terceiro-mundismo e do anti-imperialismo, que repolarizavam à distância a vida intelectual. Assim, quando destrinchavam *O capital* e buscavam nele a inspiração para artigos e teses de doutoramento, os jovens professores queriam trazer a luta de classes e o anti-imperialismo ao primeiro plano também da cena universitária, queriam rivalizar, a partir da universidade, com os demais centros de elaboração ideológica no país, queriam desbancar a sociologia do establishment e tinham, em linha com a mania metodológica nacional, a ambição de estabelecer a superioridade *científica* de Marx, da dialética e deles próprios — ponto aliás em que se esperava muito do desempenho de Giannotti. Noutras palavras, acompanhando o curso das coisas, que se precipitava em direção do enfrentamento de 1964, entrava em pauta a transformação do mínimo e do máximo: mexer no currículo do departamento, tomar conta do pedaço, meter a colher no debate ideológico, intervir na política científica e, mais remotamente, mudar a ordem social do próprio Brasil e do mundo. Daí eu achar que Giannotti não conta a missa inteira ao dizer que para ele Marx não era senão um clássico.

Aliás, nem o livro que estamos discutindo aqui é apenas acadêmico. Muito do que mencionei permanece ativo dentro dele, embora noutro contexto e com significação mudada. A exposição tumultuada e o ânimo vanguardista, por exemplo, estão incólumes. Quanto a este último, a linha condutora da exposição consiste, penso que para surpresa de muitos, em demonstrar ainda e sempre a superioridade de Marx — ou melhor, da *certa herança marxista* do título — sobre os demais pensadores com que possa

234

haver comparação. Um programa paralelo ao dos anos 1950, 60 e 70, embora com diferenças.

Em termos ultrassumários, digamos que um diagrama marxista da reprodução do capital, reconstituído conforme o ângulo de Giannotti, é sucessivamente confrontado com a dialética idealista de Hegel, com a ponderação weberiana dos meios e dos fins, com o jogo de linguagem de Wittgenstein, com a separação entre ação técnica e comunicativa de Habermas, com a versão primária do fetichismo própria aos frankfurtianos (amigamente peço licença para achar esse capítulo um desastre) e com a ciência econômica de hoje. O marxismo sai fortalecido de todos esses encontros, e nesse sentido Giannotti poderia dizer com Sartre, tão fora de moda, que Marx é o horizonte insuperável de nosso tempo.

O miolo dessas argumentações é sempre interessante, resultado de reflexão cerrada e tenaz. Para o meu gosto são elas a melhor parte do trabalho, e lamento que sejam tão breves — dez ou vinte linhas, possivelmente muito acertadas, para despachar um grande autor. No que dependesse de mim, as proporções da apresentação estariam invertidas. As longas reconstituições do argumento marxista se poderiam sintetizar sem perda, ao passo que as dificuldades que as colocações de Marx representam para o pensamento da concorrência — se é cabível falar assim — deviam estar expostas com amplitude, pois elas são um dos bons resultados críticos do livro.

Dito isso, o adversário estratégico de Giannotti, via Marx, é Marx ele mesmo. Um breve esquema da reprodução do capital, preferido como sendo o núcleo válido e insuperado da elaboração marxista, é dirigido contra o anticapitalismo de seu autor. Assim, a *certa herança marxista* serve a Giannotti para derrotar não só os demais teóricos da sociedade, como também a política marxista, aquela que com ou sem revolução visa à superação do capitalismo. De passagem são derrubados também o jovem Marx e a dialética da natureza segundo Engels. Esta a posição paradoxal que o novo livro de Giannotti procura sustentar: um marxismo vitorioso, criticamente superior às posições concorrentes, que entretanto implica a inviabilidade da política marxista e do impulso de superar a ordem do presente.

Em termos de itinerário político, esse resultado é menos implausível e mais colado à história do que parece. Sem prejuízo de estar na origem de revoluções que não deram certo ou foram derrotadas, o marxismo tem se mostrado uma boa escola para explicar a lógica dos imperativos do capital. Visto o êxito desigual, a separação dos dois aspectos é uma lição possível do curso das coisas. Como ilustração, não custa lembrar que o presidente do Brasil, que foi figura central do mesmo seminário, no momento se empenha em modernizar o capitalismo no país. Digamos objetivamente que o tempo de uma vida normal de nossa geração fez que se sucedessem e misturassem, bem ou mal integrados, dentro das mesmas cabeças, momentos de crítica incisiva ao capitalismo e outros de crítica a essa mesma crítica.

Nesse quadro, a saída que Giannotti procurou é inesperada: ele explica os desastres do socialismo como decorrência necessária, não da crítica marxista à ordem burguesa, como faz a direita, mas da desobediência às estipulações, acertadas e insuperadas, contidas na construção da racionalidade moderna operada pelo mesmo Marx, no caso o economista, ao descrever o funcionamento do capital. É um resultado desconcertante, que entretanto tem o mérito de absorver, com esforço de integração intelectual, uma experiência histórica. Marx talvez não apreciasse a glória que Giannotti lhe reserva, mas isso é inessencial, e aliás não o surpreenderia, pois ninguém mais que ele serviu a propósitos que não estavam no programa. Para falar de movimentos análogos em outro plano, todo crítico de arte sabe da legitimidade de voltar as obras contra as intenções do autor, ou de opor umas às outras as partes de um trabalho, como as boas às más, ou como a verdade à mentira. Ainda assim, embora não haja nada de errado em contrapor Marx a Marx, há algo de excessivo em fazer dele o ferrolho teórico do edifício do capital. Algo como procurar na obra de Freud a apologia dos remédios antidepressivos e a condenação da psicanálise. Nada é impossível, mas... Onde os críticos do capitalismo permanecem fiéis a suas aspirações e interrogam as razões dos desastres das experiências socialistas, tratando de rever à sua luz a insuficiência da construção marxista do processo, o marxista estrito, na versão Giannotti, busca em Marx o argumento para demonstrar que a superação do capitalismo leva à barbárie.

Para delimitar a atualidade, Giannotti recorre ao passo genial dos *Grundrisse* (1857), onde Marx antecipa a automação e a correspondente dissolução das categorias básicas do capitalismo. Com a integração regular da pesquisa científica ao processo produtivo, em especial ao novo maquinário — anota Marx —, a parte agregada ao produto pelo trabalho propriamente operário, ou pelo trabalho abstrato, perderá em significação. Um definhamento de mesma ordem afetará a lei do valor-trabalho e a realidade da classe operária. No século e meio que passou, esses desenvolvimentos de fato se verificaram, embora com ponto de chegada diferente do previsto, pois o comunismo não resolveu os problemas da humanidade, *nem o fetichismo do capital se dissipou*, ou não foi dissipado. Embora tornada absurdamente mesquinha em relação à substância do processo em curso, a forma mercantil permanece em vigor, como a mediadora universal, e com ela os pressupostos atomizantes e ilusórios da troca justa das mercadorias "pelo seu valor". Os trabalhadores continuam obrigados a vender individualmente a sua força de trabalho, como se houvesse proporção entre esta e os resultados gerais da produção, e os produtos continuam a ser apropriados através do mercado, onde buscam quem os possa comprar, como se o processo produtivo não estivesse socializado.

Na obra de Marx, esses argumentos figuram entre numerosos outros e procuram captar a contradição em processo, a expansão do capital em muitas frentes, rompendo limites e urgindo a própria superação. O conjunto parece dominado por um ponto de fuga comum, para o qual os vetores convergem. Pois bem, ao transformar as mesmas formulações em diagnóstico do presente, à luz do colapso do socialismo, Giannotti faz que elas participem de um dinamismo diverso.

No prognóstico de Marx, quem fazia água por todos os lados era o capital. Para o leitor de hoje, advertido pela história recente, os aspectos que se destacam no argumento são outros. Lá está, pedindo para ser notada, a perda de substância do proletariado relativamente às combinações que comandam a nova produtividade social. Ou seja, o agente histórico da superação perde força justamente quando a crise das formas capitalistas se acentua. De outro ângulo, nesse modelo o avanço da crise vem acompanhado do arrefecimento da luta de classes: com o "colapso [d]a produção apoiada sobre o valor de troca, o processo de produção material despe-se ele próprio da forma da necessidade premente e do antagonismo".[2] Assim, ao acompanhar e construir o processo por vários lados, Marx dava elementos para a compreensão também de outros desfechos, não visados mas possíveis. Meio teorizado, meio constatado, esse é o horizonte hoje comum aos leitores de formação marxista. É aí que se situa a reflexão de Giannotti.

Por momentos, com zelo um pouco deslocado no tempo, ela denuncia o messianismo dogmático do homem que quis realizar

---

2. Citado em *Certa herança marxista*, p. 220. Cf. Karl Marx, *Grundrisse*. Berlim: Dietz, 1953, p. 593. [*Grundrisse. Manuscritos econômicos de 1857-1858: Esboços da crítica da economia política*. Trad.: Mario Duayer, Nélio Schneider, Alice Helga Werner e Rudiger Hoffman. São Paulo: Boitempo, 2011]

a filosofia e que via a história como a marcha inelutável para o comunismo. É sabido que há nos escritos de Marx as citações que permitem a construção desse personagem. Entretanto, basta um pouco de contextualização histórica, na minha opinião, para que também essa figura conte entre os heróis do pensamento crítico, e não entre os fanáticos. Dito isso, no principal o livro de Giannotti discute esquemas do Marx da maturidade, que buscam reconstruir, em grau de complexidade assombroso, a léguas de qualquer parcialidade primária, o ciclo da reprodução contraditória do capital. Fazem parte estrutural desta as tendências à autossuperação, bem como as contratendências. A conhecida parcimônia de Marx na descrição do socialismo mostra que ele o via como algo novo, que não se podia deduzir do passado, no qual contudo estava baseado. Algo possível, digamos, mas não um desdobramento automático.

Instruído pelos acontecimentos, Giannotti vai se concentrar nas contratendências que apontam, seja para as *dificuldades* da passagem ao socialismo, seja para a *impossibilidade* dela, seja para o *perigo* que ela representa. Até onde posso ver, há oscilação entre os três pontos de vista. Os dois primeiros são interessantes, e o terceiro, por estar expresso em lugares-comuns da retórica anticrítica, é uma concessão ao ar do tempo. Em plano paralelo, a passagem a uma forma superior de sociedade vem ligada à discussão sobre o bem-fundado da dialética, ou sobre o estatuto real da contradição. Contra as teorias mais ou menos positivistas, que veem nesta um fato apenas do discurso, sem contrapartida no mundo, Giannotti dá razão a Hegel e Marx: em particular atrás do dado econômico, que não é último, existem contradições em processo, que cabe à crítica desvendar e que abrem novas possibilidades lógicas e práticas (ou seja, o socialismo). Por outro lado, Marx tem razão contra Hegel quando acompanha a contradição em seus labirintos e desencontros, desvencilhando-a do esquema de superações inelutáveis da lógica especulativa. Esta a diferença entre a dialética materialista e a idealista. Não obstante, levado pelo engajamento revolucionário, Marx aposta na possibilidade — ou certeza — da superação e "impregna todo seu projeto político daquele misticismo lógico que denunciara na teoria hegeliana do Estado".[3] Isso posto, não fica claro para o leitor se a superação do capitalismo, que é sim contraditório segundo Giannotti, deve ser vista como um possível ou como um impossível. Está claro que ela não está inscrita no automatismo das coisas, que entretanto a solicitam. Isso faz dela um resíduo hegeliano e um erro de lógica? por que não uma oportunidade real, derrotada no campo dos fatos? ou, ainda, uma aspiração que o capitalismo não cessa de alimentar, embora lhe modifique os termos? A exposição é vacilante nesses pontos decisivos. E por que não inverter a direção do raciocínio e imaginar que as próprias ideias hegelianas de contradição e superação tenham algo a ver com os movimentos da sociedade contemporânea? É a hipótese materialista, ausente do livro.

Quanto às dificuldades e impossibilidades, Giannotti as configura a partir de especificações do esquema da crise segundo Marx. Para este, como se sabe, o desenvolvimento das forças produtivas a certa altura entra em contradição com as relações de produção: aquelas socializam-se mais e mais, ao passo que estas acentuam a sua polarização, ensinando à classe trabalhadora a injustiça da ordem do capital e a possibilidade de uma ordem social superior. Ao analisar o detalhe do processo, Giannotti assinala os seus momentos baralhados, não finalistas, que não se acomodam ao ritmo ascensional de cisão e conciliação, de antítese e síntese. Assim, quando o trabalhador contrata a venda de sua força de trabalho, acata em ato o fetichismo da forma mercantil, ou seja, a suposição da troca equitativa entre proprietários, formalmente iguais.

3. J. A. Giannotti, op.cit., p. 308; ver também pp. 208 e 330-1.

Por outro lado, a necessidade *natural* que o empurra a vender — a pressão da fome — é resultado do processo *histórico* violento, nada equitativo, que o separou dos meios de produção. Noutro plano ainda, o trabalho, sem o qual não há salário nem sobrevivência, é visto pelo trabalhador como momento de uma atividade coletiva, em que há associação, e não oposição, a um capitalista. O trabalhador vê-se também associado a outros trabalhadores, que entretanto são seus concorrentes na venda de mão de obra.

Sem prejuízo de serem ilusões, decorrentes do fetichismo do capital, esses ângulos coexistentes e incompatíveis têm existência objetiva e não há como desconhecê-los. Por si sós, não se anulam, não se hierarquizam e não empurram em direção de uma compreensão abrangente do processo produtivo, uma compreensão que o fizesse ver em suas grandes linhas, suscitando a consciência de classe correspondente e desmanchando o fetiche econômico. Esse complexo de pontos de vista desencontrados seria relativamente estável se não fosse sacudido pelas crises, que põem a nu a estrutura antagônica da ordem capitalista. Mas também a crise não é unívoca e as práticas a que ela induz vão em várias direções, não gerando "as prefigurações *consistentes*" de um novo sistema.[4] Entre os fatores de crise estão a já mencionada incorporação regular da ciência à produção, bem como a monopolização do fluxo da inovação técnica pelas grandes empresas. Cada uma à sua maneira, as duas tendências clivam estruturalmente o mundo do trabalho, acentuando a sua heterogeneidade e operando, assim, em sentido oposto ao de uma consciência de classe unificadora.

Que pensar desses resultados? O caráter inconclusivo da consciência individual e espontânea dos trabalhadores não é uma novidade. Os partidos operários foram criados justamente para ultrapassar essa ordem de limitações, para trazer à vida conscien-

4. Id., ibid., p. 208.

te a dimensão social — quer dizer, desfetichizada — do processo de produção moderno, com as possibilidades que lhe correspondem. Qual o propósito então de estudar em separado a venda individual da força de trabalho e de fazer dela, e de suas perspectivas desencontradas, a instância decisiva da socialização dos sujeitos? Por que fazer abstração dos elos mediadores — intelectuais, organizacionais, legais, institucionais etc. — que são as conquistas culturais e políticas que permitem ao trabalhador a atuação coletiva? Do ponto de vista do argumento de Giannotti, trata-se de demonstrar que os funcionamentos elementares do capitalismo socializam o trabalhador segundo regras discordantes, que não levam à formação de uma consciência de classe consistente. Ou ainda, que a formação de um agente social capaz de superar o capitalismo é uma ideia ilusória, sem fundamento nas "coisas" — coisa, aqui, no sentido "sensível e suprassensível" analisado por Marx na teoria do fetichismo.

A verossimilhança do argumento tem vários apoios. Um é o tom radical-filosófico do raciocínio, que abandona as exterioridades e vai ao núcleo duro da troca mercantil, a matéria primeira contra a qual as toneladas de ideologia ulterior — e de conquistas sociais? — nada podem. Dizendo de outra maneira, trata-se do primado irreversível do fetiche sobre a desfetichização. A esse respeito, note-se que dificilmente ocorreria a alguém, num momento de alta da luta popular, fazer do diagrama da troca individual uma chave da história contemporânea. Como a luta popular está em baixa, digamos que a supressão das mediações sociais na teoria coincide com a sua atual supressão na prática, que resultou da vasta vitória do capital sobre o trabalho organizado em nosso tempo, à qual não faltou o lado da guerra ideológica, inclusive universitária. Isso não quer dizer que estejamos diante do enfrentamento cru entre capital e trabalho, à moda antiga, e que as mediações sociais tenham desaparecido: elas apenas trocaram de lado e de intenção. Como supor que os esquemas mentais envolvidos na troca mercantil simples estejam *determinando,* de modo *imediato,* as fraquezas da consciência operária *atual?* Eles são a sua pauta deliberadamente inculcada, o que é outra coisa; um conteúdo, e não a forma. Observe-se, entre parêntesis, que o mecanismo de determinação da consciência pela prática, tal como concebido por Giannotti, sendo engenhoso e original, é mais estreito e menos explicativo que o corrente, do marxismo vulgar, orientado pela tipologia das classes. Divergindo deste, foi a teoria frankfurtiana da indústria cultural, de que Giannotti não gosta, que ergueu a problemática marxista ao patamar das forças produtivas de nosso tempo, o que lhe permitiu estar mais próxima da experiência atual, além de mais afinada, em chave de rumo desastroso, com as antecipações de Marx.[5] — A TV no momento tem força para convencer até mesmo os excluídos de que o peru de natal da marca x é uma riqueza da vida deles. Onde a troca entre proprietários? A máquina socializadora dos sujeitos no caso é outra, bem mais "moderna" e menos liberal. Acontece que essa potência *social,* quer dizer, uma força amplamente associada, refletida e coordenada, é toda ela dedicada a reconfirmar no público as evidências curtas e antissociais da propriedade mercantil, também onde elas não têm pé nem cabeça. Nesse sentido, a opção argumentativa de Giannotti pelas estruturas elementares, destinada à crítica de ilusões da esquerda, está em sintonia com o martelo ideológico do capital.

A socialização contraditória pela forma-mercadoria é com certeza um grande assunto. Entretanto, ao estender uma linha di-

---

5. Segundo Giannotti, os frankfurtianos não se interessam pela dialética entre relações sociais de produção e desenvolvimento das forças produtivas (p. 167). Ora, essa dialética não só está no centro da teoria da arte moderna de Benjamin e de Adorno, como foram eles que consubstanciaram a sua relevância para a análise estética e ideológica de nossos dias.

reta entre os seus esquemas elementares e os impasses da passagem ao socialismo, penso que Giannotti força a mão. Cria também uma perspectiva a meu ver irreal. Ficamos com a impressão de que não houve nos últimos 150 anos luta de classes acirrada nem revoluções, impressão que está errada e que desvia do essencial da perplexidade da esquerda. O que os socialistas não conseguiram criar foi a forma de sociedade superior, efetivamente mais satisfatória, capaz de superar o capital no âmbito local e do planeta. A estabilização atual — se é possível chamar assim o caos — decorre de vitórias reais do capital e do fracasso, com as qualificações devidas a cada caso, das experiências anticapitalistas, que amedrontam com razão. O que esteve em falta não foi disposição de luta e sacrifício, mas adequação e invenção histórica num sentido ele mesmo a descobrir, ao qual a tomada do poder não assegura o acesso. Como entrar nesses problemas discutindo formas simples de troca, ou, por outra, sem discutir as desigualdades internacionais em riqueza e força, os armamentos, a mercantilização extravagante de domínios da natureza antes preservados, as formas de repressão, a inculcação pela mídia, a manipulação das necessidades, as modalidades atuais da satisfação etc.?

O argumento de Giannotti circula entre esquemas marxistas da troca, ideias comensuráveis de outros filósofos e tendências conhecidas da sociedade contemporânea. Os esquemas de Marx configuram a razão, diante da qual as construções dos demais pensadores são insuficientemente complexas, cada uma à sua maneira. O confronto com o Marx político e com as aspirações da esquerda em geral tem resultados de mesma ordem. Em relação às tendências recentes do capitalismo, enfim, os esquemas marxistas funcionam como termos de contraste, reveladores da nova desmesura, com o que uma teoria que era a crítica de seu tempo troca de conotação e adquire sinal positivo. É verdade que não há hipótese de o capitalismo voltar atrás, para os bons tempos em que o fetiche media alguma coisa, mas, enquanto este último seguir sendo aplicado, mesmo que já não meça nada — pensa Giannotti —, será sempre uma garantia contra a barbárie total. Seja como for, há em todos os momentos do livro um movimento de verificação do complexo pelo relativamente simples, que postula uma estranha posição de autoridade, a meia distância do real. Talvez a trincheira do professor de lógica, que a partir daí controla as teorias, as políticas e os desenvolvimentos do mundo mediante um metro escorado em Marx, que lhe permite dizer o que está certo e o que está errado, o que se pode e o que não se pode, sem jamais entrar no mérito das questões, sem discutir a especialidade no plano do especialista, ou seja, sem entrar em matéria. Por elaborada que seja, será que essa posição tem cabimento?

Para concluir, uma observação de crítico literário. Interessado em combinar Marx e Wittgenstein, Giannotti concebe o modo de produção capitalista como uma gramática das relações de trabalho. Será boa ideia? A gramática se aprende à custa de exercícios e reprovações. Ao passo que o funcionamento do capital, sem prejuízo de ser regrado, requer castigos de outra espécie, descritos por Marx no capítulo tremendo sobre a acumulação primitiva, ou singelamente explicitados no arsenal das grandes potências. Nos dois casos seguem-se regras, mas — e daí? Vistas as disparidades, não vale mais a pena distinguir que aproximar? Será o caso agora de chamarmos o desemprego de solecismo? O que se ganha ao apresentar o capital como o grande gramático de nosso tempo? No livro de Marx, a figura correspondente seria o "sujeito automático", em que também está representada a engrenagem econômica operando sem direção consciente. Acho a figura melhor, pelo cunho fantasmagórico, de sinal negativo, e pela tarefa implícita de desalienação. Rebatendo o capital sobre a gramática, Giannotti inverte o rumo da crítica marxista. Esta procura trazer à luz a luta social por trás da ordem e das formas estabelecidas, tais como — suponhamos — a equidade das trocas entre capital e trabalho, ou a unidade linguística de um país. Ao passo que a assimilação à gramática mais encobre do que revela. No fim de contas, é um preciosismo do tipo que permite grandes efeitos a mestres do humor negro como Kafka e Borges, sensíveis ao absurdo de dar nomes pacíficos à ordem atroz.

Como veem, o livro despertou o meu ânimo discutidor, o que entre velhos amigos é a prova do sentimento vivo.

(2000)

A viravolta machadiana

Entre 1880 e 1908, Machado de Assis escreveu quatro ou cinco romances e algumas dezenas de contos de grande categoria, muito acima do que a ficção brasileira — incluída aí a produção anterior do próprio Machado — havia oferecido até então. São livros que se afastam da mistura romântica de colorido local, romanesco e patriotismo, ou seja, da fórmula fácil e infalível em que o público leitor da jovem nação se comprazia. A diferença, que não é de grau, tem muito alcance e merece reflexão.

No caso, a mudança não excluía as continuidades, de que precisava, embora as transfigurando. Na boa observação de um crítico, Machado de Assis "se embebeu meticulosamente da obra dos predecessores", de cujos acertos em matéria de descrição de costumes e esforço analítico tinha consciência clara.[1] Também as limitações e inconsistências desses mesmos modelos não escapavam a Machado. Com notável espírito de superação, ele as procu-

1. Antonio Candido, *Formação da literatura brasileira* (1959). São Paulo: Martins, 1969, v. 2, p. 117.

rou corrigir e — discretamente — ironizar, retomando em chave menos inocente os núcleos temáticos e formais desenvolvidos pelos antecessores, e aliás por ele mesmo em trabalhos prévios. A justeza das retificações decorre do tino malicioso para os funcionamentos sociais e para a especificidade do país, que servem à verificação satírica.

Assim, uma tradição local e breve, encharcada de modelos europeus e trazendo as marcas da descolonização recente, culminava num inesperado conjunto de obras-primas. Os rearranjos em matéria e forma operados por Machado faziam que um universo ficcional modesto e de segunda mão subisse à complexidade da arte contemporânea mais avançada. Para sublinhar o interesse desse percurso, digamos que ele configura em ato, no plano literário, uma superação das alienações próprias à herança colonial.

A ousadia machadiana começou tímida, limitada ao âmbito da vida familiar, onde analisava as perspectivas e iniquidades do paternalismo à brasileira, apoiado na escravidão e vexado por ideias liberais. Sem faltar ao respeito, colocava em exame o desvalimento inaceitável dos dependentes e o seu outro polo, as arbitrariedades dos proprietários, igualmente inaceitáveis, embora sob capa civilizada. Quanto ao gênero, tratava-se de um realismo bem pensante, destinado às famílias. Quanto à matéria, Machado fixava e esquadrinhava com perspicácia um complexo de relações característico, devido ao reaproveitamento das desigualdades coloniais na órbita da nação independente, comprometida com a liberdade e o progresso.

Em seguida, a partir de 1880, a ousadia se torna abrangente e espetacular, *desacatando os pressupostos da ficção realista*, ou seja, os andaimes oitocentistas da normalidade burguesa. A novidade está no narrador, humorística e agressivamente arbitrário, funcionando como um *princípio formal,* que sujeita as personagens, a convenção literária e o próprio leitor, sem falar na autoridade da função narrativa, a desplantes periódicos. As intrusões vão da impertinência ligeira à agressão desabrida. Muito deliberadas, as infrações não desconhecem nem cancelam as normas que afrontam, as quais entretanto são escarnecidas e designadas como inoperantes, relegadas a um estatuto de meia vigência, que capta admiravelmente a posição da cultura moderna em países periféricos. Necessárias a essa *regra de composição*, as transgressões de toda sorte se repetem com a regularidade de uma lei universal. A devastadora sensação de Nada que se forma em sua esteira merece letra maiúscula, pois é o resumo fiel de uma experiência, em antecipação das demais regras ainda por atropelar. Quanto ao clima artístico de época, este final em Nada é uma réplica, sob outro céu, do que faziam os pós-românticos franceses, descritos por Sartre como os "cavaleiros do não-ser".[2]

À primeira vista, Machado trocava uma esfera acanhada e provinciana por outra enfaticamente universal e filosófica, amiga de interpelações, apartes e dúvidas hamletianas, à qual aliás não faltava a nota da metafísica barata, reencontrando o tom de província noutro nível mais letrado (um achado esplêndido e *moderno*). Note-se que nessa segunda maneira, a das grandes obras, o universo da primeira continuava presente, como substância anedótica — mas não só.

No mais conspícuo, as provocações machadianas reciclavam uma gama erudita e requintada de recursos pré-realistas, em desobediência aberta ao senso oitocentista da realidade e a seu objetivismo. Conforme o aviso do próprio Autor, ele agora adotava "a forma livre de um Sterne, ou de um Xavier de Maistre", referindo-se, mais que tudo, ao *arbítrio digressivo* do romance europeu do século xviii.[3] Não obstante, e ao contrário do que fariam

2. Jean-Paul Sartre, *L'idiot de la famille*. Paris: Gallimard, 1972, v. iii, p. 147.
3. Machado de Assis, *Memórias póstumas de Brás Cubas* (1880), *Obras completas*. Rio de Janeiro: Aguilar, 1959, v. i, p. 413.

supor as quebras de regra, o espírito era incisivamente realista, compenetrado tanto da lógica implacável do social, como da tarefa de lhe captar a feição brasileira. E era também pós-realista, interessado em deixar mal a verossimilhança da ordem burguesa, cujo avesso inconfessado ou inconsciente abria à visitação, em sintonia com as posições modernas e desmascaradoras do fim-de--século. O teor de paradoxo histórico da combinação é alto, mas funcional a seu modo, conforme veremos. Seja como for, ela pressupunha uma cultura literária e intelectual de tipo novo no país.

Ironia no trato com a Bíblia, os clássicos, a filosofia e a ciência; experimentação formal contínua, alimentada por ideias avançadas sobre a dinâmica do inconsciente, mas também pela perspicácia desabusada diante dos interesses materiais e por uma reflexão social própria, ciente das especificidades pátrias e dos lados duvidosos do nacionalismo; independência também na adoção de inspirações alheias, buscadas fora do *mainstream* francês e português contemporâneo, além de adaptadas à circunstância brasileira com engenho memorável; competição com o naturalismo, a cujos determinismos simples — tão convincentes e errados no contexto da ex-colônia tropical — opunha causações complexas, não menos poderosas (mas limpas de racismo); confiança na potência da "forma livre", cujos efeitos o narrador não glosa no essencial, ou glosa com intenção de confundir, forçando o leitor a estabelecê-los e a ruminá-los por conta própria. Tudo isso era mais ou menos inédito. Acrescentem-se o gesto cosmopolita da prosa e a inteligência superior das formulações, num país em que até hoje a inteligência não parece incluída entre as faculdades artísticas, e teremos elementos para imaginar que entre esse universo e a ficção anterior não há denominador comum.

Até as *Memórias póstumas de Brás Cubas* — a obra da viravolta machadiana —, o romance brasileiro era narrado por um compatriota digno de aplauso, a quem a beleza de nossas praias e florestas, a graça das mocinhas e dos costumes populares, sem esquecer os progressos estupendos do Rio de Janeiro, desatavam a fala. Além de artista, a pessoa que direta ou indiretamente gabava o país era um aliado na campanha cívica pela identidade e a cultura nacionais. Já o narrador das *Memórias póstumas* é outro tipo: desprovido de credibilidade (uma vez que se apresenta na impossível condição de defunto), Brás Cubas é acintoso, parcial, intrometido, de uma inconstância absurda, dado a mistificações e insinuações indignas, capaz de baixezas contra as personagens e o leitor, além de ser notavelmente culto — uma espécie de padrão de elegância — e escrever a melhor prosa da praça. A disparidade interna é desconcertante, problemática em alto grau, compondo uma figura inadequada ao acordo nacional precedente.

Em princípio, a obrigação de respeitar o leitor, a verossimilhança, as continuidades de lugar e tempo, a coerência etc. está acima das fronteiras geográficas e de língua. A mesma coisa se aplica às transgressões à sensatez, em que se delicia o narrador machadiano, que também contracenam no espaço abstrato e supranacional das regras de convívio, onde estão em jogo as questões *universais* do homem civilizado (por oposição às brasileiras). Certa ou errada, contra ou a favor, esta foi a avaliação dos críticos da época, para os quais as piruetas literárias de Brás Cubas, que não se dá ao respeito, interessam a coordenadas entre metafísicas e cosmopolitas, desapegadas da matéria *local*, em que entretanto se apoiam. Segundo um adversário, Machado se refugiava em afetações filosofantes e formalistas, além de inglesas, para se furtar às lutas do escritor brasileiro. Outros, enjoados de pitoresco e província, e desejosos de civilização propriamente dita (i.e., europeia e sem remorso do atraso à volta), saudavam nele o nosso primeiro escritor na acepção plena do termo.

Em síntese os argumentos seriam mais ou menos os seguintes. Ao mudar as regras do jogo na própria cara do leitor, para voltar a mudá-las em seguida, o narrador se compraz em brincadeiras dissolventes, de mau gosto, indignas de um brasileiro sério, as quais mal disfarçam a incapacidade intelectual e a falta de fôlego narrativo. Para o partido contrário, as mesmas afrontas indicam o artista da forma, o espírito cético e civilizado, para quem o mundo se presta à dúvida e não se reduz à estreiteza nacional. Assim, simpatizantes e opositores eram de opinião que Machado recuava da particularidade brasileira, seja por interrogar a condição humana, seja por se entregar "ao humorismo de almanaque, ao pessimismo de fancaria, que traz iludidos uns poucos de ingênuos que acham aquilo maravilhoso".[4] A ideia de que a matéria brasileira não comporta problemas universais, e vice-versa, era comum aos dois lados, *refletindo a persistência das segregações coloniais.* "A instabilidade a que me refiro provém de que na América falta à paisagem, à vida, ao horizonte, à arquitetura, a tudo que nos cerca, o fundo histórico, a perspectiva humana; e que na Europa nos falta a pátria, isto é, a fôrma em que cada um de nós foi vazado ao nascer. De um lado do mar sente-se a ausência do mundo; do outro, a ausência do país."[5]

4. Sílvio Romero, *Machado de Assis* (1897). Campinas: Unicamp, 1992, p. 160.

5. Joaquim Nabuco, *Minha formação* (1900). Rio de Janeiro: José Olympio, 1976, p. 26. Para medir o impasse, veja-se como José Veríssimo, um crítico que insistia na grande superioridade de Machado, afirmava igualmente que este pouco tinha a ver com o Brasil. "A obra literária do sr. Machado de Assis não pode ser julgada segundo o critério que eu peço licença para chamar nacionalístico. Esse critério que é o princípio diretor da *História da literatura brasileira* e de toda a obra crítica do sr. Sílvio Romero, consiste, reduzido a sua expressão mais simples, em indagar o modo por que um escritor contribuiu para a determinação do caráter nacional, ou, em outros termos, qual a medida do seu concurso na formação de uma literatura, que por uma porção de caracteres diferenciais se pudesse chamar conscientemente brasileira. Um tal critério, aplicado pelo citado crítico, e por outros à obra do sr. Machado de Assis, certo daria a esta uma posição inferior em a nossa literatura." Mais tarde, Veríssimo mudaria o seu juízo: "Sem o parecer, foi ele [Machado] quem deu da alma brasileira a notação

Acontece que a dissonância entre a nota localista e o universalismo ostensivo era incômoda, mas não incaracterística. Para quem tivesse ouvidos, a estranheza mútua tanto compunha uma incongruência, como um acorde necessário e representativo, que formalizava, em ponto pequeno, alienações de proporção histórico-mundial. Machado percebeu a comédia e o impasse próprios a essa disparidade de timbres e, em vez de evitá-la, fez dela um elemento central de sua arte literária. Assim, o narrador versadíssimo, o humanista desdenhoso das tolices e inconsequências em que se embala a nossa humanidade, íntimo aliás da Bíblia, de Homero, Luciano, Erasmo, Shakespeare, moralistas franceses, Pascal etc., é só metade do quadro, e paira menos do que pareceria. A outra metade surge quando o consideramos como personagem entre as demais, definida por características da malformação local, aquelas mesmas que as cabriolas narrativas e o correspondente clima de farsa metafísica fazem passar por alto, como detalhes irrelevantes. Ora, basta juntar as duas metades para que o caso mude de figura, quando então observaremos que na *vida real* (de ficção) o virtuose das fintas literário-filosóficas é um proprietário à brasileira, senhor de escravos, enfronhado em relações de clientela, adepto dos progressos europeus e sócio do condomínio pós-colonial de dominação.

A montagem é um tanto imprevista, mas transforma os termos que a integram, fazendo entrar em foco um tipo social no-

---

mais exata e profunda". "E a representou [à sociedade brasileira] com um talento de síntese e de generalidade que eleva a sua obra à categoria das grandes obras gerais e humanas." O esquema romântico e dialético, segundo o qual os autores são tanto mais universais quanto mais locais, integrava o Brasil à civilização. Com avaliação oposta e em plano superior, Veríssimo dava certa razão ao critério de Sílvio Romero. Para as citações, ver respectivamente jv, *Estudos brasileiros, Segunda série (1889 – 1893)*. Rio de Janeiro: Laemmert, 1894, p. 198, e *Estudos de literatura brasileira, 6ª série*. Belo Horizonte: Itatiaia, 1977, p. 106.

tável, com repercussões de raio também notável e implantação histórica profunda. As infrações à equidade narrativa se redimensionam: através da personagem narradora, elas se assimilam a um conjunto *sui generis* de prerrogativas de proprietário, próprias ao quadro de classes *nacional*, bem diverso do terreno universalista da arte retórica e em discrepância com o padrão civilizado. Do ângulo liberal e europeu, a cuja autoridade não havia como fugir, as prerrogativas eram insultantes. O que não as impedia de terem parte com a *douceur de vivre* legada pela Colônia, e, do outro lado, de fazerem eco à nova sem-cerimônia cultivada pelo imperialismo. A seu modo, criando um ritmo com regra própria, as desfeitas ao *fair play* literário metaforizam a mescla de regalia e ilegitimidade que o século xix ligou à dominação pessoal direta. Com a invenção machadiana, bem plantada no campo das desigualdades internacionais, a força de cunhagem passava a ser assumida num polo que até então não a havia exercido, um *polo periférico*, que inverte as perspectivas e faz medir as medidas: a tradição literária do Ocidente é solicitada e deformada de modo a manifestar as delícias e as contorções morais, ou simplesmente as diferenças, ligadas a essa forma historicamente reprovada de dominação de classe, a qual lhe imprime, junto com a vitalidade, o selo contraventor. A flexibilidade com que a alta cultura se presta ao papel é um resultado crítico substancioso, que a faz ver a uma luz menos estimável, ou mais sarcástica. No mesmo passo, um tipo social que se diria exótico e remoto, antes um clichê de opereta do que um problema, é trazido à plenitude de seus efeitos no presente da cultura mundial, de que vem a ser um discreto pivô.[6]

6. Para o alcance histórico e o impulso expansivo dessa ordem de desvios, ver uma observação de Marx sobre a Guerra Civil norte-americana. "Já nos anos entre 1856 e 1860, o que os porta-vozes políticos, os juristas, moralistas e teólogos do partido da escravidão buscavam provar não era tanto que a escravidão negra se justifica, mas sim que a cor no caso é indiferente, e que é a classe tra-

Noutros termos, as liberdades tomadas com a convenção formal representam, além da cabriola retórica, um setor mal iluminado da cena contemporânea. Elas estendem ao plano da cultura e dos pressupostos da civilidade oitocentista o poder incivil de que a propriedade brasileira gozava em relação a seus dependentes pobres ou escravos. O acento literário recai nos aspectos de irresponsabilidade e arbítrio, bem como nos meandros da conivência intraelite, que é seu complemento. No caso há afinidade entre as licenças da imaginação e o mando que não presta contas, ou, paralelamente, entre as formas desrespeitadas e os dependentes destratados, armando um extraordinário jogo de espelhamentos. É como se Brás Cubas dissesse que a cultura e a civilidade, que preza e de que se considera parte, podiam funcionar à maneira dele, e não o impediriam de dar curso a seus privilégios. Ou, ainda, como se demonstrasse, pelo escândalo e na prática, operando sobre o corpo consagrado da cultura universal, as consequências daqueles mesmos privilégios. Assim, longe de trocar um mundinho irrelevante (porém nosso) pela universalidade prestigiosa (mas falsificada) do ser-ou-não-ser das formas, Machado associava os dois planos, de modo a desbloquear, *em espírito de exposição crítica*, o universo sequestrado que havia sido o seu ponto de partida. Um exemplo heterodoxo de universalização do particular e de particularização do universal, ou de dialética.

A desenvoltura intelectual do narrador, em desproporção com o mundo acanhado de suas personagens, funciona como um meio de lhes compensar o isolamento histórico. Por obra dela, situações com feição pitoresca ou meio colonial são entretecidas

---

balhadora, em toda a parte, que é feita para a escravidão." Karl Marx, "A guerra civil nos Estados Unidos" (1861), *Marx Engels Werke*. Berlim: Dietz, 1985, v. 15, p. 344. Agradeço a indicação a Luiz Felipe de Alencastro. [Salvo informação em contrário, as citações de obras em idioma estrangeiro têm tradução de R.S.]

com anedotas da tradição clássica, argumentos de filosofia, dogmas religiosos, máximas da ordem burguesa, paradoxais ou cínicas, modas europeias recentes, novidades científicas, notícias da corrida imperialista etc., *compondo uma mistura e uma fala peculiares,* que vieram a ser a marca registrada do Autor. Sempre um pouco forçadas (mas a graça está aí), as aproximações operam o desconfinamento da matéria local. Trata-se de desprovincianização e universalização no sentido literal desses termos. O resultado, que é um acerto cabal, inclui a nota factícia e risível, pois a vizinhança do que a história apartou deixa a nu o descompasso dos âmbitos. Seja como for, assistimos à inserção do país no perímetro da humanidade moderna, inserção obtida a golpes de insolência narrativa, ora estridente, ora sutilíssima. Quanto a modelos, além da prosa digressiva setecentista há outro mais próximo, nos borboleteios do *feuilleton* semanal francês, a cuja frivolidade parisiense Machado queria infundir "cor americana", ou seja, o veneno das relações de classe locais.[7]

O passo abrupto — suponhamos — do Catumbi à metafísica, desta ao castigo de um escravo, daí ao cosmos, à Europa parlamentar, a uma negociata de guerra ou à origem dos tempos, deve-se aos repentes e aos recursos intelectuais de Brás Cubas. Apesar de grandes, os últimos são ambíguos em toda a linha, movidos a mesquinharia, exibicionismo e descaramento de classe. Assim, a incorporação do país ao mundo contemporâneo é levada a cabo por uma figura das mais duvidosas, que faz gato e sapato do cré-

7. Num de seus primeiros trabalhos de crítica, Machado discutia a "aclimatação" do folhetim, uma "planta europeia", ao país. "Escrever folhetim e ficar brasileiro na verdade é difícil. Entretanto, como todas as dificuldades se aplanam, ele podia bem tomar mais cor local, mais feição americana. Faria assim menos mal à independência do espírito nacional, tão preso a essas imitações, a esses arremedos, a esse suicídio de originalidade e iniciativa." Machado de Assis, "O folhetinista" (1859). *Obra completa*. Rio de Janeiro: Aguilar, 1959, vol. III, pp. 968-9.

dito que o leitor lhe dá. Desmancha-se no ato a suposição entre desavisada e hipócrita de que os narradores sejam homens de bem, para não dizer próceres nacionais, ou, por extensão, de que os próceres nacionais e os próprios leitores sejam homens de bem por seu lado. Nessa constelação sardônica, o progresso e a vitória sobre o isolamento da Colônia adquirem uma inesperada cor perversa. Não deixam de existir, mas a sua serventia para a reprodução modernizada das iniquidades coloniais, com as quais se mostram compatíveis, desautoriza o sentimento da superação. Não há como negar os avanços, mas eles constituem superações inglórias — dependendo do ponto de vista —, no campo das mais caras aspirações nacionais. A ousadia crítica e contraideológica desse anticlímax, desse localismo de segundo grau, que incorporava a degradação do cosmopolitismo, até hoje desconcerta. Em minha opinião, é ela que sustenta a altura dos grandes livros machadianos.

* * *

Mas voltemos ao contraste com o acanhamento dos romances da primeira fase.[8] Também nestes a busca da modernidade estava em curso, embora com perspectiva diversa. As aspirações de progresso e liberdade diziam respeito ao mal-estar dos *dependentes,* em particular os mais talentosos, que um "equívoco da natureza" fizera nascer em circunstância inferior.[9] A narrativa os apresenta em sua luta pela dignidade pessoal, travada no âmbito das famílias proprietárias, às quais se parecia reduzir a civilização. No centro da intriga, heroínas pobres, inteligentes e lindas — além de muito suscetíveis —, faziam frente à injustiça de que eram ví-

8. Id., *Ressurreição* (1872), *A mão e a luva* (1874), *Helena* (1876) e *Iaiá Garcia* (1878).
9. Id., *A mão e a luva. Obras completas.* v. i, p. 142.

timas, ou seja, manobravam para se fazer adotar por um clã abastado. Não faltavam à sinceridade nem se deixavam desrespeitar, dentro do que lhes permitia a situação espinhosa. A rebeldia e a crítica, suscitadas do ultramar pelo romantismo e pelos Direitos do Homem, encontravam o seu limite prático no desvalimento das moças. Ao passo que a lealdade que estas deviam a padrinhos e protetores, tingida de piedade filial e obrigação católica, traçava um limite moral que seria indecente ultrapassar. Envolvendo tudo, escarninha e aviltante, a suspeita senhorial de que as heroínas fossem movidas pelo interesse pecuniário — o que obrigava as pobres a infindáveis demonstrações de desprendimento. As ambiguidades desse combate de retaguarda ditavam perguntas rançosas, de um conformismo exasperado, sempre aquém da emancipação moderna do indivíduo. Como enfrentar sem humilhação a inevitável prepotência dos patriarcas (que podiam ser matriarcas) e de seus parentes próximos? Por que não seria estimável, ou melhor, por que seria calculista, no mau sentido da palavra, a menina sem meios, que se insinua e se faz adotar pelos vizinhos bem-postos, sem os quais ela não teria acesso ao mundo? O gosto de um pobre por vasos de Sèvres e cortinas de cachemira constitui indício de atrevimento, ou, pior, faz duvidar da sua honra? A preferência pelo luxo acaso não pode ser espontânea e natural, no bom sentido, limpa das baixezas do dinheiro? Qual a dose de desaforos que a gratidão manda tragar sem escândalo? Em suma, como desarmar os preconceitos da gente de bem contra a gente que não tem nada? Apesar de gritante, a data vencida do quadro social que se trata de acatar é tabu para as protagonistas e para o narrador.

Grosso modo, as aventuras de primeiro plano pertencem ao repertório do romance romântico trivial, em que o amor é posto à prova pelos acasos e as distâncias sociais, tudo em vista do casamento. Se atentarmos para o tecido das razões, entretanto, notaremos que não é bem disso que se trata, mas da relação entre *dependente* e *família de posses,* sob o signo opressivo da proteção, que a qualquer momento pode ser retirada. O amor no caso importa menos que a dignidade, sempre em risco de ser desconhecida (mas por quê?). Para entender o que está latente nesses meandros convém tomar distância. Digamos que Machado rearranjava a parafernália da ficção romântica de modo a sintonizá-la com uma questão histórica real, embutida nas linhas características da sociedade brasileira, que lhe imprimiam a nota específica. Burguês e escravocrata ao mesmo tempo, o Brasil dava forma mercantil aos bens materiais, mas não desenvolvia o trabalho assalariado, donde uma problemática especial, *de classe,* à qual aludem esses romances. Assentado na agricultura escravista, cuja influência se estendia à vida urbana, o país fazia que os homens livres e pobres — nem proprietários, nem proletários — vivessem um tipo particular de privação ou de semiexclusão. Não tinham como dispensar o guarda-chuva da patronagem, a que estavam sempre recorrendo, embora o figurino liberal-romântico do século, depositário do sentimento atualizado da vida, designasse esse tipo de dependência como degradante e signo de atraso. Forçando a nota, digamos que na falta da propriedade só a proteção salvava alguém de ser ninguém, mas sem torná-lo um igual. Assim, as *relações de favor,* incompatíveis com a impessoalidade da lei, ou, pelo outro lado, inseparáveis de muito personalismo, intermediavam a reprodução material de uma das grandes classes da sociedade, bem como o seu acesso aos circuitos da civilização moderna. Engendrava-se um padrão de modernidade diferente, *aquém das garantias gerais do direito,* com saídas e impasses também *sui generis.* A marca discrepante que resultou daí sobreviveria à abolição da escravatura e veio até os nossos dias, funcionando ora como inferioridade, ora como originalidade, segundo o momento. O oposto da dignidade no caso seria menos a indignidade que a recaída na condição de povo à margem.

Noutras palavras, as convenções do romance romântico serviram a Machado para estudar e remoer, em terreno restrito, um problema próprio ao travejamento da vida nacional. De fato, a despeito do gênero convencional e da atitude moralizante, que pareceriam impermeáveis à complicação social efetiva, a acuidade analítica faz que estes livros sejam sérios e representativos, engajados à sua maneira. Recomendam a substituição do paternalismo tradicionalista e autoritário, em que o proprietário dispõe de seus dependentes sem consulta, o que naturalmente mutila e humilha, pelo paternalismo esclarecido, em que o respeito mútuo civiliza a relação, embora sem questionar a desigualdade e o trabalho escravo que a sustentam. Trata-se da modernização do paternalismo, ecoando à distância, de dentro da anomalia do país, o avanço das igualdades formais em curso nos países-modelo. Mais especificamente, Machado ensaiava os prós e os contras de uma aliança caso a caso, por cooptação e baseada no interesse bem compreendido das partes, entre a propriedade e os pobres que se puderam educar. Sugeria aos envolvidos uma sociedade mais inteligente e parcialmente menos bárbara.

O conservadorismo dessa ideia de progresso fala por si. Fabulação e análise irão se pautar pelo embaraço estrutural dos dependentes, cujas aspirações à cooptação impõem a perspectiva estreita do afilhamento pessoal, bem como um teto baixo às manifestações de desacordo. O preço estético a pagar está fixado na regra de decoro correspondente, enjoativa e anacrônica, segundo a qual a ordem familiar de que se reveste a propriedade escravista é pura no essencial, não cabendo discuti-la. Existem o egoísmo e o materialismo (defeitos modernos), bem como o tradicionalismo e o autoritarismo (defeitos do atraso), mas não passam de desvios individuais. Formam o quadro de mazelas que a observação bem intencionada deve corrigir, sem no entanto incorrer em generalizações perigosas, ou seja, sem apontar o núcleo discricionário e antiquado no poder do chefe de parentela. Artisticamente, apesar do evidente talento do escritor, o voo policiado da insatisfação é um desastre, que paralisa os lances de espírito e desmerece no conjunto as primeiras tentativas machadianas de romance. Por outro lado, as restrições à crítica eram elas mesmas um traço instrutivo, dotado de justeza mimética, pois davam figura literária à pressão exercida sobre a inteligência pelo quadro de forças real, que deixava sem campo o exercício das liberdades modernas.

A prosa respeitadora, de tom elevado e antimaterialista, sempre calando o essencial, expressa a vários títulos o beco sem saída histórica em que se encontra o dependente. Um meio-termo entre a discrição católica e a norma estética, o acento no decoro busca aparar as truculências ligadas à propriedade de feição colonial. Sem atenuar o desequilíbrio entre as partes, ele é a reprovação viva do desrespeito à pessoa e da primazia crua do dinheiro, fatais para quem vive à sombra do favor em posição fraca. Quanto ao dependente, o decoro o ajuda a guardar a medida e a não resvalar para as indignidades "gogolianas" do ressentimento, da fantasia compensatória e da sujeição pessoal abjeta, mais ou menos implicadas na sua condição de igualdade incompleta. A compostura postula além disso uma duvidosa causa comum, fazendo da adesão ao protetor-opressor uma contribuição ao bom andamento das coisas, que enaltece a todos e, no limite, não deixa de beneficiar a pátria. Nesses termos, o progresso consistiria na autorreforma dos proprietários, convertidos à atitude esclarecida graças à pressão civilizadora de um dependente cheio de méritos, embora sem nada de seu. Estaria aí, em resumo, um percurso possível de superação de nossas infelicidades sociais, ou de *Aufklärung* pela metade.

A modernização seria de natureza espiritual, ligada ao esforço de distinção dos pobres e à disposição receptiva dos bem-situados, quer dizer, a um momento de compreensão entre as classes, longe da luta por quaisquer direitos, bem como da formulação franca.

A avaliação pouco plausível dos conflitos, por sua vez, doura a pílula no plano da dramaturgia. As grosserias e os cálculos materiais dos proprietários ficam à margem, como ameaças pesadas, que entretanto são a exceção. Ao passo que no centro da intriga, dando a regra, o encontro das almas que se elegem uma à outra, sob o signo da obrigação recíproca, cria uma versão idealizada da cooptação. Romanesco e doloroso, na vizinhança do melodrama, o ajuste mútuo permanece superior às considerações sempre condenáveis do interesse. Como é natural, a vitória das maneiras exemplares sobre as outras não convence, conferindo às narrativas o tom das causas perdidas, a que devem certa pungência.

Engrossando o traço, digamos que a bela chácara fluminense, "semiurbana e semissilvestre", é a cena geral.[10] Ao fundo, escravos e agregados, bem como uns poucos lampejos da vida ao deus-dará dos pobres; na sala e no jardim, conversando polidamente, a propriedade e seus satélites: baronesas, conselheiros, viúvas abastadas, factótuns, fila-bois, vizinhos interesseiros, funcionários graduados etc., além da juventude casadoira e da heroína com "alma acima do destino", isto é, sem berço.[11] A fabulação convencional e a escrita abotoada abafam a textura contenciosa da matéria, ou melhor, deixam inexplorada a ligação interna entre a civilidade na sala e o *Ancien Régime* lá fora, que lhe daria espessura brasileira. Ainda assim, mais ou menos à revelia, a ligação se faz sentir e cria a complexidade objetiva de um universo romanesco, tornando os livros quase bons.

Por outro lado, essa coesão de fundo é a mancha cega das composições, pois a dignidade enfática das figuras centrais e do narrador não resistiria à sua explicitação. Aprisionado na visão idealizadora da cooptação, necessária aos cooptandos, o ponto de

10. Id., *Ressurreição. Obra completa*, v. i, p. 33.
11. Id., *Iaiá Garcia. Obra completa*, v. i, p. 315.

vista narrativo não pode expor com latitude os interesses antissociais da propriedade, nem os cálculos pouco românticos do candidato à adoção, cuja presença difusa no entanto é o sal da prosa. Seriam ofensas à ideia edificante que a gente de bem e os candidatos a gente de bem fazem de si e de sua aliança. Note-se que o veto se estende à irreverência em geral, e, com ela, às operações cruciais da liberdade de espírito e do humor numa ex-colônia: a feição benemérita e civilizada da elite não deve ser posta na berlinda, ou seja, não será acareada com as relações semicoloniais de que tira o sustento, nem confrontada a fundo com os seus modelos metropolitanos, que lhe dão o passaporte de uma estampa moderna. *Ora, a inteligência não sobe ao patamar do tempo nem se descoloniza sem essa ordem de comparações melindrosas e relativizadoras, de mão dupla, que eram e são a chispa do espírito crítico nas sociedades periféricas.*

Assim, a pedra de toque do progresso estaria no respeito dos proprietários pelos dependentes, diverso da mera importação das novidades da civilização burguesa. A melhora moral do paternalismo faria as vezes saneadoras do trabalho livre e da lei igual para todos — uma esperança pia, que afinava com a situação sem base material dos pobres, ao mesmo tempo que destoava do egoísmo liberal, comandado pelo alinhamento com as mercadorias e as ideias em voga lá fora. Isso posto, a insistência na dignidade não expressava apenas o vácuo social em que viviam os destituídos, que não tinham como ganhar um salário. Ela manifestava também o pé-atrás com a modernidade copiada, ou, ainda, o temor de que a despeito do progresso, ou com a ajuda dele, ficasse tudo como antes. O receio tinha base, pois o movimento de europeização da sociedade coexistia sem trauma com a desqualificação colonial de uma parte dos habitantes. Digamos que a crispação moralista desses primeiros romances contrapunha ao curso local do mundo uma tese que era aguda e conformista ao mesmo tempo. Sustentava que só haveria progresso caso uma respeitosa dialética pessoal reformasse a relação entre proprietários e dependentes (mas sem chegar à base de tudo, à escravidão), e que as mudanças ocorridas sem essa reforma, ainda que trazidas dos países adiantados, não suprimiam o atraso.

No prefácio a seu primeiro romance, Machado anunciava que queria *contrastar caracteres* antes que narrar costumes.[12] Em consonância com o amor-próprio dos dependentes, tomava o partido artístico-moral de valorizar mais as disposições da pessoa que os condicionamentos externos. Contudo, ao dissecar as opções de que as personagens dispunham, complementares pela força das coisas, reencontrava as injunções cujo peso procurava relativizar. Assim, armada de inteligência e valor, a heroína não podia permanecer na terra de ninguém da pobreza. Devia fazer-se aceitar *em sociedade*, mas também defender-se das fantasias de seus benfeitores, que iam de bons conselhos à designação de noivos e tentativas de estupro. Ao passo que o proprietário escolhia, conforme a ocasião, entre tratá-la civilmente, como igual, ou barbaramente, como inferior a quem nada é devido ("Quem era ela para afrontá-lo assim?").[13] Cabia a ele decidir se estava diante de uma subalterna sem maiores direitos, igual ao resto da plebe colonial, ou diante de uma mocinha moderna, com a qual podia até casar. O desequilíbrio absurdo entre os termos da alternativa dá a medida da insegurança social dos pobres, bem como da irresponsabilidade social permitida a seus protetores, enlouquecedora a seu modo. A matéria indecorosa do país voltava pela janela dos fundos, compondo uma ironia involuntária com a forma narrativa ostensivamente digna, inspirada no conflito dos caracteres — dimensão espiritual —, "superior" às condições materiais.

12. Id., *Ressurreição*, p. 32.
13. Id., *Iaiá Garcia*, p. 316.

A intriga sentimental deve humanizar essa sociedade incivil. O enfrentamento das heroínas com os abusos de autoridade de seus padrinhos, femininos ou masculinos, se dá sob um signo diferente em cada um dos quatro romances, o que aliás ilustra o ânimo experimentador e sistemático da literatura machadiana. A moralização do mando patriarcal pelo valor das moças sem nascimento apostava as suas fichas, sucessivamente, na franqueza confiante, na ambição calculista mas civilizadora, na pureza cristã e na severidade sem ilusões. A despeito da disparidade entre os enredos, nos quatro casos a presunção de igualdade, sustentada sobretudo pelo amor, coexiste com descaídas humilhantes, causadoras de pânico, em que o destino social do dependente fica à mercê do arbítrio do proprietário. A decisão deste pode ser tomada com displicência, "entre duas xícaras de chá", ou agitadamente, em meio a confusões escusas, nas quais os imperativos da proteção se misturam a apetites de namorado ou a fumaças de grandeza.[14]

São passagens esquisitas, inegáveis pontos altos, aliás bem surpreendentes em livros tão aferrados à decência. Separadas da moldura convencional, as dissociações entre sentimento-de-si e racionalidade social poderiam figurar num romance russo ou entre as ousadias da literatura moderna, em vias de descobrir o inconsciente. A pretexto das intermitências do sentimento da gente distinta, o escritor experimentava a mão nas derivas psíquicas e racionalizações ideológicas que mais adiante estariam no centro de seus grandes romances, onde azeitariam o dia a dia de nossa sociedade fraturada. Seja como for, a posição de destaque na fábula pertencia à aventura romântica, de feitio europeu, aliás sem evitar os clichês da ficção conformista de segunda classe. Os momentos que lhe escapavam, contudo, deixados na contraluz pela própria lei do gênero, davam espaço a observações e análises de-

---

14. Id., *Iaiá Garcia*, p. 402.

sabusadas, em que as realidades injustificáveis e anti-heroicas do privilégio local eram encaradas, em espírito adulto, com subida evidente da qualidade literária.

No final de *Iaiá Garcia,* o último romance do primeiro bloco, a heroína rompe com as vantagens e humilhações da dependência, "pois a sua taça de gratidão estava cheia".[15] Busca saída na condição de professora, mudando-se para outra região do país, para longe da influência de seus benfeitores. Pede ao pai que a acompanhe e deixe "a vida [...] de servilidade que vivera até ali".[16] A decisão tinha a ver com a recomposição do horizonte permitida pelo trabalho assalariado. Este marcava uma alternativa ao clientelismo, lançando luz sobre a conexão, sempre omitida, entre os vexames da dependência e o sistema escravista. Com atraso exasperador, era o futuro que chegava. Por outro lado, do ângulo da consistência do enredo, a decisão tinha alcance retrospectivo. É como se no desfecho a heroína considerasse iludidas e inúteis as centenas de páginas em que lutara para dar um encaminhamento decente ao contencioso entre protegido e protetor, que não teria mesmo remédio. A lição reflui sobre os romances prévios, nos quais também os objetivos justos e a clareza mental das protagonistas haviam tentado corrigir a desorientação dos proprietários, gente excelente por definição, mas afundada num mundo viscoso de prevenções familiares, desconfianças retrógradas, indolência satisfeita, apetites inconfessáveis etc.

Em abstrato, o enfrentamento entre a razão e o obscurantismo, com as afinidades de classe do caso, prometia terminar bem. O anseio de dignidade das moças convinha a todos, sendo aliás o resultado da educação que elas haviam podido adquirir graças à proximidade com os abastados. Ao passo que a feição meio tirâ-

15. Id., *Iaiá Garcia*, p. 315.
16. Id., *Iaiá Garcia*, p. 406.

266

nica destes era antes parte do atraso geral da sociedade brasileira do que manifestação de conservadorismo encarniçado. Ou seja, nada que a tolerância e os bons conselhos não pudessem contornar. Pois bem, em *Iaiá Garcia* o conflito se complica e aprofunda. Não faltam os desmandos da autoridade, nem aliás os favores, igualmente arbitrários. Uns e outros são admitidos com realismo, pois a rotina de vexações faz parte da situação de clientela, inevitável enquanto o trabalho livre não chega. A novidade, que trava o curso das relações paternalistas e aponta em direção mais radical, embora pareça um recuo, é que agora a heroína julga inadmissível casar acima de sua condição. Não porque se considere inferior, muito ao contrário. É que seria "uma espécie de favor", que o orgulho não lhe permite aceitar, ou para o qual não reconhece qualidade a seus eventuais benfeitores, que sendo os representantes notórios da dignidade e da razão, não sabem o que estas sejam.[17]

Por um lado, com feição antirromântica, nada mais romântico que essa objeção ao casamento desigual. Contra os donos da vida, trata-se de não consentir na degradação do amor, que precisa ser preservado do sistema de favores e força bruta que determina o atraso brasileiro. À distância, a heroína está em dia com o que noutras plagas o indivíduo moderno deve a si mesmo. Quanto ao mais, que não a compromete no cerne, ela faz as concessões cabíveis ao modo de vida ambiente. Muito razoavelmente ela distingue entre o certo impossível e o possível atrasado. Sob forma de compartimentação do eu, algumas grandes linhas da defasagem e da hierarquia internacionais se interiorizavam, transformando em impasse contemporâneo e moral, próprio ao mundo periférico, o que parecia apenas uma condição pitoresca.

Por outro lado, a objeção ao casamento desigual representa a decantação de uma experiência de classe. Há um fosso entre a con-

17. Id., *Iaiá Garcia*, p. 402.

dição de agregada, a um passo do povinho excluído, e a condição de senhora estabelecida, participando das garantias e benesses da civilização moderna. Sem ser impossível, a passagem de uma a outra dependia das boas graças de um superior. Ora, como ficar devendo tal mudança de estado — nada menos que a inserção no presente do mundo — aos acasos de uma simpatia pessoal? Pelo excessivo da dívida, a esperança correspondente faz mal à autoestima do dependente. Caso se deixe picar pela ilusão, este esquece o que deve a si mesmo e é capaz de se submeter atado de pés e mãos às veleidades de seu protetor, *que por sua vez pode mas não precisa cumprir o que prometeu num momento de capricho.* Mesmo na hipótese favorável, em que — suponhamos — o filho-família não se desdiz e casa com a mocinha obscura, o fantasma da humilhação de classe não deixa de comparecer. O mais legítimo dos impulsos, qual seja, a aspiração do dependente à dignidade, corre sempre o risco de se ver tratado indignamente, elevando a indignidade ao quadrado, o que precisa ser evitado a todo custo. Noutros termos, o objeto da aversão intelectual-ideológica nestes romances são os momentos em que a miragem da emancipação individual, ou dos valores liberais e românticos, suscitada pelos devaneios do favorecimento pessoal, funciona ao contrário, como instrumento da dominação paternalista, levando o dependente a baixar a guarda e a ser desfrutável. Por respeito de si, este não deve respeitar a promessa liberal na boca de seus protetores.

Alcançada em *Iaiá Garcia*, essa conclusão histórica resume um aprendizado de classe, despersonalizando a questão. Note-se que a humilhação trocou de sítio, não decorrendo já desta ou daquela exorbitância em que o protetor tenha ficado aquém de seu dever. Ela agora se liga a uma incontornável dualidade de funções, com fundamento estrutural: o chefe de parentela, a quem é devida a lealdade dos protegidos, é também um proprietário na acepção moderna do termo, para quem essa ordem de obrigações é relativa. A dinâmica do envolvimento paternalista mostra ser metade apenas da situação, cujo outro aspecto, ditado pela propriedade, pertence a uma órbita diversa, à qual as razões do dependente não dizem nada, e a que este, além disso, não tem acesso independente, *o que consubstancia a fratura social*. A sistematização do ponto de vista dos de baixo, levada a cabo com rigor pelo romancista, qualifica negativamente as promessas próprias à relação, a cujas seduções — um mecanismo de classe degradante — é melhor fugir. A dívida moral não vale o mesmo dos dois lados da divisória. O peito dos brasileiros proprietários abriga duas almas.

* * *

Pois bem, nas *Memórias póstumas de Brás Cubas* esse bolsão de frustrações e atraso é transformado em grande literatura, mediante uma recombinação de seus elementos que muda tudo. O lance de gênio consistiu — salvo engano — em delegar a função narrativa ao anterior adversário de classe, aquele mesmo que não sabe, segundo os seus dependentes esclarecidos, o que sejam dignidade e razão. Depois de serem um *assunto* ou *momento* entre outros, ou uma coleção de anedotas do anacronismo local, sempre com algum reflexo na existência dos sem-direito, as oscilações do proprietário com duas caras, civilizado à europeia e incivil à brasileira, ou cordial à brasileira e objetivo à europeia — esclarecido e arbitrário, distante e intrometido, vitoriano e compadre —, se tornam o próprio *ritmo* ou a própria *forma* da prosa, condicionando o mundo ao compasso de sua inquietação. A alternância elegante ou ignóbil dos padrões de conduta já não determina apenas a relação com os dependentes, em momentos circunscritos de crise, bem localizados no desdobramento da intriga. Ela agora é ubíqua e vem a ser a ambiência geral e permanente da vida em todas as suas dimensões, numa escala incrível, cuja efetivação retórica é um feito técnico. Vertiginosa e enciclopedicamente, ela perturba os fundamentos da representação literária, a ingenuidade do leitor de boa-fé, as normas contemporâneas da decência e o dia a dia trivial da ex-colônia, além de comandar uma coleção de minissínteses da tradição do Ocidente. No limite, nada fica incólume. É certo que o narrador inconstante e sem credibilidade, envolvido em escaramuças com o leitor, faz parte de uma tradição ilustre de humorismo, que independe do Brasil. Machado entretanto repolarizou o repertório de suas manobras em função das ambivalências de classe da elite brasileira, que lhe imprimem a conotação realista, e, sobretudo, fazem adivinhar uma formação social em curso, fechada num destino a reboque, mas moderno.

Do ângulo do evolucionismo, ou da luta contra o atraso, com as suas etapas em sequência prevista, a solução era inesperada. O trabalho livre, que no desfecho de *Iaiá Garcia* recompunha o quadro, prometia aos dependentes a independência de que precisavam para uma revisão sem subterfúgios da sociedade que ficava para trás. Depois da escravidão e dos pobres em condição desclassificada, acabava-se o vexame e chegava a vez da liberdade verdadeira, casada ao progresso. Ora, Machado não escreveu esse livro conclusivo, que parecia estar na ordem do dia — mas tampouco o país tomou um rumo superador. Ao contrário do que esperava o otimismo abolicionista, o fim do cativeiro não integrou os negros e os pobres à cidadania, tarefa nacional que ficaria adiada *sine die*. O que prevaleceu, com ajuda da imigração, foram formas de trabalho semiforçado e assalariamento precário, que davam vida nova ao padrão de autoridade precedente. Com algum rearranjo, as combinações dissonantes de liberalismo e exclusão, de propriedade burguesa e ternura pela clientela ("Não me soube grandemente essa aliança de gerente de banco e pai de cachorro"), elegância e poder cru ("porque assim o quero e posso"), entravam para os novos tempos sem serem postas em xeque, readquirindo a sua confiança no futuro.[18] Digamos que no curto período entre *Iaiá Garcia* (1878) e *Memórias póstumas* (1880), quase dez anos antes da Abolição (1888), o escritor se terá dado conta do curso decepcionante das coisas, que não ia se pautar pelo providencialismo laico das doutrinas do progresso, nem pelos bons conselhos que os protegidos pudessem dar a seus protetores. Nesse sentido, a delegação do papel narrativo às classes satisfeitas marcava uma virada e também o propósito de não insistir em perspectivas esgotadas.

É claro que não haveria invenção artística extraordinária se tudo se resumisse na troca da crítica (moderada) pela apologética, ou do ângulo dos oprimidos pelo dos opressores. A passagem ao ponto de vista de classe oposto, que a seu modo não deixava de ser uma adesão ao mais forte, uma operação vira-casaca, uma bofetada na justiça etc., de fato fazia parte — escandalosa ou discreta — do novo dispositivo formal, no qual entretanto ela se combinava a uma dose desconcertante de perfídia social-literária. Manejada com virtuosismo absoluto, esta última reequilibrava o conjunto por meio das verdades indiretas que deixava escapar, em detrimento dos bem-postos e de sua sociedade, num vazamento organizado e impressionante, além de humorístico. Em negativo, o narrador plantado no alto do sistema local de desigualdades, nas suas condições e consequências, bem como nas teorias novas e velhas que pudessem ajudar, é uma consciência abrangente, que incita à leitura a contrapelo e à formação de uma superconsciência contrária, se é possível dizer assim. Dentro do conformismo ostensivo, a parte da provocação era grande.

Digamos que o narrador machadiano realizava em grau superlativo as aspirações de elegância e cultura da classe alta brasileira, mas para comprometê-la e dá-la em espetáculo. No exercício de

---

18. Id., *Memorial de Aires* (1908). *Obras completas*, v. i, pp. 1068 e 1047.

seus refinamentos, ele contracenava com uma galeria representativa de tipos nacionais, ou seja, com um quadro de relações de classe pouco apresentáveis: fora da norma — se o critério aplicado for *exigente* e *importado,* isto é, anglo-francês —, porém familiares e normais — se a medida for o cotidiano brasileiro, que tampouco podia estar errado. Exemplificava-se em ato o catálogo das ambiguidades que afastavam do padrão moderno — mas não da modernidade sem padrão — a nossa gente de bem. Beirando o didático, e também o sarcasmo, os feitos e pensamentos da personagem narradora são ilustrações escolhidas a dedo para autenticar as piores suposições que faziam a seu respeito as diversas categorias de dependentes, escravos inclusive, bem como os consócios na dominação paracolonial, parentes ou não, liberais ou escravagistas, aos quais a civilidade não enganava. O conjunto formava o sistema dos pontos de vista relevantes na circunstância. Assim, a nova fórmula artística não esquecia as humilhações sofridas pelos dependentes, de que era um porta-voz oblíquo. Ao contrário do que parece, estas ditavam a pauta oculta à performance histriônica do narrador, que tinha como função apresentá-las na plenitude de sua gravidade, com o acompanhamento de reflexões egoístas, mesquinhas ou abjetas que as vítimas, esperançosas de cooptação, não se animariam a formular e nem sequer a imaginar.

A malícia do procedimento, que une sutileza e farsa grossa, travestimento e traição de classe, intimidade e hostilidade, funciona de modo mais saliente nos romances escritos na primeira pessoa do singular (*Memórias póstumas* e *Dom Casmuro* [1899]). Com menos alarde, o método serve igualmente à narrativa impessoal, em terceira pessoa, dita objetiva, tão capaz de parcialidades e maldades quanto a outra.[19] Do ponto de vista *espontâneo,* tra-

---

19. *Quincas Borba* (1891), o segundo dos grandes romances machadianos, é escrito em terceira pessoa. *Esau e Jacó* (1904) é um meio-termo intrincado: a narrativa está em terceira pessoa, mas foi encontrada entre os cadernos de diá-

ta-se para o narrador de gozar ao acaso, em muitos planos e sem remorso as vantagens e facilidades proporcionadas pela injustiça local e pela posse impune da palavra, sem abrir mão de nada — do pecadilho à atrocidade —, e aliás sem desconhecer que aos olhos do superego europeu fazia um papelão, o que só acentuava o picante do caso. O desembaraço cultivadíssimo da fala não diminui as injustiças, mas lhes confere urbanidade e um tipo especial de poesia, o que, segundo as preferências, melhora ou agrava o quadro. Já do ponto de vista da composição, muito maquinada pelo Autor, que tem recuo épico, o suporte anedótico e reflexivo desses desplantes erráticos deve esboçar uma totalidade social. Deve também instruir a má vontade dos desafetos, entre os quais o leitor, fazendo que a personagem narradora atraia para si e para a sua elegância uma versão morna do desgosto universal. Este se deve à complacência no atoleiro histórico, uma variante periférica da consciência no mal baudelairiana. Isso posto, a elegância não se desfaz em veleidade, pois além de afetação semicolonial ela é a demonstração válida de que as qualidades civilizadas são compatíveis com as transgressões a que dão cobertura — uma demonstração considerável. A visibilidade implacável que ela confere a estas — também uma contribuição à verdade — não tem paralelo na literatura brasileira e talvez seja rara em outras.

Quando desistia do narrador comportado e moralista de seus primeiros romances, ligado à causa dos dependentes, Machado antecipava os ensinamentos pouco edificantes da Abolição, a qual não iria ter como objetivo a integração social do país. O acerto do prognóstico, que por si só não é garantia de qualidade literária, na circunstância levava à verificação intelectual das formas vigentes

---

rio do Conselheiro Aires, a sua personagem central. *Memorial de Aires* (1908) tem forma de diário, mas naturalmente ganha em ser lido na contracorrente das opiniões — sempre elegantes — de seu pseudoautor.

e à invenção de outras novas, à altura do tempo. Delineado com distância crítica pelo Autor, o narrador ultrafino, que é uma flor de civilização, mas indulgente consigo mesmo e com as injustiças gritantes de sua sociedade, nas quais acha apoio, foi uma dessas invenções atualizadoras. Aí estava, com verossimilhança superior, uma versão diferente da tutela esclarecida e generosa que os nossos homens de bem acreditavam exercer.

O aprofundamento da semelhança e do julgamento histórico era notável, embora pouco percebido. Em relação ao referente brasileiro, havia um claro *progresso da mimese*, sustentado por um conjunto ousado de operações formais, que por sua vez pressupunha muita conjugação de crítica artística e social. Este encadeamento, se for exato, tem o mérito de indicar a componente reflexiva e construtiva do esforço mimético, desconhecida pela teoria literária dos últimos decênios, que tem encarado a imitação pelo ângulo banalizador da fidelidade fotográfica. Dito isso, é claro que o valor artístico e a verdade da obra não residem na semelhança do retrato, mas nas perspectivas novas e nas reconfigurações que a busca da semelhança ocasionou. No caso, elas são de várias ordens.

Para exemplificar, há uma inversão geral de primazias e proporções: o novo procedimento confessava sem disfarces a opressão que nos romances iniciais ficara ao fundo, embora já então fosse a melhor parte deles, e transformava em ilusão escarnecida — "enxuga os óculos, alma sensível!" — o ímpeto romântico, de realização pessoal, que estivera em primeiro plano.[20] Na mesma linha, a ênfase na injustiça sofrida pelos dependentes é substituída pela constatação da sua *utilidade*, feita na primeira pessoa do singular por seu beneficiário *esclarecido*. As fantasias romanescas de reparação pessoal cedem o lugar à experiência cínica de uma engrena-

---

20. *Memórias póstumas de Brás Cubas*, p. 456.

gem social dissociada. O fundamento da injúria, a qual não deixava de existir, passava a ser sólido.

Também a dessegregação do país toma um rumo inesperado. Apartado da existência pública, o ponto de vista dos dependentes, dominante nos primeiros romances, não abria espaço para os desenvolvimentos novos da civilização. Filosofias recentes, projetos para vias férreas, estudos históricos, operações financeiras, ciências matemáticas, política parlamentar etc. não deixavam de comparecer, mas figuravam somente à margem, como índices convencionais de modernidade, a mesmo título que as revistas de moda, a casaca e o charuto. Já com o novo narrador, essas e outras inovações da época invadem a cena de forma espetacular, sempre enquadradas pelos caprichos dele mesmo, ou melhor, para funcionarem segundo um regime de classe escancarado, criando uma atmosfera especial, de atualidade ostensiva e rebaixada, que é um extraordinário feito mimético e artístico. Os proprietários participam intensamente do progresso contemporâneo, mas isto *graças* às relações antiquadas em que se apoiam, e não *a despeito* delas, e menos ainda *por oposição a elas,* como imaginaria o senso comum.

Com esta última retificação, chegamos à perplexidade e à verdade modernas da nova configuração machadiana. O narrador integralmente sofisticado e livre, quase se diria emancipado, dono de seus meios e da tradição, reitera em pensamento e conduta os atrasos de nossa formação social, em vez de os superar. Em parte por acinte, para que os tenhamos presentes como lamentáveis, acentuando a sensação de disparate; em parte por saudades (outro acinte?), para não separar-se deles, apesar de ultrapassados; e em parte porque a muita consciência é funcional para o conjunto, que tem rumo, mas não propósito. Em lugar de nos iludirmos com o progresso de uma sociedade atrasada, assistimos à reprodução do atraso no âmbito da maior clarividência disponível.

Uma recapitulação esquemática diria o seguinte. Num momento fundador, a ficção romântica enxergou as peculiaridades da vida familiar brasileira sob o signo do pitoresco e da identidade nacionais, a que superpôs fabulações mais ou menos folhetinescas. O êxito da combinação, bem ajustada às necessidades do país jovem, foi grande. Mesmo havendo irreverência, a ênfase no espelhamento ameno e nas suas cumplicidades algo regressivas conferia sinal positivo aos traços que nos diferenciavam. Uma geração depois, Machado retomou noutros termos o mesmo complexo temático, ideológico e estético, agora sem a névoa protetora da cor local e da autocongratulação patriótica. A família extensa à brasileira passava a ser encarada segundo o prisma do dependente instruído, que fazia parte dela e a transformava em *problema*. Aí estava um sistema de relações especial, com estrutura, saídas e impasses próprios, pedindo análise. A sua diferença indicava atraso, pois o metro tácito do dependente eram os Direitos do Homem, que alhures em princípio tinham vigência. A simpatia do narrador ia para os combates da heroína injustiçada, aos quais aliás tampouco faltava a moldura de folhetim. Quanto ao campo oposto, dos protetores opressores, era forçoso que a configuração do conflito, conforme progredia de livro a livro, apurasse as feições negativas da figura do proprietário. Estas interiorizavam e refletiam com precisão, sob forma de *defeito*, o desequilíbrio absurdo entre as classes. Pois bem, tirando as consequências deste mesmo desequilíbrio, que não mostrava sinais de regeneração interna, Machado inventou a fórmula que iria caracterizar a sua obra madura e fazer dele um grande escritor. Assim como não se acomodara ao encanto fácil do pitoresquismo romântico, agora renunciava ao apreço unânime devido ao narrador moderado e amigo das boas causas.

O novo dispositivo artístico dava conta indireta da frustração dos dependentes, e direta do abandono destes pelos proprietários, aludindo por ressonância à sociedade periférica incapaz de se integrar. O alcance do arranjo formal, que afrontava as superstições do espírito laico, em particular a confiança no progresso e em sua benevolência, até hoje desconcerta. A personificação capciosa de um narrador de elite, invejavelmente civilizado e muito envolvido nas relações de opressão que ele mesmo configura e julga, é um lance de xadrez que desarruma o tabuleiro narrativo, tornando mais real a partida. A contaminação recíproca de autoridade literária e autoridade social desconcerta e tem grande alcance crítico. O artifício desafia o leitor em toda a linha: ensina-o a pensar com a própria cabeça; a discutir não apenas os assuntos, mas também a sua apresentação; a considerar com distância os narradores e as autoridades, que são sempre parte interessada, mesmo quando bem-falantes; a duvidar do compromisso civilizador e nacional dos privilegiados, em particular nos países novos, onde esta pretensão tem grande papel; a ter aversão pelas consolações imaginárias do romanesco, manipuladas pela autoridade narradora em benefício próprio. O artifício ensina sobretudo que a coexistência do âmbito cosmopolita e do âmbito dos excluídos pode ser estável, sem superação à vista. A demonstração é saborosa porque ilustra e esquadrinha os mecanismos pátrios – "deliciosos", para usar o termo machadiano – da reprodução não burguesa, à bruta ou mediante engodo, da ordem burguesa. A demonstração não deixa também de ser universal, já que na escala do mundo, ao contrário do que consta, essa reprodução é a regra, e não a exceção.

As heroínas dos primeiros romances são pouco interessantes, pois a sua posição social precária é desfigurada pelo clichê romântico. As suas vicissitudes, contudo, fazem ressaltar as feições de classe do antagonista, cuja figura tem originalidade literária. Nos romances da segunda fase, invertido o ângulo, toca aos pobres figurar no espelho subjetivo dos proprietários, onde são destratados segundo as conveniências do individualismo burguês ou da dominação paternalista, que se revezam com perfeita desfaçatez. A essa luz, a figura do dependente adquire relevo extraordinário, em competição com a visão naturalista da miséria. São retratos desconsolados, nos quais o desvalido fica sem o reconhecimento do valor do trabalho, sem os cuidados do protetor e sem as compensações da providência divina. Trata-se do vácuo social armado pela escravidão moderna para a liberdade sem posses, outro tema que, *mutatis mutandis*, não se esgotou.

Os desplantes de arbítrio da autoridade social e literária remetem a uma sociedade que discrepa da norma burguesa contemporânea. O que pareceria atraso contudo se revela moderno e crítico, pois faz ressaltar aspectos não burgueses da ordem burguesa, ou aspectos que escapam à autodefinição desta última. São precisamente as dimensões sondadas pela literatura mais avançada do tempo, a que paradoxalmente Machado, com o seu universo de ex-colônia, vai se integrar. Para ter uma ideia do adiantamento de seus temas "atrasados", ligados ao império do arbítrio, basta lembrar alguns: pensar por exemplo na parte da autoridade na definição e na dissolução da pessoa, própria ou alheia; nas relações entre desagregação pessoal e experiência do tempo, entre mando e loucura, muitas vezes do mandante ele mesmo; nas dimensões extracientíficas da ciência, com suas funções autoritárias e sádicas, e também ornamentais; na diferença total que faz o ponto de vista dentro de uma situação comum etc. Por esse lado, a ficção machadiana converge com a primeira linha da literatura de seu tempo, que se aplicava a desobstruir realidades desconhecidas sob a realidade burguesa. A título indicativo, não custa mencionar um tanto ao acaso algumas afinidades no campo inovador, como Dostoiévski, Baudelaire, Henry James, Tchékov, Proust, Kafka, Borges. Já os empréstimos clássicos de Machado não têm fim e têm levado a crítica a buscar aí o seu mérito, com prejuízo para a compreensão do caráter atualista e adiantado de sua experimentação.

A exibição de inteligência, requinte técnico e cultura geral do narrador machadiano é incômoda ao primeiro contato, embora logo se imponha como um grande achado. Em plano algo risível, ela era uma demonstração de proficiência literária, que atendia ao nosso esforço patriótico de formação cultural acelerada. Aqui estava um narrador culto entre os cultos, que não envergonhava ninguém e que contribuía para elevar a cultura nacional a novo nível, acima da modéstia simpática que vinha sendo a regra. Sobretudo em seu primeiro momento mais espetacular, nos capítulos iniciais das *Memórias póstumas*, esse traço em fim de contas provinciano, que capta uma aspiração de país novo, é sensível e faz parte do interesse da performance. O seu aspecto mais substancioso entretanto era outro. O programa universalista, que à sua maneira era um padrão ideal, pressupunha a assimilação enciclopédica de tudo que dissesse respeito ao *geralmente humano*. Entravam para o pacote a Bíblia, a filosofia, a retórica humanista, a análise setecentista do egoísmo, o cientificismo materialista, a historiografia antiga e recente, a filosofia do inconsciente etc., a que se acoplavam o comentário desabusado da atualidade e a notação local. O resultado não podia ser mais desvanecedor, socialmente falando. Pois bem, num lance ousado de sua arte, Machado não conferia sinal positivo a essa grande acumulação. A despeito do muito que ela terá custado, ele fez dela uma parte integrante do prestígio e das condutas arbitrárias de seu narrador. Atrelado à dominação de classe local, o próprio processo da Ilustração trocava de sinal, passando a funcionar numa pauta imprevista, que cabe ao leitor decifrar e que até hoje deixa sem resposta.

(2003)

Na periferia do capitalismo

(Entrevista)

Gostaria que você falasse um pouco sobre sua formação e personagens que mais o influenciaram nessa fase.

Meus pais eram austríacos, intelectuais de esquerda, ateus e judeus. Quando a Alemanha anexou a Áustria, tiveram que emigrar. Se não fosse isso, meu pai, que era um homem completamente literário, teria sido escritor e professor. Embora tivéssemos chegado ao Brasil sem nada, ele logo começou a refazer uma boa biblioteca alemã, que tenho até hoje.

Ele morreu cedo, quando eu tinha quinze anos. O Anatol Rosenfeld, que era amigo dele e da família, passou a acompanhar os meus estudos e a sugerir leituras. Durante muitos anos ele jantou em casa aos domingos, que passaram a ser um dia obrigatório de revisão da semana e discussões. Apesar da grande diferença de idade, ficamos muito amigos.

O Anatol tinha um grupo...

Sim, ele dava um curso de história da filosofia na casa do Jacó Guinsburg. O grupo, que era de ex-comunistas, se reunia semanalmente para ler e discutir textos básicos de Teoria do Conhecimento. Haviam começado com Descartes e quando passei a participar estavam nos empiristas ingleses. No final da reunião havia chá com bolo e a conversa geralmente passava para a política.

E aí você entrou no curso de ciências sociais da USP.

Foi, em 1957, por sugestão também do Anatol. Eu estava no último ano do secundário, um pouco incerto se fazia letras, filosofia ou ciências sociais. O Anatol, muito objetivo, me disse que fosse à Faculdade assistir a algumas aulas antes de decidir. Assisti a uma aula de literatura, de um professor cujo nome não vou dizer, e desisti de fazer letras. Assisti a uma aula do Cruz Costa, que fazia piada atrás de piada e me deixou um pouco assim... E assisti a uma aula da Paula Beiguelman, em política, muito bem preparada e interessante. Aí me decidi pelas ciências sociais.

Já no curso de ciências sociais você participou daquele grupo do seminário do Capital *ou foi bem depois isso?*

O seminário começou em 1958. Foi iniciativa de um grupo de professores jovens, vindos das ciências sociais, da filosofia, da história e da economia, que tiveram a boa ideia de incluir também alguns alunos. Com isso o seminário já nasceu multidisciplinar e espichado para a geração seguinte. Marx na época era pouco ou nada ensinado, embora muitos professores nessa área fossem de esquerda. De modo que a decisão de estudar a sério a sua obra tinha alcance estratégico. No núcleo inicial estavam Ruth e Fernando Henrique Cardoso, Octávio Ianni, Fernando Novais, Paul Singer e Giannotti. Os alunos mais assíduos eram Leôncio Martins Rodrigues, Francisco Weffort, Gabriel Bollaffi, Michael Löwy, Bento Prado e eu.

E qual foi o peso do seminário em sua formação, em sua visão de mundo?

Foi decisivo. Ao contrário do que diz meu amigo Giannotti, estudar Marx na época não era assimilar um clássico entre outros. Por um lado, tratava-se de apostar na reflexão *crítica* sobre a sociedade contemporânea, na desmistificação de suas justificações e instituições, bem como na necessidade que têm os explorados de transformá-la. Por outro, tomava-se distância da autoridade dos Partidos Comunistas na matéria, que promoviam uma compreensão bisonha de Marx, que era imposta como um dogma. Havia também a excitação de descobrir e afirmar a superioridade intelectual de um autor profundamente incômodo para a academia bem-pensante e para a ordem em geral.

Marx era tabu nos Estados Unidos, por conta do macartismo; na Alemanha, por conta da Guerra Fria; o próprio debate alemão dos anos 1920 e 30, que foi decisivo, não estava traduzido e os livros não se encontravam no comércio; os franceses não tinham tradição dialética, ao passo que os Partidos Comunistas, enquadrados pela União Soviética, publicavam obras escolhidas ou completas de Marx e Engels, ao mesmo tempo que propagavam uma versão esterilizada e autoritária de seu pensamento. Digo isso para indicar o inusitado, e também o precário, além de premonitório, da inciativa do seminário. Poucos sabiam alemão, não tínhamos familiaridade com o contexto cultural de Marx, a bibliografia moderna não estava disponível, para não dizer que estava desaparecida. De um ponto de vista universitário "normal", não estávamos preparados para a empreitada. Em compensação havia a sintonia com a progressiva radicalização do país, que entrara em movimento, e talvez com a corrente de fundo que levaria o mundo a 1968. Até certo ponto o despreparo foi uma vantagem, pois permitiu que enfrentássemos com espírito livre as dificuldades que a experiência brasileira opunha aos esquemas marxistas.

Como era a dinâmica do seminário?

O grupo se reunia de quinze em quinze dias e discutia mais ou menos vinte páginas por vez. Havia rodízio de expositor, mas todos tinham obrigação de ler o texto. A discussão ia de questões elementares de compreensão a problemas cabeludos, com consequências teóricas e políticas. Como os professores estavam em idade de escrever as suas teses, que no geral foram de assunto brasileiro, começou a se configurar no seminário a distância entre a construção marxista e a experiência histórica do país. O seminário teve a força de não desconhecer a discrepância e, também, de não considerar que ela anulava a melhor teoria crítica da sociedade contemporânea. Era preciso refletir a respeito, ver o desajuste como um problema fecundo e, talvez, como parte das desigualdades do desenvolvimento do capitalismo. Marx não podia ser aplicado tal e qual ao Brasil, que entretanto fazia parte do universo do capital. Estava surgindo o tema da reprodução moderna do atraso, segundo o qual há formas sociais ditas atrasadas que na verdade fazem parte da reprodução da sociedade contemporânea, em âmbito nacional e internacional. Contrariamente à aparência, elas não estão no polo oposto ao progresso, *de que são complementares*. O argumento é contraintuitivo, mas, uma vez assimilado, é muito evidente e transformador, com desdobramentos políticos e estéticos. Embora a obra correspondente não tenha sido escrita, essas observações ligadas à experiência das nações periféricas têm relevância histórico-mundial, para uma apreciação sóbria e não ideológica das realidades do progresso, o qual é mais perverso do que consta. Dentro de minhas possibilidades, quando chegou a minha vez de fazer tese e de analisar os romances de Machado de Assis, eu me havia impregnado muito desse modo de ver.

Nos anos do seminário, a literatura já era o seu foco?

Já.

Já havia seu interesse pela literatura, mas em termos formais como se deu sua ida para a teoria e a crítica literária?

Fui aluno de Antonio Candido no segundo ano de ciências sociais, em 1958, no último ano em que ele deu sociologia. No ano seguinte comecei a ficar abatido com o lado empírico da pesquisa sociológica, os levantamentos e as tabulações não eram comigo. A essa altura, Antonio Candido passara da sociologia para as letras, e estava ensinando literatura brasileira em Assis. Ruminei o exemplo e fui até lá, me queixar da vida e pedir conselho, pois gostava mesmo é de literatura. Ficou mais ou menos combinado que quando eu terminasse o curso faria um mestrado em literatura comparada no exterior e depois iria trabalhar com ele na USP. Nessa época eu já escrevia um pouco de crítica literária para jornal.

Qual jornal?

Um suplemento literário da *Última Hora*, onde publiquei um artigo sobre *O amanuense Belmiro*, romance sobre o qual o Antonio Candido havia escrito anos antes. Uma amiga espoleta levou o trabalho ao professor, contando que eu achava o artigo dele parecido com o meu. Ele achou graça, leu e me convidou para colaborar no Suplemento Literário do *Estadão*, que era dirigido pelo Décio de Almeida Prado. Assim, quando fui a Assis procurar conselho, ele tinha ideia do que eu andava fazendo.

A ida para o exterior era porque na época não havia mestrado aqui?

A pós-graduação estava começando. Na época só fazia mestrado e doutorado o pessoal que já estava trabalhando nalguma cadeira. Como eu vinha de ciências sociais, para ensinar em letras precisava de um título apropriado. Fui ao Estados Unidos fazer um mestrado em teoria literária e literatura comparada na Universidade Yale. Na volta, em 1963, pouco antes do golpe, comecei a trabalhar na teoria literária, que era uma novidade na USP.

Em Yale seu trabalho foi com autores brasileiros?

Não. Em Yale havia dois tipos de mestrado: num, fazia-se um ano de curso e um ano de tese — a tese eram três artigos de vinte páginas cada um, com alguma dimensão teórica ou comparativa, mais uma conclusão. Esse era um padrão. No outro, eram dois anos de curso com boas notas. Como eu estava interessado em adquirir conhecimentos, fiz esse último. Eram tópicos de teoria e de literatura comparada, como por exemplo história da crítica moderna, épica renascentista, romance realista, Lessing e a estética das Luzes etc.

E nesse começo de trabalho com Antonio Candido, na USP, como é que se delineiam seus temas de trabalho?

Os primeiros anos são sempre suados. Preparar cursos, aprender o suficiente para ensinar, no começo não é fácil. Mas a ideia básica de meu trabalho eu tive cedo. Foi mais ou menos o seguinte: eu lia Machado de Assis e achava a ironia dele especial. Tinha a impressão de que havia naquele tipo de humorismo, de gracinha metódica, alguma coisa brasileira. Então saí atrás disso. Combinei a tentativa de descrever a ironia de Machado com a intuição de que ela seria nacional — o que restava explicar. Combinei um *close reading* dessa ironia com a teoria do Brasil do seminário do *Capital*. A ideia de que a substância da ironia machadiana tinha a ver com a mistura de liberalismo e escravismo no Brasil me veio cedo, antes de 1964. Agora, daí a escrever sobre isso, vai um pedaço.

E quanto ao doutorado?

Fiz na França, na Universidade Paris III, Sorbonne. A minha tese lá foi *Ao vencedor, as batatas*. O livro é de 1977. Quando voltei para casa já estava publicado.

A sua ida para a França decorreu, na verdade, da repressão política que a ditadura instaurou no país. Como as coisas se passaram e como foi sua experiência de exílio?

A França foi camarada com os refugiados, que foram chegando por ondas, conforme as ditaduras iam tomando conta da América Latina. Dentro do desastre geral, a verdade é que o exílio era também muito interessante, apresentava os latino-americanos uns aos outros, e mesmo os brasileiros das diferentes regiões. O ar ainda estava cheio dos *événements de mai*, os acontecimentos de 1968. Para quem não estivesse com a vida quebrada, ou sob pressão material excessiva, e para quem tivesse disciplina para retomar os estudos, foram anos bons.

Bem, mas para chegar ao ápice de sua investigação sobre a relação entre a ironia de Machado de Assis, o comportamento da elite bra-

sileira e, enfim, a estrutura social do país, em outras palavras, para chegar a Um mestre na periferia do capitalismo, *você gastou mais uns onze anos, não é verdade?*

Sou mais lento do que devia.

Em alguma medida há pioneirismo no trabalho de Antonio Candido quando ele lança um olhar para a literatura atravessado por uma visão mais sociológica do país, quando ele faz uma crítica literária bem fincada na materialidade das relações sociais? Ou isso é uma prática geral na crítica, que ele explicita melhor?

Eu colocaria a questão ao contrário (posso estar errado). Invertendo os seus termos, Antonio Candido lança à visão histórico-sociológica do país — que ele conhece como poucos — um olhar atravessado pela experiência e pela análise literárias, *em cujo valor de revelação ele acredita* e a que deve as suas *descobertas*. O pioneirismo está aí, nessa inversão, que dá cidadania plena ao ângulo estético.

Vamos por partes. Que a literatura faça parte da sociedade, ou que se conheça a literatura através da sociedade e a sociedade através da literatura, são teses capitais do século xix, sem as quais, aliás, a importância especificamente moderna da literatura fica incompreensível. Elas estão na origem de visões geniais e dos piores calhamaços. Em seguida se tornaram o lugar-comum que sustenta a historiografia literária convencional. Dentro desse quadro, o traço que distingue a crítica dialética, e que a torna especial, é que ela desbanaliza e tensiona essa inerência recíproca dos polos, sem suprimi-la. O que for óbvio, para ela não vale a pena. Se não for preciso adivinhar, pesquisar, construir, recusar aparências, consubstanciar intuições difíceis, a crítica não é crítica. Para a crítica dialética o trabalho da figuração literária é um modo substantivo de pensamento, uma via *sui generis* de pesquisa, que aspira à consistência e tem exigência máxima. O resultado não é a simples reiteração da experiência cotidiana, a cuja prepotência se opõe, cujas contradições explicita, cujas tendências acentua, com decisivo resultado de clarificação. Em suma, em termos de método, o ponto de partida está na *configuração* da obra, com as luzes que lhe são próprias, e não na sociedade.

Ao contrário do que dizem os detratores dessa crítica.

É isso. Ela parte da análise estética e busca o não evidente, o resultado do que o trabalho formal do artista configurou. Ao passo que a posição tradicional, ou positivista, que também vai se renovando e continua presente com outros nomes, se limita aos conteúdos brutos, procurando o mesmo na sociedade e nas obras, vistas em termos redundantes, de confirmação recíproca direta.

Isso você já dizia com 23 anos, no artigo sobre o psicologismo na poética de Mário de Andrade.

A verdade é que não lembro. Retomando o fio, há uma fórmula do Lukács, anterior ainda ao período marxista dele, segundo a qual o social na obra está na forma. Não que os conteúdos não sejam sociais, mas a forma, ao trabalhá-los e organizá-los, ou também ao ser infletida por eles, configura algo de mais geral, análogo à precedência da sociedade sobre os seus conteúdos separados. Se as obras interessam, é porque se organizam de um modo revelador, que algum fundamento tem na organização do mundo histórico — fundamento a descobrir caso a caso.

Como a maior parte da historiografia literária é de inspiração nacional e como a nação até outro dia era um horizonte quase autoevidente, criou-se uma espécie de certeza infundada, segundo a qual o espaço a que a literatura e as formas literárias se referem é também ele nacional. Ora, a literatura mais audaciosa, justamente por ter aversão às mentiras do oficialismo e do nacionalismo, e por adivinhar o avanço de dimensões extranacionais da civilização burguesa, não cabe nesse quadro. Nada mais francês que o romance de Flaubert, mas não teria cabimento ver aí o seu aspecto essencial, que se liga a um curso moderno das coisas, o qual está longe de ser francês. Cabe à crítica identificar e formular esse âmbito, o âmbito de sua relevância contemporânea.

Ora, no caso brasileiro — como seguramente no de outras ex-colônias — a referência nacional tem uma realidade própria, de tipo diverso, que continuou efetiva (até hoje?) e catalisou uma parte importante da invenção formal. Em parte por causa do complexo de *país novo* — vide Antonio Candido —, que fazia da criação de uma literatura nacional um projeto *deliberado*. Basta lembrar o pitoresquismo programático dos românticos, ou a tentativa machadiana — descoberta por John Gledson — de maquinar intrigas com relevância nacional, ou o naturalismo com o seu *trópico* científico-alegórico, ou a invenção modernista de logotipos nacionais, como o Pau Brasil, a Negra e Macunaíma. Dito isso, a questão fica mais interessante quando a reconhecemos fora da esfera do projeto nacional assumido, numa certa gama de inflexões, situações, problemas, reações etc. É como se a matriz nacional se impusesse inconscientemente, pela força das coisas, ou melhor, como consequência da peculiaridade da estrutura social do país, que gera uma problemática social, linguística, política e estética singular, com a qual nos debatemos e à qual nos cabe responder, queiramos ou não. Isso estará deixando de ser verdade? Aqui, a referência nacional não é uma bandeira, um preconceito ou uma velharia cediça, mas a descoberta crítica de um vínculo oculto, que aliás pode não ser lisonjeiro.

Ao deixar de lado a intenção do autor, ou ao fazer dela um ingrediente entre outros, e não a instância última, a análise histórico-estrutural coloca-se no terreno — real entre todos — das configurações e dos funcionamentos objetivos, cuja dinâmica não corre em trilhos previstos, podendo levar aonde o autor não imaginava, e aonde ninguém quis ir. A referência é nacional, mas sem garantia de final feliz. Essa naturalmente é uma consciência crítica adulta, segundo a qual não fazemos o que queremos, ou fazemos o que não queremos, e não obstante pagamos a conta. Uma posição esclarecida e desabusada, que se torna modelo para a compreensão estética e social quando fica evidente que a sociedade burguesa não se governa a não ser superficialmente, ao passo que a sua superação não está à vista.

Ainda aqui o passo à frente foi dado por Antonio Candido, no admirável ensaio sobre *O cortiço,* que não foi ainda devidamente explorado. O crítico explicava que o autor pensava estar romanceando o processo brasileiro de guerra e acomodação entre as raças, em conformidade com as teorias racistas do naturalismo, mas que na verdade, conduzido pela lógica da ficção, mostrava um processo primitivo de exploração econômica e formação de classes, que se encaminhava de um modo passavelmente bárbaro e desmentia as ilusões raciais e nacionais do romancista. O curso das coisas é nacional, mas difere do previsto pelo escritor.

O que exatamente você quer dizer com o "já não é mais assim", quando observa que normalmente trabalhava-se com textos que de alguma maneira tinham no horizonte uma pretensão de fundação nacional?

A crítica dialética supõe obras que sejam mais ou menos fechadas e altamente estruturadas. Na literatura brasileira não há muitas que convidem a uma análise desse tipo. Quando Antonio Candido resolveu estudar nessa veia as *Memórias de um sargento de milícias*, estava escolhendo o caminho difícil e levando ao extremo uma posição crítica de ponta. A ousadia foi pouco notada, porque o romance — divertido e despretensioso — não faz pensar nessa ordem de tentativas. Manoel Antônio de Almeida não só não queria fazer o que o crítico descobriu, como se movia num plano incomparavelmente mais modesto. Essa desproporção é um erro? Pelo contrário, ela tira as consequências de uma certa ideia de *forma objetiva*, que não coincide com as intenções do autor, as quais pode exceder e contrariar amplamente. Uma ideia de forma e de análise que o crítico compartilha com uns poucos mestres da crítica dialética. Os dois ensaios centrais de Antonio Candido, sobre o *Sargento de milícias* e *O cortiço*, sendo rigorosamente apoiados na análise das obras, descobrem a força e relevância delas num plano que não teria ocorrido aos respectivos autores. Dizendo de outra maneira: segundo esse modo de ver, o trabalho de configuração artística tem uma disciplina própria, que lhe permite superar as convicções, as teorias e os horizontes do autor.

Essa é uma visão propriamente marxista, não?

No essencial, penso que é, embora a terminologia não seja, ou seja só em parte. A parte boa da tradição marxista manda acreditar mais na configuração objetiva das obras que nas convicções ou posições políticas dos escritores. Há uma afirmação célebre de Marx, em que ele diz ter aprendido mais com os romances de Balzac do que com a obra dos economistas, isso embora Balzac seja conservador. Mas há sobretudo uma afinidade de fundo na concepção de *forma objetiva*, seja social, seja estética, independente de intenções individuais: conforme o caso, o seu dinamismo interno se realiza não só *contra*, mas também *através* das ilusões dos interessados (o racismo de Aluísio, por exemplo, faz parte da força com que *O cortiço* mostra que o problema é de classe, e não de raça). O modelo é o ciclo do capital, que se realiza — na expressão de Marx — "atrás das costas" dos participantes, levados à crise contra a sua vontade.

Mas voltando à sua pergunta: esse tipo de crítica supõe obras e sociedades muito estruturadas, com dinamismo próprio. Trata-se de enxergar uma na outra as lógicas da obra e da sociedade, e de refletir a respeito. Acontece que vivemos um momento em que essa ideia de sociedade, como algo circunscrito, com destino próprio, está posta em questão, para não dizer que está em decomposição. Já ninguém pensa que os países de periferia têm uma dialética interna forte — talvez alguns países do centro tenham, talvez nem eles. E no campo das obras, com a entrada maciça do mercado e da mídia na cultura, é voz corrente que a ideia de arte mudou, e é possível que o padrão de exigência do período anterior tenha sido abandonado. Talvez os pressupostos da crítica dialética estejam desaparecendo...

Penso que mesmo hoje, com muita frequência, existe a intenção dos escritores de produzirem alguma coisa que traga até as palavras o sentimento desse presente de relações e valores tão esgarçados, essa vida contemporânea confusa, violenta etc. Por que, então, não se chega a essa obra capaz de apresentar essa relação bem íntima entre forma do texto e forma social?

Também não me convenço de que não seja mais possível. Mas é fato que o processo social mudou de natureza. A circunscrição dele, no sentido em que você podia dizer "essa é a sociedade brasileira", está deixando de ser efetiva, de ser verdadeira. Por exemplo, o caso...

Poderíamos pegar o caso de Cidade de Deus.

Antes disso, para não perder o fio, quero falar do ensaio de Adorno sobre Beckett, para o meu gosto um dos mais brilhantes que já se escreveram sobra a literatura moderna. Em *Fim de partida* as personagens são figuras metidas numa lata de lixo, mutiladas e falando uma linguagem limitada a quase nada, um resíduo. Isso costuma ser considerado uma redução ao essencial, um minimalismo atemporal, para mostrar que o ser humano, mesmo na situação mais precária, conserva inteira a sua grandeza. Mas Adorno desloca a cena, lhe põe uma data e diz que, muito ao contrário, o que Beckett está descrevendo é uma sociedade "pós-catástrofe". Pós-catástrofe nuclear, pós-Segunda Guerra Mundial, enfim, a época em que a civilização moderna mostrou que a sua capacidade de autogoverno ou de autossuperação não é o que se dizia. Dentro desse universo, os farrapos de filosofia, os resíduos de iniciativa, de desejo de progresso, os cacoetes da esperança, representam na verdade lixo intelectual, água servida, o que restou da civilização burguesa no seu fim. Assim, a operação crítica consistiu em deslocar para um momento histórico preciso e bem explicado, embora imaginado, o que se costumava alegorizar como a condição humana. O deslocamento confere uma incrível vivacidade e particularidade artística ao que pareceriam alegorias e generalidades insossas. Do lado do referente também há deslocamento: a sociedade não é nacional, regional ou municipal, ela é o planeta depois do desastre. Noutras palavras, embora planetário, o âmbito não é a "mera" condição humana, fora ou acima da história. O ensaio de Adorno muda a leitura de Beckett e é um grande achado crítico. É um exemplo de como o referente social e histórico tem âmbitos inesperados e pode ser de diferentes tipos. Outro dia li um estudo, também de intenção histórico-social, em que o crítico dizia que no caso de Beckett é preciso considerar que ele era um irlandês inconformado com a estreiteza do nacionalismo na Irlanda, o que o levou a mudar para Londres, onde encontrou o universo cultural — igualmente intolerável — do imperialismo inglês, que oprimia os irlandeses, o que o levou se refugiar na França, um terreno neutro que lhe permitiu encontrar o equilíbrio. Do ponto de vista biográfico parece um percurso possível, que entretanto se move num universo diversificado de nações, piores ou melhores, cujo desaparecimento é na verdade a novidade da visão, talvez do diagnóstico, de Beckett. Um bom exemplo de particularização histórica que não vem ao caso. Ao passo que a hipótese de Adorno, que não é menos histórica, tem grande capacidade esclarecedora.

Retomando a sua pergunta, no caso do Paulo Lins há de fato um universo circunscrito, por assim dizer policialmente segregado. Um universo fechado por circunstâncias "modernas", desastrosas, altamente preocupantes, que permite escrever um romance "à antiga". Mas o romance não é antigo de jeito nenhum.

O que despertou mais a sua atenção foi exatamente essa possibilidade?

Não. Foi, primeiro, a extrema vivacidade da linguagem popular, dentro da monotonia tenebrosa das barbaridades, que é um ritmo da maior verdade. Depois, a mistura muito moderna e esteticamente desconfortável dos registros: a montagem meio crua de sensacionalismo jornalístico, caderneta de campo do antropólogo, terminologia técnica dos marginais, grossura policial, efusão lírica, filme de ação da Metro etc. E sobretudo o ponto de vista narrativo, interno ao mundo dos bandidos, embora sem adesão, que arma um problema inédito. Há ainda o conhecimento pormenorizado, sistematizado e refletido de um universo de relações, próximo da investigação científica, algo que poucos romances brasileiros têm. Enfim, é um *mix* poderoso, representativo, que desmanchou a distância e a aura pitoresca de um mundo que é nosso. É um acontecimento.

Em paralelo ao desenvolvimento de uma crítica dialética, florescia uma outra crítica bem diferente no Brasil, comandada pelos concretistas, em especial pelos irmãos Campos, e entre as duas se estabeleceu uma intensa polêmica. Gostaria que você situasse um pouco essa questão.

A oposição existe, mas no que importa ela não é fácil de fixar, porque foi recoberta por um fla-flu, errado em relação às duas partes. Até onde entendo, as versões que ficaram foram determinadas pelos anos da ditadura. Numa delas, os críticos ligados à Teoria Literária da USP seriam múmias conteudistas, professores atrasados, cegos para as questões de forma, praticantes do sociologuês, nacionalistas estreitos, além de censores stalinistas. Ao passo que no campo concretista estariam os revolucionários da forma, atualizados com o estruturalismo francês, o formalismo russo e a ciência da linguagem, conscientes de que o âmbito literário não se comunica com a vida social. Naturalmente a versão do campo em frente trocava os sinais desses mesmos termos e opunha, para abreviar, *engajados* a *alienados,* um pouco em paralelo — como me indicou uma amiga — com as polarizações dos festivais da canção da época.

Ora, nada disso corresponde. Os críticos dialéticos (que não chegavam a meia dúzia) eram formalistas de carteirinha, empenhados justamente na reflexão sobre os problemas correspondentes. Seu ângulo era estético, as suas simpatias eram modernistas e sua posição era antistalinista de longa data. As linhas teóricas a que se contrapunham eram a historiografia positivista, o psicologismo, o marxismo vulgar e a classificação das obras segundo as convicções políticas de seus autores. Para dar ideia da independência conceitual e crítica com que então se trabalhava na USP (em certos setores), não custa acompanhar alguns passos de um percurso característico. Talvez se possa dizer que Antonio Candido foi buscar no *close reading* do New Criticism — uma técnica formalista, desenvolvida nos States, na década de 1930, com sentido conservador — um instrumento para fazer frente ao sociologismo e ao marxismo vulgar correntes na esquerda brasileira dos anos 1940. Só que ele reelaborou o procedimento e o abriu em direção da história, com vistas na historicização das estruturas, o que lhe permitiu uma sondagem de novo tipo da literatura e da sociedade brasileiras. Sem alarde de terminologia, e muito menos de grifes internacionais, os ensaios de Antonio Candido que vêm ao caso aqui são seguramente as peças mais originais de análise estrutural já feitas no Brasil. Há um bom paralelo a fazer com o trabalho de Celso Furtado, que também desenvolveu um estruturalismo histórico sob medida para as nações periféricas, à margem da ortodoxia marxista.

Também no campo dos concretistas a história não cabe no chavão. É falsa a ideia de que fossem "alienados" ou desinteressados do rumo da história extraliterária. Como vanguardistas, entendiam a sua revolução formal como parte de uma revolução social em curso. Eram de esquerda e que eu saiba Haroldo se considerava próximo do marxismo, não sei se também nos últimos tempos. Se a pecha de pouco sociais colou neles no pré-64 foi devido aos preconceitos antiexperimentalistas do Partido Comunista, que na época dispunha de autoridade e denunciava o "formalismo" da arte moderna. O que não impediu os concretistas de disputar com galhardia o seu lugar dentro da esquerda, e de anunciar, num congresso de crítica literária em Assis, em 1961, o seu "salto participante". Procuravam articular a invenção formal com a radicalização política do Brasil.

Em suma, contrariamente ao lugar-comum, os dialéticos eram formalistas, os concretistas eram engajados, e o que nos movia a todos era a aceleração histórica do país.

Os concretistas desenvolviam a linha de Oswald de Andrade?

É o que eles dizem, embora eu ache difícil reconhecer o ar de família. Ainda quanto aos chavões, é interessante notar que ao contrário do que eles afirmam, e os outros repetem, eles são de longe os escritores brasileiros que mais se valeram da sociologia para a sua autojustificação e para explicar a própria primazia. Entre nós, não há outros que dependam tanto da teoria social para garantir a posição a que aspiram para a sua obra. A teoria deles vale o que vale, mas a contradição merece registro.

Voltando à polêmica, não é fácil encontrar grandes razões para ela. De um lado, críticos-professores tentando uma interpretação histórico-estrutural da literatura brasileira, puxando para a esquerda. Do outro, à esquerda também, o grupo dos poetas concretistas, que militavam para impor a sua obra, em que viam a revolução, além de teorizarem em causa própria, o que é natural igualmente, mas nem sempre convence. Para que a história fosse outra (e ninguém fosse chamado de "vermina pestilente" ou chefe de uma "campanha de caça aos concretistas"), talvez bastasse que os professores da USP não tivessem torcido o nariz para a "tese" dos poetas, segundo a qual a linha nobre da poesia moderna, que vem de Mallarmé, passa por Oswald de Andrade, Drummond e João Cabral, culmina neles próprios. Mas, para incluir motivos altos, pode-se imaginar também que o antagonismo tenha fundamento em ideias diferentes no que respeita à evolução das formas. Do ponto de vista dialético, a modernização formal existe, não significa o que pretende, e deve ser analisada não só como solução, mas também como problema. Já do ponto de vista dos poetas concretos, que a buscam numa espécie de iconização e aceleração da linguagem, ela é a linha reta e indisputável que leva a um plano superior e positivo. Para reflexão, não custa notar que o Movimento Concreto foi lançado na mesma época em que Adorno assinalava, como um marco, o envelhecimento da Música Nova, ou seja, o esvaziamento da tensão vanguardista e de sua força *negativa*.

Mas o concretismo não foi mudando ele também?

A partir de 1964-8, quando a revolução saiu da ordem do dia no Brasil, uma parte dos escritores passou a considerar a linguagem como a sua única trincheira. Foi a época em que a crítica literária falava de subversão da sintaxe, das formas, dos gêneros, revolução textual etc. Haveria um estudo engraçado a escrever sobre essas substituições.

E isso com alguns apoios teóricos internacionais, não?

Claro, claro. Foi o auge do estruturalismo de base linguística, e logo do pós-estruturalismo, este especializado na dissolução das estruturas efetivas. Ao passo que o estruturalismo buscado por alguns na Teoria Literária da USP era de base histórica e estava descobrindo a potência formal, no plano estético, da estrutura de classes do país. Pensando melhor, talvez houvesse mais antagonismo do que ficou dito até aqui.

E depois essa guerra repercutiu também em espaços de maior reverberação do discurso, como o da música popular brasileira, não é?

É um ponto que merece atenção. O livro de Caetano Veloso, *Verdade tropical*, é muito valioso e interessante nesse sentido. Caetano tem ideia clara do que estava em jogo e tem grande capacidade de sintetizar debates intelectuais. O livro está sempre polemizando com a esquerda, mas descreve o processo de maneira realista. A ideia de que naquilo tudo só se tratasse de linguagem não passa pela cabeça dele.

Mas em algum momento, passada a fase mais furiosa do embate entre críticos dialéticos e concretistas, aparentemente algumas linhas de trabalho de crítica literária no país buscam uma certa síntese entre proposições das duas tendências. Em certa medida, Silviano Santiago não faz isso?

Não penso que síntese seja a palavra. Mas Silviano escreveu na década de 1970 "O entrelugar do discurso latino-americano", um ensaio de grande habilidade estratégica, a primeira mobilização importante da obra de Derrida no quadro brasileiro. Ele usa a desconstrução para descrer das categorias da opressão e fazer desta um jogo de linguagem, que certamente ela também é. Mas ela não será mais do que isso? Seja como for, também aqui não se tratava só de linguagem, pois o ensaio, até onde vejo, deveu a repercussão aos poderes a que se opunha: à prepotência dos militares, ao autoritarismo na esquerda armada, às presunções do imperialismo americano, a nosso sentimento de inferioridade diante da primazia cultural dos grandes centros etc. Mais adiante, Silviano afinou a desconstrução de Derrida com o jogo ou conflito entre os gêneros, fazendo dela um elemento de liberação sexual, em especial da homossexualidade. Que eu saiba, foi o primeiro crítico a fazer da liberação da homossexualidade um elemento importante de periodização da história do Brasil, ao fazer que ela convergisse com o tema da abertura política e da redemocratização, de que seria uma pedra de toque. Na minha opinião é um grande lance, embora a construção me pareça conformista por outro lado.

Como você descreveria o panorama atual da crítica literária no Brasil? Quais são seus pontos de força teóricos? Continuamos tendo trabalhos na linha da crítica dialética, outros que guardam sua filiação a Jakobson, temos uma terceira via?

As linhas teóricas internacionais estão representadas e funcionando, há pós-graduações numerosas, com bolsas de estudo, e, não obstante, há um certo esgotamento. Com perdão da mania, o que falta é espírito dialético. Como os momentos notáveis da cultura brasileira estão consagrados, não lembramos até que ponto dependeram do contato com o avesso da sociedade. Essa é uma verdade insuficientemente considerada. A reflexão hoje tem que se redimensionar através do mundo que está se formando à revelia do discurso oficial sobre a modernização e o progresso. Basta subir ao Alto de Santana e olhar a desolação sem fim de São Paulo para saber que o que está acontecendo está fora de controle e tem pouco a ver com as grandes linhas incorporadas em nossa organização mental. Nesse sentido, os *cultural studies,* com a sua falta de hierarquia, não deixam de ser uma resposta, embora — até onde sei — pouco crítica do capitalismo e pouco interessada em questões de estética, o que diminui muito o seu alcance.

Um trabalho que acho admirável e não teve repercussão nenhuma é o ensaio de Iumna Simon, que saiu na revista *praga* n. 7, sobre a poesia de Valdo Motta. Ele é um poeta negro do Espírito Santo, homossexual militante, muito pobre e dado a especulações teológicas. É uma poesia que toma o ânus do poeta como centro do universo simbólico. A partir daí, mobiliza bastante leitura bíblica, disposição herética, leitura dos modernistas, capacidade de formulação, talento retórico e fúria social. O ponto de vista e a bibliografia fogem ao corrente, mas o tratamento da opressão social, racial e sexual não tem nada de exótico. Bem, a Iumna leu o poeta por acaso, numa revista, percebeu a força e a importância do que estava ocorrendo, procurou saber mais, e acabou organizando um volume de poemas para a editora da Unicamp, juntamente com Berta Waldman (Valdo Motta, *Bundo e outros poemas*, 1996). Para fazer justiça ao poeta, *que é perfeitamente contemporâneo*, ela teve que se enfronhar em áreas que desconhecia e, sobretudo, compará-lo a seus pares mais *mainstream*, refletir sobre a inserção dele na cultura atual e tirar as consequências estéticas que cabem. É de trabalhos assim — sem desmerecer outras linhas possíveis — que a crítica depende para recobrar vitalidade e estar à altura da realidade.

Vou voltar a um ponto anterior: por que o New Criticism, *como empreendimento nos Estados Unidos, era conservador?*

O New Criticism nasceu como uma teoria de professores de letras do Sul dos Estados Unidos, o Old South anti-ianque. Eles viam o poema como um campo de complexidade singular, onde a linguagem não tem finalidade utilitária e não é abstrata, o que, de certo modo, simboliza uma oposição ao capital, ao mundo do Norte. Para consubstanciar essa posição, desenvolveram uma técnica de análise centrada em ambiguidade, tensão e ironia, atributos estranhos à funcionalidade moderna. Há uma carta de John Crowe Ransom, uma das grandes figuras do movimento, em que ele diz que acabava de ler o artigo de um alemão que descrevia a obra de arte como eles, embora infelizmente fosse marxista. O alemão era Adorno, que vivia como refugiado de guerra nos Estados Unidos. A anedota é interessante porque mostra que o anticapitalismo de Adorno, com horizonte socialista, até certo ponto convergia com o anticapitalismo de um sulista católico e tradicionalista — na posição contrária à instrumentalização da linguagem. A análise cerrada que o New Criticism praticava representou de fato um patamar novo em matéria de compreensão da complexidade interna da poesia. A técnica podia ser usada, é claro, de muitas maneiras. Anatol Rosenfeld, por exemplo, dizia explicitamente que praticava o *close reading*, mas informado por sua cultura filosófica, que não tinha nada que ver com a dos *new critics* americanos. Eles talvez fossem provincianos, mas desenvolveram uma acuidade genial.

O New Criticism *foi bem assimilado no Brasil?*

É um bom tópico de pesquisa. Nos anos 1950 houve militância, em especial de Afrânio Coutinho, hoje difícil de ler. Como sempre, aproveitaram bem os que tinham projeto próprio e souberam guardar distância, como Sérgio Buarque e Antonio Candido.

Em que se concentra o seu trabalho hoje?

Gostaria de tirar algumas consequências do que já fiz, especialmente à luz do que aconteceu depois.

Não lhe parece que o mundo contemporâneo, midiatizado, espetacularizado, oferece um ambiente pouco adequado à literatura como um exercício insistente e forte? O fenômeno é só brasileiro?

Certamente não. Mas de alguma maneira os intelectuais brasileiros estão cavando pouco o seu próprio terreno. Conhecemos pouco as coisas das quais dependemos nesse momento. Se você pensar no conhecimento que tinham da sua matéria Guimarães Rosa, Mário de Andrade, Machado de Assis, vai ver que a escrita deles estava associada a um processo tenaz de aquisição de conhecimento, de verificação social e moral, de experimentação. No fim de contas, uma das coisas que mais distingue o livro de Paulo Lins é que, como ele foi assistente de pesquisa de uma antropóloga, tem o conhecimento exaustivo e articulado do universo dele. Isso dá ao livro uma potência própria, que falta aos colegas. O sumiço da exigência intelectual não precisava ter ocorrido, foi uma falta de pique. Também na poesia aconteceu uma coisa assim, ela abriu mão de falar do mundo contemporâneo de maneira sustentada. No Brasil, por uma razão que não sei, de repente começou a surgir uma poesia curtinha, pouco reflexiva, pouco ousada. Digo isso sabendo que não é tudo, pois a poesia mais minimalista dos últimos tempos é também — na minha opinião — a mais reflexiva e complexa — estou pensando no *Elefante* de Francisco Alvim.

Quando você diz que não sabe, é ironia, ou não sabe mesmo?

Eu diria que o predomínio do concretismo, que atravessou a segunda metade do século passado, tornou a poesia impermeável ao pensamento, com muito prejuízo para ela. A culpa não é dos concretistas, acho natural que todo grupo poético procure se promover e valorizar. O que aconteceu de incrível foi que o mundo intelectual brasileiro pouco ou nada opôs àquele padrão. Marx diz a certa altura que o segredo da vitória de Luís Napoleão não está na força dele, mas na fraqueza da sociedade francesa do tempo. Analogamente, podemos perguntar pelo que aconteceu à vida cultural brasileira do último meio século para que algo tão limitado como a poesia concreta alcançasse tanta eminência. É uma questão mais profunda do que pode parecer. Tem a ver com a credulidade subdesenvolvida diante do progresso.

Queria que você contasse o caso curioso de Berta Dunkel, que pouca gente conhece.

Foi o seguinte: mais ou menos em 1966 me encomendaram uma explicação didática da ideia marxista de mais-valia, para ser usada em aulas para um grupo operário, clandestino na época. Escrevi com a maior clareza de que era capaz. Como não saiu ruim, houve interesse em divulgar o folheto em âmbito maior, e o grupo da *Teoria e Prática* resolveu publicá-lo na revista. Inventei uma personagem para assinar o "artigo", que era essa Berta Dunkel. Berta para Roberto, e Dunkel, que quer dizer escuro, para Schwarz, que é "preto". Escrevi uma pequena biografia como introdução, explicando que ela era uma escritora alemã de vanguarda, que nos anos 1920, tocada pela proximidade da revolução, resolvera se dedicar ao didatismo político, no qual via uma forma literária e um problema estético. É claro que eram questões brechtianas, pelas quais eu estava me interessando. A coisa teve um desdobramento engraçado, porque um intelectual de renome, que conhecia tudo do movimento operário alemão, tinha lembrança de Berta.

(2004)

APÊNDICE

O punhal de Martinha

Machado de Assis

Quereis ver o que são destinos? Escutai. Ultrajada por Sexto Tarquínio, uma noite, Lucrécia resolve não sobreviver à desonra, mas primeiro denuncia ao marido e ao pai a aleivosia daquele hóspede, e pede-lhes que a vinguem. Eles juram vingá-la, e procuram tirá-la da aflição dizendo-lhe que só a alma é culpada, não o corpo, e que não há crime onde não houve aquiescência. A honesta moça fecha os ouvidos à consolação e ao raciocínio, e, sacando o punhal que trazia escondido, embebe-o no peito e morre. Esse punhal podia ter ficado no peito da heroína, sem que ninguém mais soubesse dele; mas, arrancado por Bruto, serviu de lábaro à revolução que fez baquear a realeza e passou o governo à aristocracia romana. Tanto bastou para que Tito Lívio lhe desse um lugar de honra na história, entre enérgicos discursos de vingança. O punhal ficou sendo clássico. Pelo duplo caráter de arma doméstica e pública, serve tanto a exaltar a virtude conjugal, como a dar força e luz à eloquência política.

Bem sei que Roma não é a Cachoeira, nem as gazetas dessa cidade baiana podem competir com historiadores de gênio. Mas é isso mesmo que deploro. Essa parcialidade dos tempos, que só recolhem, conservam e transmitem as ações encomendadas nos bons livros, é que me entristece, para não dizer que me indigna. Cachoeira não é Roma, mas o punhal de Lucrécia, por mais digno que seja dos encômios do mundo, não ocupa tanto lugar na história, que não fique um canto para o punhal de Martinha. Entretanto, vereis que esta pobre arma vai ser consumida pela ferrugem da obscuridade.

Martinha não é certamente Lucrécia. Parece-me até, se bem entendo uma expressão do jornal *A Ordem*, que é exatamente o contrário. "Martinha (diz ele) é uma rapariga franzina, moderna ainda, e muito conhecida nesta cidade, de onde é natural." Se é moça, se é natural da Cachoeira, onde é muito conhecida, que quer dizer moderna? Naturalmente quer dizer que faz parte da última leva de Citera. Esta condição, em vez de prejudicar o paralelo dos punhais, dá-lhe maior realce, como ides ver. Por outro lado, convém notar que, se há contrastes das pessoas, há uma coincidência de lugar: Martinha mora na rua do Pagão, nome que faz lembrar a religião da esposa de Colatino. As circunstâncias dos dous atos são diversas. Martinha não deu hospedagem a nenhum moço de sangue régio ou de outra qualidade. Andava a passeio, à noite, um domingo do mês passado. O Sexto Tarquínio da localidade, cristãmente chamado João, com o sobrenome de Limeira, agrediu e insultou a moça, irritado naturalmente com os seus desdéns. Martinha recolheu-se a casa. Nova agressão, à porta. Martinha, indignada, mas ainda prudente, disse ao importuno: "Não se aproxime, que eu lhe furo". João Limeira aproximou-se, ela deu-lhe uma punhalada, que o matou instantaneamente.

Talvez esperásseis que ela se matasse a si própria. Esperaríeis o impossível, e mostraríeis que me não entendestes. A diferença das duas ações é justamente a que vai do suicídio ao homicídio. A romana confia a vingança ao marido e ao pai. A cachoeirense vinga-se por si própria, e, notai bem, vinga-se de uma simples intenção. As pessoas são desiguais, mas força é dizer que a ação da primeira não é mais corajosa que a da segunda, sendo que esta cede a tal ou qual sutileza de motivos, natural deste século complicado.

Isto posto, em que é que o punhal de Martinha é inferior ao de Lucrécia? Nem é inferior, mas até certo ponto é superior. Martinha não profere uma frase de Tito Lívio, não vai a João de Barros, alcunhado o Tito Lívio português, nem ao nosso João Francisco Lisboa, grande escritor de igual valia. Não quer sanefas literárias, não ensaia atitudes de tragédia, não faz daqueles gestos oratórias que a história antiga põe nos seus personagens. Não; ela diz simplesmente e incorretamente: "Não se aproxime que eu lhe furo". A palmatória dos gramáticos pode punir essa expressão; não importa, o *eu lhe furo* traz um valor natal e popular, que vale por todas as belas frases de Lucrécia. E depois, que tocante eufemismo! Furar por matar; não sei se Martinha inventou esta aplicação; mas, fosse ela ou outra a autora, é um achado do povo, que não manuseia tratados de retórica, e sabe às vezes mais que os retóricos de ofício.

Com tudo isso, arrojo de ação, defesa própria, simplicidade de palavra, Martinha não verá o seu punhal no mesmo feixe de armas que os tempos resguardam da ferrugem. O punhal de Carlota Corday, o de Ravaillac, o de Booth, todos esses e ainda outros farão cortejo ao punhal de Lucrécia, luzidos e prontos para a tribuna, para a dissertação, para a palestra. O de Martinha irá rio abaixo do esquecimento. Tais são as cousas deste mundo! Tal é a desigualdade dos destinos!

Se, ao menos, o punhal de Lucrécia tivesse existido, vá; mas tal arma, nem tal ação, nem tal injúria, existiram jamais, é tudo uma pura lenda, que a história meteu nos seus livros. A mentira usurpa assim a coroa da verdade, e o punhal de Martinha, que existiu e existe, não logrará ocupar um lugarzinho ao pé do de Lucrécia, pura ficção. Não quero mal às ficções, amo-as, acredito nelas, acho-as preferíveis às realidades; nem por isso deixo de filosofar sobre o destino das cousas tangíveis em comparação com as imaginárias. Grande sabedoria é inventar um pássaro sem asas, descrevê-lo, fazê-lo ver a todos, e acabar acreditando que não há pássaros com asas... Mas não falemos mais em Martinha.

A Semana, 5 de agosto de 1894

Nota bibliográfica

"Leituras em competição". São Paulo: *Novos Estudos Cebrap*, n. 75, jul. 2006.

"Sobre Adorno", em *Revista Cult* (São Paulo), n. 72, 2003.

"*Verdade tropical*: um percurso de nosso tempo", inédito, 2011.

"Um minimalismo enorme", publicado como "No país do elefante", em Mais!, *Folha de S.Paulo*, 10.3.2002. Devo o título atual a uma sugestão de Perry Anderson.

"Cetim laranja sobre fundo escuro", publicado como "Brincalhão mas não ingênuo", em Ilustrada, *Folha de S.Paulo*, 28.3.2009.

"Prefácio a Francisco de Oliveira, com perguntas", Francisco de Oliveira, *Crítica à razão dualista – O ornitorrinco*. São Paulo: Boitempo, 2003.

"Por que 'ideias fora do lugar'?", inédito, lido em Buenos Aires, nas *5ªs Jornadas de Historia de las Izquierdas*, em 13.11.2009.

"Agregados antigos e modernos", entrevistadores Marcos Augusto Gonçalves e Rafael Cariello, *Folha de S.Paulo*, 11.08.2007.

"Gilda de Mello e Souza, 1. Autonomia incontrolável das formas", publicado como "Fina prosa crítica", em *Piauí* (Rio de Janeiro), n. 3, dez. 2006; "2. Renovação do teatro em São Paulo", com título "Um ensaio entre a análise artística e as reflexões sociais", em Caderno 2, *O Estado de S. Paulo*, 31.12.2007.

"Às voltas com Bento Prado", em Mais!, *Folha de S.Paulo*, 28.1.2007.

"Aos olhos de um velho amigo", *As utopias de Michael Löwy* (orgs. Ivana Jinkings e João Alexandre Peschanski). São Paulo: Boitempo, 2007.

"Saudação a Sergio Ferro", em Mais!, *Folha de S.Paulo*, 15.5.2005.

"Um jovem arquiteto se explica", posf. a Pedro Fiori Arantes, *Arquitetura nova*. São Paulo: Editora 34, 2002.

"O neto corrige o avô (Giannotti *vs.* Marx)", em Mais!, *Folha de S.Paulo*, 4.3.2001.

"A viravolta machadiana", publicado como "La capriola di Machado", *Il Romanzo*, v. v (org. Franco Moretti et al.) Turim: Einaudi, 2003.

"Na periferia do capitalismo", entrevistadores Mariluce Moura e Luiz Henrique Lopes dos Santos, *Pesquisa Fapesp*, n. 98, abr. 2004.

ESTA OBRA FOI COMPOSTA EM MINION PELO ACQUA ESTÚDIO E IMPRESSA
PELA RR DONNELLEY EM OFSETE SOBRE PAPEL PÓLEN SOFT DA SUZANO
PAPEL E CELULOSE PARA A EDITORA SCHWARCZ EM ABRIL DE 2012